孙昌武文集

13

诗歌与神仙信仰

中华书局

图书在版编目(CIP)数据

诗歌与神仙信仰/孙昌武著. —北京:中华书局,2019.7
(孙昌武文集)
ISBN 978-7-101-13794-1

Ⅰ.诗… Ⅱ.孙… Ⅲ.道教-关系-古典诗歌-诗歌研究-中
国-文集 Ⅳ.①B958-53②I207.22-53

中国版本图书馆 CIP 数据核字(2019)第 058998 号

书 名	诗歌与神仙信仰
著 者	孙昌武
丛 书 名	孙昌武文集
责任编辑	王贵彬
出版发行	中华书局
	(北京市丰台区太平桥西里 38 号 100073)
	http://www.zhbc.com.cn
	E-mail:zhbc@zhbc.com.cn
印 刷	北京市白帆印务有限公司
版 次	2019 年 7 月北京第 1 版
	2019 年 7 月北京第 1 次印刷
规 格	开本/920×1250 毫米 1/32
	印张 10¾ 插页 2 字数 300 千字
印 数	1-2000 册
国际书号	ISBN 978-7-101-13794-1
定 价	68.00 元

孙昌武文集

出版说明

孙昌武先生，一九三七年生，辽宁省营口市人。南开大学教授，曾在亚欧和中国港台地区多所大学担任教职和从事研究工作。

孙先生治学集中在两个领域：中国古典文学和中国宗教文化。孙先生学术视野广阔，熟谙传统典籍和佛、道二藏，勤于著述，多有建树，形成鲜明的学术特色。所著《柳宗元传论》(人民文学出版社，1982)、《佛教与中国文学》(上海人民出版社，1988)、《道教与唐代文学》(人民文学出版社，2001)、《中国佛教文化史》(中华书局，2010)、《禅宗十五讲》(中华书局，2017)等推进了相关学术领域研究，在国内外广有影响；作为近几十年来中国传统文化研究成果，世所公认，垂范学林。

孙先生已年逾八秩。为总结并集中呈现孙先生学术成就，兹编辑出版《孙昌武文集》。文集收录孙先生已出版专著、论文集；另增加未曾出版的专著《文苑杂谈》、《解说观音》、《僧诗与诗僧》三种；孙先生在国内外学术刊物发表的论文未曾辑入论文集的，另编为若干集收入。孙先生整理的古籍、翻译的外国学者著作，不包括在本文集内。中华书局编辑部对文字重新进行了审核、校订，庶作为孙先生著作定本呈献给读者。

北京横山书院热心襄助文化公益事业，文集出版得其资助，谨致谢忱。

中华书局编辑部

二〇一九年五月

目　录

绪论：神仙幻想、神仙信仰、神仙术

一

一般所谓"神仙"指的是"仙""仙人"。仙人形迹神秘，具有神通变化能力，可以说具有某种"神性"，因此在"仙"的前面加个"神"字。实际上作为宗教观念的"神"，乃是超自然力人格化的体现，是所有宗教观念的基本内容之　。人类不可能控制自然力，更不可能完全掌握自己的命运，从而留下冥冥之中存在超越的、全能的神秘力量的幻想。宗教是遍及古今中外的全人类的现象，从人类蒙昧时期的原始思维到如今兴盛的各种宗教，创造出各种各样无数的神，包括上帝、佛陀、真主等等，也包括土地、灶王爷、妈祖等等。但是"仙"不同于"神"。"仙"是中国所特有的，是古代中国人探索宇宙和人生奥妙的独特创造。日本学者窪德忠说："自公元前四世纪至今，中国人一直无限向往神仙。这恐怕有下列几个原因：神仙能永远年轻不死，即不老不死；神仙能实现凡人可望而不可得的一切愿望；神仙能永远享受现世的快乐等等。正因为神仙能即刻实现人类的一切梦想,所以在人们心目中神仙成了实现人类梦想的偶像。"①著名的英国科学家、中国科学史研究泰斗李约瑟(Joseph Neadham)则指出:"道教思想从一开始就迷恋于这样一种观念,即认为达到长生不老是可能的。我们不知道在世界上任何其他一个地方有与此近似的观念。这对科学的重要性是无法估量的。"②外国学者对中国人独特的神仙思想和神仙信仰从旁观角度所作出的这些认识和评价,是相当有见地的。不过,他们论述的主旨都不在解释为什么神仙思想和神仙信仰单单在中国产生并得到发展的事实。

总之,"仙"是中土人文环境和精神背景中的产物。虽然神仙思想和神仙信仰随着古代中国文化在东亚"汉字文化圈"的传播,也曾传入日本、三韩等国家和民族间,但是在异文化的土壤上都没能扎根和发展。而在中国,被赋予神性的"仙人"即神仙观念却发展为影响巨大的神仙信仰,进而随着对于成仙方法的执着热烈的追求而形成丰富多彩的神仙术。这些又给后来形成并得到发展的本土民族宗教——道教提供了教理的和宗教实践的基本内容。神仙思想、神仙信仰和神仙术从而成为中国人精神生活的重要方面,影响遍及思想、文化的各个层面。

闻一多说:"神仙是随灵魂不死观念逐渐具体化而产生的一种想象的或半想象的人物","乃是一种宗教的理想"③。这里应当特别注意的是,神仙是"人物"即是人,而不是前面提到的"神";不过这是一种出于想象的特殊的人。现在通用的"仙"字是汉代才产生的。刘熙《释名》说:"老而不死曰仙。仙,迁也,迁入山也。故其制字,人旁作山也。"④这个从人从山的"仙"字,意味着仙人与山岳有

---

①《道教史》,萧坤华译,第52页,上海译文出版社,1987年。
②《中国科学技术史》第2卷,第154页,科学出版社、上海古籍出版社,1990年。
③《神仙考》,《闻一多全集》第1卷,第159、161页,生活·读书·新知三联书店,1982年。
④刘熙《释名》卷三《释长幼》。

关,显然和后来的所谓"地仙"观念相关联。而《说文》写作"僊":
"僊,长生遷去也。从人;䙴声。"①这就意味着"仙"的特征是长生不
死,即超越了时间和空间限制的特殊的"人"。近代西方学者接触
到这个观念,大都给予很高的评价。如马克斯·韦伯(Max
Weber)论及道教的长生术说:"中国人对一切事物的'评价'(Wer-
tung)都具有一种普遍的倾向,即重视自然生命本身,故而重视长
寿,以及相信死是一种绝对的罪恶。因为对一个真正完美的人来
说,死亡应该是可以避免的。"②法国道教学者马伯乐(Henri
Maspero)在其名著《道教》一书里给道教下定义,说"道教是引导信
徒得到永生(Vie Eternelle)的救济的宗教",他特别肯定道教对于
不死的探求的意义③。中华民族的强烈的生命意识,中国人重视现
世、重视人生的积极精神,在神仙思想里得到了十分充分的体现。
不过由于受到时代条件的限制,这种体现不能不是虚幻的、空洞
的,终于发展为宗教的玄想或美学的幻影。

由不死观念发展而来的神仙观念,最初形成于战国时期。特
别是富于浪漫情思的楚文化圈,更成为滋生这种幻想的良好土壤。

在统称为"老庄"的道家学说里,庄子的独具特色的人生哲学
具有丰富内容和思想价值。他在"至人""神人""德人""大人""全
人"等名目之下,描述了一种理想的人格和精神状态。有的学者把
他所描绘的个人无所负累的心境或逍遥自在的感受称之为"情态
自由",以与卢梭、康德的"意志自由",斯宾诺莎、黑格尔的"理性自
由"相并列,认为这是"一种人的自我觉醒,一种重要的精神觉醒",
"应该是人类自由思想史的初章"④。从这样的观点看来,庄子学派

---

①朱骏声《说文通训定声》"屯部"第十五,第 821 页,中华书局,1984 年。
②《儒教与道教》,洪天富译,第 216 页,江苏人民出版社,1995 年。
③《道教——不死の探究》,川胜义雄日译本,第 9—51 页,东海大学出版会,
　　1966 年。
④崔大华《庄学研究》,第 165 页,人民出版社,1992 年。

所理想的人生境界就具有突出的思想和哲学的意义与价值。庄子对"至人"等等各种名目下的人格的描述是否具有等级高下差别进而体现循序渐进的含义,自古以来人们看法纷纭,但它们所具有的共同特征则是十分明显的。从宗教史的角度看,正是这些共同特征显示了它们与后来发展起来的神仙思想相关联。从具体显现看,庄子的"至人"等等的性格已具有后来的"仙人""真人"的人格,它们可以被看作是神仙观念和神仙信仰的源头。这作为庄子学派思想的重要内容,也从根源上显示了它在神仙思想的形成史上的价值和意义。可以看看《庄子》书中的描写:

> 藐姑射之山,有神人居焉,肌肤若冰雪,绰约若处子,不食五谷,吸风饮露,乘云气,御飞龙,而游乎四海之外。其神凝,使物不疵疠而年谷熟。(《逍遥游》)
>
> ……圣人……入于不死不生。(《大宗师》)
>
> 至人神矣。大泽焚而不能热,河汉冱而不能寒,疾雷破山、风振海而不能惊。若然者,乘云气,骑日月,而游乎四海之外。(《齐物论》)

以上三段,均出自《庄子》"内篇"即今本《庄子》前七篇,一般判定是庄子本人作品。下面是出自"外篇"的:

> 夫圣人鹑居而鷇食,鸟行而无彰。天下有道,则与物皆昌;天下无道,则修德就闲。千岁厌世,去而上仙,乘彼白云,至于帝乡。(《天地》)
>
> 大人之教,若形之于影,声之于响,又问而应之,尽其所怀,为天下配。处乎无响,行乎无方,挈汝适复之挠挠,以游无端。出入无旁,与日无始,颂论形驱,合乎大同,大同而无己。(《在宥》)
>
> 夫至人者,上窥青天,下潜黄泉,挥斥八极,神气不变。(《田子方》)

这些应是庄子学派的描述。这种理想人格在思想和哲学上另有更深刻的意义,在学术史上已有丰富、深入的评述,此不具论。就其与神仙思想的关联说,这些所谓"至人""神人""圣人""大人"等等,则已经具有超越时间、空间限制的长生不死的"仙人"的根本特征。

在庄子稍后、同是楚文化产物的《楚辞》里,超越的人生观念同样具有十分明显的体现。在其中的《离骚》里,作者屈原在国家危亡关头,执履忠贞而被谗邪,忧心烦乱,不知所诉,他叙说自己的牢骚不平,也想到飞升:

> 驷玉虬以乘鹥兮,溘埃风余上征。朝发轫于苍梧兮,夕余至乎悬圃。欲少留此灵琐兮,日忽忽其将暮。吾令羲和弭节兮,望崦嵫而勿迫。路漫漫其修远兮,吾将上下而求索。饮余马于咸池兮,总余辔乎扶桑。折若木以拂日兮,聊逍遥以相羊。前望舒使先驱兮,后飞廉使奔属。鸾鸟为余先戒兮,雷师告余以未具。①

以下,又写到游高天,叩帝宫,直到西极昆仑,求神女宓妃之所在。接下来绝望于世事,更有一大段周游天上、观乎上下的描写。这种幻想的神游境界,已和庄子学派"神人"等等的想象极其相近。

曾被认为是屈原作品的《远游》,今人考定为战国末期人所作。朱熹说:"此篇思欲制炼形魄,排空御气,浮游八极,后天而终,以尽反复无穷之世变。虽曰寓言,然其所设王子之词,苟能充之,实长生久视之要诀也。"其中歌唱道:

> 悲时俗之迫扼兮,愿轻举而远游。质菲薄而无因兮,焉托乘而上扶。

作者远游的目的地正是要去到超越人世间的神仙境界,他幻想说:

---

① 王逸章句、洪兴祖补注《楚辞》卷一《离骚》。

闻赤松之清尘兮，愿承风乎遗则。贵真人之休德兮，羡往世之登仙。与化去而不见兮，声名著而日延。奇傅说之托星辰兮，羡韩众之得一。形穆穆以浸远兮，离人群而遁逸。因气变而遂曾举兮，忽神奔而鬼怪。时仿佛以遥见兮，精皎皎以往来。超氛埃而淑尤兮，终不返其故都。①

这里已明确提出了"登仙"观念，又列举出仙人赤松、傅说、韩众等名字。这也清楚地反映了当时神仙思想发展的程度。

多方面体现上古宗教观念变化的还有《山海经》，在其中表现出人们对于长生不死的强烈向往。其中《山经》和《海经》内容与写法各成体系。一般认为《山经》形成于战国初期和中期；而《海经》则在其后，是迟至秦到西汉初年的作品。《山经》里记载了各种各样的神，包括作为神的西王母。而如《海外西经》里说到"轩辕之国在穷山之际，其不寿者八百岁""白民之国在龙鱼北……乘之寿二千岁"②等等，进一步又宣扬不死观念。再如《海外南经》有"不死民在其（交胫国）东，其为人黑色，寿，不死"③；《大荒南经》记载"有不死之国，阿姓，甘木是食"④；《大荒西经》说到"大荒之中，有山名曰大荒之山，日月所入。有人三面焉，是颛顼之子，三面一臂，三面之人不死。是谓大荒之野"⑤。在《海内西经》里更有"不死之药"的设想：

开明东有巫彭、巫抵、巫阳、巫履、巫凡、巫相，夹窫窳之尸，皆操不死之药以距之。⑥

---

①《楚辞》卷五《远游》。
②袁珂《山海经校译》，第192—193页，上海古籍出版社，1985年。
③《山海经校译》，第18页。
④《山海经校译》，第259页。
⑤《山海经校译》，第273页。
⑥《山海经校译》，第226页。

"巫彭"等等，从名字看当是巫师，正是这类人到后来演变成为方士。这里记述他们已经"操不死之药"即掌握了不死的技术。有关"不死"观念的记述都出在《海经》部分，从观念发展进程看，这也可以作为《海经》后出的证明。就是说，战国末期到秦汉之际，不死的观念已相当流行；而不死正是神仙的基本特征。

《庄子》一书本是讲学理的，不是宣扬宗教信仰的。"寓言十九"有关"至人"等等的描述乃是寓言，寄寓着人生境界的一种理想。《山海经》则基本是古代地理书，"不死之国"等等乃是作为传闻记载的，当然也体现了当时人的观念。而《楚辞》则是"发愤以抒情"的文学作品，上天入地、上下求索不过是骚人的幻想，是艺术创造的产物。这样，从战国中期（在没有更多证据之前，姑且定在这一时期）出现的不死的"仙人"（也姑且这样称呼）观念，乃是人们的一种幻想、理想。幻想、理想的事物并不等于现实的事物；对幻想、理想的向往和追求也不等于对它们的认同和信仰。但是，幻想和理想却给树立信仰开拓了道路；当然实现这一点需要一定的环境和条件。在战国末期历史动乱之际，在北方燕齐滨海地理环境中，树立神仙信仰和进行神仙追求的条件成熟了。

二

《史记》记载：

> 自（齐）威、（齐）宣、燕昭使人入海求蓬莱、方丈、瀛洲。此三神山者，其傅在勃海中，去人不远；患且至，则船风引而去。盖尝有至者，诸仙人及不死之药皆在焉。其物禽兽尽白，而黄金银为宫阙。未至，望之如云；及到，三神山反居水下。临之，风辄引去，终莫能至云。世主莫不甘心焉。及至秦始皇并天

下，至海上，则方士言之不可胜数。始皇自以为至海上而恐不及矣，使人乃赍童男女入海求之。船交海中，皆以风为解，曰未能至，望见之焉。①

这一段文字简明记述了战国末期到秦王朝君王们的求仙活动。而求仙实践的前提则是相信神仙和仙界的存在，即树立起神仙信仰。所以，这段话表明了中国神仙思想的一大进展。具体分析这一段话，有以下三方面的内容值得重视。第一，最初形成对于仙人和仙界信仰的是滨海地区。在古代，辽阔苍茫的大海对于人来说本是神秘的世界，虚幻奇丽的海市蜃楼景象更容易激起人们的幻想。正因此，《山海经》里也把"不死"的人、"不死之药"放置在辽远、渺茫的海外。第二，当时主持求仙活动的，即积极从事求仙的，主要是帝王。帝王们在享尽人世间荣华富贵之后，幻想把生命延续到永久，梦想去体验超越人世享受的更富丽繁华的生活。而且，深入到汪洋大海里去求仙，也只有帝王们才有这样的能力。这也就决定了早期的神仙术必然是帝王的神仙术。第三，具体操作求仙活动的是方士，方士由上古的巫演化而来。但巫是通神的，方士则是通仙的。和巫相比较，方士有了新的能力和职务。他们的技术被称为"方仙道"。方士是在帝王周围，以自己的通仙道术为帝王服务的人。今天知名的一些方士被后人列入仙传，他们本人已被后人当作仙人来崇拜。

关于秦始皇时代方仙道的活动留有较详细的记载。秦始皇二十二年（前225）南登琅琊，"既已，齐人徐市等上书，言海中有三神山，名曰蓬莱、方丈、瀛洲，仙人居之。请得斋戒，与童男女求之。于是遣徐市发童男女数千人，入海求仙人"②。这应是秦始皇初次得到三仙山的信息。后来随着他更加老迈，求仙也更加迫切。"三

①《史记》卷二八《封禅书第六》，第 1369—1370 页，中华书局点校本。
②《史记》卷六《秦始皇本纪》，第 247 页。

十二年，始皇之碣石，使燕人卢生求羡门、高誓……因使韩终、侯公、石生求仙人不死之药。"①秦始皇的这些活动当然是无功而终。

另一位热衷求仙的帝王是汉武帝。他即位之初，"尤敬鬼神之祀"，相信各种"鬼神方"，经营祀祷无虚日。他更敬养、崇信方士，积极求仙，重蹈秦始皇的覆辙。第一个诱惑他求仙的是李少君，是在他即位不久的时候：

> 是时李少君亦以祠灶、谷道、却老方见上，上尊之。少君者，故深泽侯舍人，主方。匿其年及其生长，尝自谓七十，能使物，却老。其游以方遍诸侯。无妻子。人闻其能使物及不死，更馈遗之，常余金钱衣食。人皆以为不治生业而饶给，又不知其何所人，愈信，争事之……少君言上曰："祠灶能致物，致物而丹沙可化为黄金，黄金成以为饮食器则益寿，益寿而海中蓬莱仙者乃可见，见之以封禅则不死，黄帝是也。臣尝游海上，见安期生，安期生食巨枣，大如瓜。安期生仙者，通蓬莱中，合则见人，不合则隐。"于是天子始亲祠灶，遣方士入海求蓬莱安期生之属，而事化丹砂诸药齐为黄金矣。居久之，李少君病死。天子以为化去不死，而使黄锤史宽舒受其方。求蓬莱安期生莫能得，而海上燕齐怪迂之方士多更来言神事矣。②

接着蛊惑汉武帝求仙的是栾大：

> 栾大，胶东宫人，故尝与文成将军同师，已而为胶东王尚方。……天子……及见栾大，大说。大为人长美，言多方略，而敢为大言，处之不疑。大言曰："臣常往来海中，见安期、羡门之属。顾以臣为贱，不信臣。又以为康王诸侯耳，不足与方。臣数言康王，康王又不用臣。臣之师曰：'黄金可成，而河

①《史记》卷六《秦始皇本纪》，第251—252页。
②《史记》卷二八《封禅书第六》，第1385—1386页。

绝可塞,不死之药可得,仙人可致也。'然臣恐效文成,则方士皆奄口,恶敢言方哉!"……大见数月,佩六印,贵震天下,而海上燕齐之间,莫不搤腕而自言有禁方,能神仙矣。①

这样,掀起了入海求蓬莱的又一次热潮。当然也都是无功而返。但是汉武帝毫无反悔之意。第三个诱导他求仙的是齐人公孙卿。元封元年(前110)汉武帝东封泰山,将行,"既闻公孙卿及方士之言,黄帝以上封禅,皆致怪物与神通,欲放黄帝以上接神仙人蓬莱士,高世比德于九皇",封禅后,"东巡海上,行礼祠八神。齐人之上疏言神怪奇方者以万数,然无验者。乃益发船,令言海中神山者数千人求蓬莱神人"。后来他又派遣方士数千人,求神怪,采芝药,又不断遣人入海求蓬莱。直至晚年,由于神仙之说未有验者,"天子益怠厌方士之怪迂语矣,然羁縻不绝,冀遇其真。自此之后,方士言神祠者弥众"②。

以上所述以秦皇、汉武为代表的帝王的求仙活动,操纵者是一批方士,所行为"方仙道",所求仙境在虚无缥缈、远隔人世的东海上,所求的神仙、仙岛仍是神秘、渺茫的存在。而汉代还有另外一种幻想的仙境——昆仑山,那里由西王母所主宰。从存留至今的当时的画像石等资料可以知道,对昆仑山和西王母的信仰在西汉时期、在广大民众间得到广泛传播。有关情况本书里有专章叙述,可以参看。但无论是蓬莱仙岛,还是西极昆仑,都还是与人世相隔绝的世界。就是说,仙界在这个现实世界之外,仙人是不同于凡人的"超人"。因而仙界之难以接近,求仙前景之渺茫、难以实现,是理所当然的。方仙道的神仙术本来基于神仙幻想,因此也不可能有求仙成功的记录。

---

① 《史记》卷二八《封禅书第六》,第 1389—1391 页。
② 《史记》卷二八《封禅书第六》,第 1397—1403 页。

三

由虚幻的神仙幻想进一步发展,由追求仙界、仙人发展为让人实现成仙梦想的技术,这就是所谓"神仙术"。

前面提到《山海经》里有"不死之药"的记载。这是一种存在于大荒之外的神秘世界的"仙药",正是秦皇、汉武所迷信的方仙道所追求的。后来,进一步幻想有更现实、更具体、多种多样的成仙法术即"神仙术",方士们自诩已经掌握。这样方士就不仅具有通仙、求仙的能力,更有让人成仙的技术了。例如李少君,"以祠灶谷道却老方见上"。所谓"却老方",就是长生不死的方法;"谷道"应是辟谷之类方术;而"祠灶"则是变化丹砂为黄金即炼丹术。这也是中国历史上炼丹术的早期记录。《淮南子》上说:

> 今夫王乔、赤诵子,吹呴呼吸,吐故内新,遗形去智,抱素反真,以游玄眇,上通云天。今欲学其道,不得其养气处神,而放其一吐一吸,时诎时伸,其不能乘云升假,亦明矣。①

这段话是批评当时人学习呼吸吐纳技术只重形式而不重养炼精神的,可以知道当时人又把呼吸吐纳之类方术当作求仙的重要手段。

这样,起码从西汉中期开始,多种多样的神仙术已经流行开来;而且其流传的范围显然已不限于帝王宫廷,就是说帝王的神仙术已逐步扩展到社会上了。

至东汉末年道教兴起,道教对于神仙术的发展及其普及更起了决定性的作用。道教被称为教人成仙之道。太平道的基本经典

---

① 《淮南子》卷一一《齐俗训》。

《太平经》里说：

> 故奴婢贤者得为善人，善人好学得成贤人；贤人好学不止，次圣人；圣人学不止，知天道门户，入道不止，成不死之事，更仙；仙不止入真，成真不止入神，神不止乃与皇天同形。①

其中，又说神仙居住在"天上"：

> 天上积仙不死之药多少，比若太仓之积粟也；仙衣多少，比若太官之积布白也；众仙人之第舍多少，比若县官之室宅也。②

这是原始的神仙宫殿描写，表现得还相当朴素。而其所宣扬的具体成仙之术则有养炼精、气、神：

> 三气共一，为神根也。一为精，二为神，三为气。此三者，共一位也，本天、地、人之气。神者受之于天，精者受之于地，气者受之于中和，相与共为一道。故神者乘气而行，精者居其中也。三者相助为治。故人欲寿者，乃当爱气尊神重精也。③

《太平经》又宣扬守一、守气、食气、胎息等法术。这也成为后来内丹术的滥觞。

另一方面，则是随着求仙热潮的持续不减，炼丹术得到突出发展。炼丹史上有两部著作具有里程碑的意义，分别代表着道教形成前后炼丹术的理论和技术成就。一部是题魏伯阳撰，应出于东汉时期的《周易参同契》，乃是当时炼丹成果的总结性著作④。关于

---

① 王明《太平经合校》卷五十六至六十四《阙题》，第 222 页，中华书局，1960 年。

②《太平经合校》卷四七《上善臣子弟子为君父师得仙方诀第六十三》，第 138 页。

③《太平经合校》卷第一百五十四至一百七十《令人寿治平法》，第 728 页。

④ 关于《周易参同契》的作者，历来多有争论。据今人孟乃昌考定，原本为汉桓帝或稍早时期的徐从事，时代略后的淳于叔通和魏伯阳分别撰作，今本唐时已基本写定。详见孟著《周易参同契考辩》一《周易参同契通考》，第 1—67 页，上海古籍出版社，1993 年。

这部书的名称,历来有各种各样解释。一般以为,参,杂也;同,通
也;契,合也。《周易参同契》的意思即是把《周易》原理与炼丹术相
契合。起这种名称,也是试图在汉代经学占统治地位的传统中拔
高炼丹术的理论价值,给它以更正大的地位。另一部是《抱朴子内
篇》,为两晋之际的道教学者葛洪所著。葛洪生活在道教兴盛时
代,他的这部书的主要内容是宣扬金丹、神仙之术,同样代表着当
时道教发展的水平。以上两部书的具体内容大有不同。特别是后
出的《抱朴子内篇》表述较系统的道教教理,更为《周易参同契》所
不及。但有关炼丹术,二者却具有基本一致之处。这方面主要有
三点值得注意。

首先,这两部书都强调服用丹药可以成仙,起码可以轻身健
体。《周易参同契》形容丹药的作用:

> 勤而行之,夙夜不殆,经营三载,轻举远游。跨火不焦,入
> 水不濡,能存能亡,长乐无忧。道成德就,潜伏俟时,太一乃
> 召,移居中洲。功满上升,应箓受图。①

葛洪更特别强调丹药的效用。他说:

> 余考览养性之书,鸠集久视之方,曾所披览篇卷,以千计
> 矣,莫不皆以还丹金液为大要者焉。然则此二事,盖仙道之极
> 也。服此而不仙,则古来无仙矣。②

他又提出"九丹金液,最是仙主"③,这就把丹药放在了神仙术的关
键地位。

其次,这两部书的重点都是阐释炼丹的具体方法即炼丹术。

---

① 阴真人注《周易参同契》卷上,《道藏》第20册,第75页,文物出版社、上海书
　店、天津古籍出版社,1987年。
② 王明著《抱朴子内篇校释》(增订本)卷四《金丹》,第70页,中华书局,1985年。
③ 《抱朴子内篇校释》(增订本)卷六《微旨》,第124页。

就是说，其中讲的主要是技术层面的事，重点不在信仰，也不在理论。《周易参同契》称"欲知服食法事，约而不烦"①。书里集中阐释了"法事"的内容。葛洪著书则意在"愍信者之无文，垂以方法，炳然著明，小修则小得，大为则大验"②。这部书里也细致地记述了炼丹原料、鼎炉制备直至丹药成品、效用等等。由于有了具体方法，炼丹就可以学而为之，从道理上说任何人都可以尝试。因此成仙不再是幻想，而是通过技术可以达成的。

再次，相关于前两点，这两部书的出现，表明炼丹术已经在相当大的程度上向民众公开了。葛洪曾说"合丹当于名山之中，无人之地，结伴不过三人"③，又需要有"明师"指点，又要秘密传授口诀。这表明到他的时代，炼丹术仍保持秘密传授的传统。但由于两部书里已经公开了合炼丹药的具体方法，也就给试图尝试的人提供了教材，只要具备一定条件，任何人都可以操作。这样也就有力地推动了炼丹术的普及和发展，也更突显了它的纯技术性质。

上述情况表明，到葛洪时代，炼丹技术已经相当成熟，作为方法也已相当普及。也就是说，炼丹术已经成为具有实践意义的成仙技术，从而也使神仙思想和神仙术发展到一个全新的阶段。

由战国人的神仙幻想发展到燕齐方士的求仙活动，由追寻神仙、寻求仙药的努力发展出制造仙药的具体方法，随之帝王的神仙术也演变成普及于民众间的宗教法术。这个过程促进了道教的形成，方仙道成为道教的源头之一。当成仙变成一种技术，也就给掌握它的道教一个具有强大吸引力和号召力的手段。

但是，当神仙信仰与神仙术捆绑在一起，人们相信并在实践中企图借助于知识、技能达到信仰目的，实现长生久视或飞升成仙，神仙的神圣性和超越性也就淡化了，从而信仰的神秘性和绝对性也要大

---

①阴真人注《周易参同契》卷中，《道藏》第 20 册，第 87 页。
②《抱朴子内篇校释》（增订本）卷六《微旨》，第 122 页。
③《抱朴子内篇校释》（增订本）卷四《金丹》，第 7 页。

打折扣了。这也是后来道教在历史上难以确立其宗教绝对地位和权威的重要原因。这种现象也是和中华民族宗教性格淡漠的整个倾向相一致的。但另一方面,正因此,本来具有丰富美学内涵的神仙思想、神仙信仰又很容易转化为文学艺术创作的材料。仙道内容不仅被信仰者用来创作出鼓吹和宣扬信仰的文学艺术作品,又被更多宗教观念各异的文学艺术家们作为单纯的表现素材,别有寄托地加以利用。就文学领域说,历代文人在各种文学样式中创造出各种各样有关仙道题材的文学作品,扩展了文学艺术的表现领域和表现方法,众多作品构成文学遗产中十分富于创意、富有魅力的部分,并对文学领域以至整个思想文化发挥着长远、深刻的影响。

西王母：女神、女仙及其文学意象

一

　　有关西王母和她所居住的昆仑山的美丽传说在中国尽人皆知，但关于它们的起源、演变、意义等等，却一直是引起古往今来无数学人困惑、探寻的一大谜团。从文献看，光是"西王母"这一称呼就有神名、王名、族名、国名等诸说；至于"昆仑"一词的来源及其具体所指，更是异说纷纭，莫衷一是①。而西王母作为广义的"神"，又具有多种多样的形貌。这里仅拟根据已有的研究成果讨论一个课题，即西王母如何从上古传说的女神演化为后来的女仙及其在文学领域的种种表现和这些表现的意义。笔者只能提出一些有关历史现象，至于这些现象的更深一层的意义，还需要神话学者、宗教学者以及一般的人类文化学学者来深入地探讨、解释。

　　陶弘景的《真灵位业图》所列神仙谱系，第二等"女真位"（第一

---

①参阅陵纯生《昆仑丘与西王母》，《民族学研究所集刊》（台北）第22期，1966年；节选自马昌仪编《中国神话学论文选萃》下册，第119—137页，中国广播电视出版社，1992年。

等里没有女真）的第一名就是"紫微元灵白玉龟台九灵太真元
君"①，即西王母。就是说，在那里她被当作地位最高的女仙。这反
映的是历史上道教形成后西王母在神仙谱系中的位置。再以后，
晚唐五代的杜光庭，他是著名道教学者，也是道教文学家，编著有
《神仙感遇传》和《墉城集仙录》等优秀仙传作品。其中《墉城集仙
录》乃是极具特色的描写女仙的集大成之作。今传《道藏》本六卷，
记载 38 位女仙事迹，据考是后人辑录残本，从所录女仙人数看，大
约是原作的三分之一②。第一位女仙是"圣母元君"，本是"上帝之
师"，太上老君"示生于人间"即"寄胎"于元君，她处在宇宙始祖的
位置；第二位就是西王母。书中记述说：

> 　　金母元君者，九灵太妙龟山金母也，一号太灵九光龟台金
> 母，一号曰西王母……体柔顺之本，为极阴之元，位配西方，母
> 养群品，天上天下、三界十方女子之登仙得道者咸所隶焉。所
> 居宫阙在龟山之春山，昆仑、玄圃、阆风之苑，有金城千重，玉
> 楼十二，琼华之阙，光碧之堂，九层玄台，紫翠丹房，左带瑶池，
> 右环翠水，其山之下，弱水九重，洪涛万丈，非飚车羽轮不可
> 到也。③

这样，西王母乃是居住在昆仑山的众多女仙的首领。杜光庭的记
述，基本囊括了以前有关西王母传说的相关资料，经过他的组织剪
裁，显示了西王母在当时道教神仙谱系中的地位。

　　实际上，西王母在中国神仙思想和神仙信仰形成过程中一直
占有特殊的位置。在道教形成以前，从战国中、晚期到西汉这一阶

---

①《道藏》第 3 册，第 274 页，文物出版社、上海书店、天津古籍出版社影印本。
②《通志》卷六七《艺文五·道家》："《墉城集仙录》十卷，杜光庭集古今女子成
　仙者百九人。"第 788 页，中华书局，1987 年；又《云笈七签》卷一一四摘录此
　书多有差异）。
③《墉城集仙录》卷一，《道藏》第 18 册，第 168 页。

段是神仙思想大发展的时期。在这一时期,随着大量仙人被创造出来,在传统的天界、冥界之外,另外一个仙界也出现了。这是中国人宇宙观的一个巨大变化。在今存汉代画像石、画像砖、石棺石阙画像、铜镜等遗物里,这种变化被十分充分、生动、清晰地反映出来①。

　　例如山东临沂金雀山 9 号汉墓出土的一幅帛画,考察其内容,最上部是日轮和月轮,表现的是天上世界;下面紧靠着有三座山峰,据考就是昆仑山;再下面的主要部分描绘一位女性墓主的生活;图画的底部则是龙、虎等,表现的是地下世界②。这个墓葬是汉武帝时期的,图画的内容典型地反映了当时人的宇宙观。就是说,在当时,在人们的观念里,以昆仑山为代表的独立的仙界已经形成③;但在这幅帛画里还没有西王母。这表明,在这座墓葬的当时,西王母和昆仑山有可能还没有被统一起来。但是到西汉末、东汉初,大量以西王母居住昆仑山为内容的仙界图像广泛流行起来,并已成为祠堂画像的典型内容④。这则表明,昆仑山作为西王母住处的观念到这一时期形成并定型了。

　　杜光庭书题所谓"墉城"即指昆仑山,实际上这个观念在汉代已经出现了。《水经注》开头叙述西极河水,引述《十洲记》的记载:

　　　　又按《十洲记》,昆仑山在西海之戌地,北海之亥地,去岸

①中国上古时代人们的观念中有天界和冥界存在,但其具体名称和形态,特别是灵魂(鬼魂)所处冥界的名称和形态并没有确定,但它们与人间合成"三界"在观念上是明确的。这种观念也同于世界各种宗教的一般宇宙观。认为存在另外一个"仙界",是中国人的独特创造。至佛教传入中土,又有大乘佛教的各种"佛土"(净土)说,则是第五"界",中国的宗教宇宙观就更为复杂。这也是中国古代思想史和宗教史上的特殊现象。
②曾布川宽《漢代畫像石における昇仙圖に譜系》,《东方学报京都》第 65 册,第 48 页,京都大学人文科学研究所,1993 年。
③参阅信立祥《汉代画像石综合研究》,第 143—144 页,文物出版社,2000 年。
④参阅信立祥《汉代画像石综合研究》,第 153—156 页,文物出版社,2000 年。

十三万里,有弱水,周匝绕山,东南接积石圃,西北接北户之室,东北临大阔之井,西南近承渊之谷。此四角大山,寔昆仑之支辅也。积石圃南头,昔西王母告周穆王云,去咸阳四十六万里,山高平地三万六千里,上有三角,面方,广万里,形如偃盆,下狭上广。故曰昆仑山有三角。其一角正北,干辰星之辉,名曰阆风颠;其一角正西,名曰玄圃台;其一角正东,名曰昆仑宫。其处有积金为天墉城,面方千里,城上安金台五所,玉楼十二。其北户山、承渊山又有墉城,金台玉楼,相似如一。渊精之阙,光碧之堂,紫翠丹房,景烛日晖,朱霞九光,西王母之所治,真官仙灵之所宗。①

《水经注》是地理书,但其作者郦道元颇注意宗教传说,特别由于当时记载西极河源不可能有多少实地考察为依据,因此也就更多引用神话内容。《十洲记》旧题东方朔撰,虽是伪书,但据考应是东汉旧籍。上述描写表明,在当时人观念里,这座西王母居住的墉城有金玉楼台,极其辉煌壮丽,是她所管辖的地方,又是仙真所宗之处。这类出于汉代的关于西王母及其所居住昆仑山的文字描述,恰可以印证有关图画的描绘。

战国秦汉时期,燕齐方士们宣扬蓬莱三岛海上仙山的仙境。但是到汉代,这西王母居住的昆仑仙山的幻想却争得了更广大的群众,以至在人们的观念里,西王母成了唯一的女仙,蓬莱仙岛的幻想遂退居次要地位了。

发展到杜光庭的《墉城集仙录》,已形成一个以西王母为首领的奇异瑰丽的女仙世界。其中描写的女仙大都是西王母的部属,有些是仙界高真,更有些则是西王母的女儿。如南极王夫人是她的第四女,云华夫人是二十三女,紫微王夫人是二十女,等等。这样,西王母和周围的女仙集合更具有了宗法上的关联。这就不仅

---

① 陈桥驿点校《水经注》卷一《河水》,第14页,上海古籍出版社,1990年。

更凸显出西王母在女仙中的"领导"地位,也使这个女仙世界更富
于人性色彩。这华丽壮观的女仙世界,不但充实了道教神仙信仰
的内容,更为文学创作增添了许多素材。

二

　　追寻西王母的本来面目会发现,早在神仙观念形成以前,更在
道教形成以前,她已经是神话中的"人物"。就是说,她原本是一个
"神",是"掌管着灾异和刑罚的怪神"①。

　　陈梦家曾考证殷墟卜辞中的"西母"神就是西王母的前身②。
但正如小南一郎所说,判断卜辞里的"西母"是否与后来的西王母
有直接关联是很困难的③。有确切时代可考的关于西王母的记载
首见于《庄子·大宗师》,其中讲到"有情有信,无为无形"的"道"可
以"神鬼神帝,生天生帝",接着说:

　　　　先天地生而不为久,长于上古而不老。狶韦氏得之,以挈
　　天地;伏戏得之,以袭气母;维斗得之,终古不忒;日月得之,终
　　古不息;堪坏得之,以袭昆仑;冯夷得之,以游大川;肩吾得之,
　　以处太山;黄帝得之,以登云天;颛顼得之,以处玄宫;禺强得
　　之,立乎北极;西王母得之,坐乎少广,莫知其始,莫知其终;彭
　　祖得之,上及有虞,下及五伯;傅说得之,以相武丁,奄有天下,
　　乘东维,骑箕尾,而比于列星。

①袁珂《中国古代神话》,第196页,中华书局,1981年。
②参阅陈梦家《古文字中的商周祭祀》,《燕京学报》第19期,1936年。
③参阅小南一郎《中国的神话传说与古小说》,孙昌武译,第24页,中华书局,
　　1993年。

这段话里"豨韦氏得之"云云，有人认为这种"神话""非庄周之学"，"似颇晚出"①。但它们出于《内篇》，反映的应是战国时期的观念。这里堪坏是山神，冯夷是水神，豨韦、伏戏等是远古帝王，西王母与他们并列在一起，是被当作少广山上的神看待的。而"少广山"则是"极西山名"，或"穴名"，或"西方空界之名"②。本来如前所述，探讨"神仙"观念的形成，必定追溯到庄子，庄子追求的理想的人格和精神境界有所谓"至人""神人""圣人""德人"等等，实际已具有仙人的所有特征；但庄子写到的西王母显然不在其列。

又如上述，《山海经》的形成年代可分为不同层次。据考，其中的《山经》形成于战国初期或中期。《西山经》里写到"西南四百里，曰昆仑之丘，实为帝之下都，神陆吾司之"；接着是"又西三百七十里，曰乐游之山"，"西水行四百里，流沙二百里，至于嬴母之山，神长乘司之"；再下面：

> 又西三百五十里，曰玉山，是西王母所居也。西王母其状如人，豹尾虎齿而善啸，蓬发戴胜，是司天之厉及五残。有兽焉，其状如犬而豹文，其角如牛，其名曰狡，其音如吠犬，见则其国大穰。有鸟焉，其状如翟而赤，名曰胜遇，是食鱼，其音如录，见则其国大水。③

这种记述表明，在《山经》形成的当时，西王母和昆仑山虽然还没有关系，但其在西方的方位已经确定了。从上述表述又可以知道，她是和"陆吾""长乘"同一类的"神"，她有如人似兽的怪异、恐怖的形貌，她管辖的是"天之厉及五残"。"厉"指灾疫；"五残"本是星名，见《史记·天官书》："五残星，出正东东方之野。"张守节《史记正义》

---

① 参阅陈鼓应《庄子今注今译》，第 182—183 页，中华书局，1983 年。
② 郭庆藩《庄子集释·内篇·大宗师第六》，《诸子集成》本。
③ 袁珂《山海经校译》，第 30～31 页，上海古籍出版社，1995 年。

解释说:"五残,一名五锋……见则五分毁败之征,大臣诛亡之象。"①
这表明在当时人的观念里西王母乃是掌管灾异、刑罚的神。《山经》
本是巫祝关于往古传说的记录。有关西王母的记载反映了关于这一
神格的古代观念。值得注意的是,在晚出(一般推定是秦或西汉初年
所出)的《大荒西经》里,西王母则和昆仑山联系起来了:

> 西海之南,流沙之滨,赤水之后,黑水之前,有大山,名曰
> 昆仑之丘。有神——人面虎身,有文有尾,皆白——处之。其
> 下有弱水之渊环之,其外有炎火之山,投物辄然。有人戴胜,
> 虎齿,有豹尾,穴处,名曰西王母。此山万物尽有。②

但这一记载也表明,在《大荒西经》形成的秦或汉初,西王母仍保持
着古老的"神"的形态。

西汉末到东汉初是西王母"从可怕的刑罚之神到可爱的幸福女
仙的转变期",在这一时期遗存的方格规矩镜、画像砖、陶尊等"早期
西王母图像中,戴胜的西王母周围都有九尾狐、三足乌、拥臼捣药的
玉兔等仙禽神兽,少数图像还在西王母周围画出绵延的昆仑山,表明
西王母图像的构图格局已经初步形成"③。实际上在直到东汉的纬
书里,西王母作为具有权威的神的形象仍有遗留。例如:

> 《黄帝出军决》曰:"帝伐蚩尤,乃睡,梦西王母遣道人,披
> 玄狐之裘,以符授之曰:'太一在前,天一备后,河出符信,战即
> 克矣。'黄帝寤,思其符,不能悉忆,以告风后力牧。风后力牧
> 曰:'此兵应也,战必自胜。'力牧与黄帝俱到盛水之侧,立坛,
> 祭以大牢,有玄龟衔符,从水中出,置坛中而去。黄帝再拜稽
> 首……"④

---

① 《史记》卷二七《天官书五》,第 1333—1334 页,中华书局标点本。
② 袁珂《山海经校译》,第 272 页。
③ 信立祥《汉代画像石综合研究》,第 148 页。
④ 《艺文类聚》卷九九,第 1717 页,上海古籍出版社,1999 年。

这里把西王母描写成掌握兵符的神,具有克敌制胜的权威。而西王母作为神被祭祀的风俗,在西汉末年十分流行。《汉书》记载:

> (建平)四年(前 3 年)春,大旱。关东民传行西王母筹,经历郡国,西入关至京师。民又会聚祠西王母,或夜持火上屋,击鼓号呼相惊恐。①

这是一次相当有声势的民间宗教骚动。同一事件在《天文志》和《五行志》里有更详细的记载。《天文志》说:

> 哀帝建平元年正月丁未日出时,有著天白气,广如一匹布,长十余丈,西南行,谨如雷,西南行一刻而止,名曰天狗。传曰:"言之不从,则有犬祸诗妖。"到其四年正月、二月、三月,民相惊动,谨哗奔走,传行诏筹祠西王母,又曰"从目人当来"……②

《五行志》则对"行筹"情形有具体描述:

> 哀帝建平四年正月,民惊走,持稾或掫一枚,传相付与,曰行诏筹。道中相过逢多至千数,或被发徒跣,或夜折关,或逾墙入,或乘车骑奔驰,以置驿传行,经历郡国二十六,至京师。其夏,京师郡国民聚会,里巷阡陌设祭,张博具,歌舞祠西王母。又传书曰:"母告百姓,佩此书者不死。不信我言,视门枢下,当有白发。"至秋止。③

以下又记载杜邺奏对,依据《春秋》灾异之说解释事件的象征意义。这种群众性的"歌舞祠西王母"的狂热行动,正是以流行的西王母信仰为基础的。后来王莽篡位,也以"哀帝之代,世传行诏筹,为西

---

① 《汉书》卷一一《哀帝纪》,第 342 页。
② 《汉书》卷二六《天文志》,第 1311—1312 页。
③ 《汉书》卷二七下之上《五行志下之上》,第 1476 页。

王母共具之祥"①为口实。

这种大规模的祭祀活动所体现的发展,正是西王母作为上古多神信仰中处在西方的神格的遗留。

而在道教形成以后,西王母转化成最重要的女仙,昆仑山则成为神仙居住的胜地。六朝道典《登真隐诀》记载:

> 昆仑瑶台,刊定真经之所也。上品居上清,拟帝皇之尊;中品处中道,皆公卿之位;下品居三元之末,并大夫之流。三真品经,各有条次。

这是说昆仑山是众仙所居、道经刊定之地。又说:

> 太极真人常以立春日日中会诸真人于太极宫,刻玉简记仙名。至春分之日日中,昆仑瑶台,太素真人会诸仙人刊定真经也。昆仑瑶台是西王母之宫,所谓西瑶上台,天真秘文尽在其中矣。②

这样,昆仑山作为众经所出之处,与西王母联系起来,西王母的地位也就更加提高了。由于道教发展,西王母作为女仙的形象随之被固定下来了。本来作为恐怖之神的"蓬发虎齿"的形貌,被认为是"非西母之真形"③。不过在道经里,原来作为女神的西王母的形象仍残留有往昔回忆的痕迹。如《轩辕本纪》记载:

> 谓昆仑山之灵封,致丰大之祭,以诏后代,斯封禅之礼也。于时昆仑山北,玉山之神人也,西王母太阴之精,天帝之女也。人身,虎首(《山海经》曰虎颜,一云虎色),豹尾,蓬头戴胜,颡然白首,善啸,石城金台而穴居,坐于少广之山,有三青鸟常取

---

① 《汉书》卷九八《元后传》,第 4033 页;又参见卷八四《翟方进传》,第 3432 页。
② 《太平御览》卷六六〇,第 2948 页。
③ 《墉城集仙录》卷一,《道藏》第 18 册,第 168 页。

食,此神人西王母也。慕黄帝之德,乘白鹿来献白玉环。①

这是把先秦的女神西王母的形貌组织进道教的神仙传说之中了。

三

西王母由女神逐渐演变为女仙,是随着神仙观念和神仙思想的形成而发生的,是中国古代宗教信仰和宗教思想变化的典型事例。

神仙信仰的形成与"不死"观念的形成和发展有直接关系。闻一多指出:"所谓神仙者,实即因灵魂不死观念逐渐具体化而产生出来的想象的或半想象的人物。"②就是说,神仙实际是超越了时间(不死)和空间(飞升)限制的特殊的"人"。上面说到,西王母本来是战国神话中的"神",而流传到今天的有两个关于她作为神的材料正与"不死"有关。

个是《穆天子传》关于她的记载。对于《汲冢竹书》里这部神话和史实相交杂的描述周穆王西游故事的书,学术界已得出大体一致的意见,肯定其为战国晚期即公元 3 世纪的作品。其中,穆天子往见西王母的情节提供出女神西王母不同于《山海经》所描述的另一种形象:

> 癸亥,至于西王母之邦。
> 吉日甲子,天子宾于西王母。乃执白圭玄璧以见西王母。好献锦组百纯,□组三百纯。西王母再拜受之□。乙丑,天子觞西王母于瑶池之上。西王母为天子谣曰:"白云在天,山陵

①《云笈七签》卷一○○,《道藏》第 22 册,第 681 页。
②《神仙考》,《神话与诗》,第 170 页,华东师范大学出版社,1997 年。

自出。道里悠远,山川间之。将子无死,尚能复来。"天子答之曰:"予归东土,和治诸夏。万民平均,吾顾见汝。比及三年,将复而野。"西王母……吟曰:"徂彼西土,爰居其野。虎豹为群,于鹊与处。嘉命不迁,我惟帝女。彼何世民,又将去予。吹笙鼓簧,中心翱翔。世民之子,惟天之望。"天子遂驱升弇山,乃纪其迹于弇山之后而树之槐,眉曰"西王母之山"。①

日本学者小南一郎根据今存资料得出结论,"地上的王者与西王母的交往,取两种形式。一是王者一方访问异域的西王母,再一个是西王母一方来中国访问王者。而大体说来,王者访问西王母的情节是更古老的,到后来则西王母访问中国的情节占了优势"。他列举了《荀子》、贾谊《新书》、焦延寿《易林》里记载的关于尧、舜、禹往学于西王母的传说,指出周穆王访问西王母的模式正体现西王母与王者关系的古老形式。他更进一步认为:"这些中国的圣王就学于西王母的,不仅仅是知识,还有给中国带来平安的方法。正因为有如此重要的内容,尧和舜为了学得它,才到遥远异域的西王母处访问。中国政治上的安定是从西王母那里学得的。换一句话说,在这些传说的背后,必定存在着西王母具有带来政治上的安定的力量的观念。"②对《穆天子传》里西王母神格的这种解释是合乎情理的。

这样,大体在《山海经》早期部分形成的战国中期,西王母除了作为灾异、刑罚之神,还有她作为平安吉祥之神的传说。因而在《穆天子传》里,更有两个内容值得注意:一是西王母的第二首歌谣说到"我惟帝女",明确西王母为天帝之女,即表明她具有明确的天

①《穆天子传》卷二、三,《道藏》第 5 册,第 40—41 页;据顾实《穆天子传西征讲疏》校定。
②小南一郎《中国的神话传说与古小说》,孙昌武译,第 28—29 页。

神性格。但是在这里,她已没有早期凶神的迹象,反而表现出关怀民生的善良、亲切的性格。再是西王母的第一首歌谣里说到"将子无死,尚复能来",这个说法里则显然透露出"不死"观念。不过在当时的传说里,只是说到"觞西王母于瑶池之上",而西王母又住在弇山即崦嵫山,还不是昆仑山。

另一个材料是关于嫦娥窃不死之药奔月的传说。《淮南子》上说到:"譬若羿请不死之药于西王母,姮娥窃以奔月,怅然有丧,无以续之。何则?不知不死之药所由生也。"①闻一多对这一传说有相当详细的考证:

> 《淮南子·览冥篇》:"羿请不死之药于西王母,姮娥窃之以奔月。"《后汉书·天文志》注引张衡《灵宪》曰:"羿请无死之药于西王母,姮娥窃之以奔月。将往,枚筮之于有黄。有黄占之曰:'吉,翩翩归妹,独将西行,逢天晦芒,毋惊毋恐,后且大昌。'姮娥遂托身于月,是为蟾蜍。"《乙巳占》引《连山易》略同。《北堂书钞》一五〇引《归藏》曰:"昔常娥以西王母不死之药服之,遂奔为月精。"《文心雕龙·诸子篇》曰"《归藏》之经,大明迂怪,乃称……姮娥奔月"。

这段引文所说的《连山》《归藏》等都是先秦古《易》名,可见有关传说是相当古老的。特别是嫦娥传说已见于《天问》。闻一多的考证又说:

> 《天问》曰:"白蜺婴茀,胡为此堂?安得夫良药,不能固臧(藏)?"近人傅斯年、郭镂冰、童书业三氏皆以嫦娥事当之,近确。余谓《天问》上文曰:"夜光何德(得),死则又育?厥利维何,而顾菟在腹?"亦与此事有关……古称月之盈亏为生魄死魄,故《孙子·虚实篇》曰:"月有生死。"此文上二句问月何所

得，乃能死而复生，其意盖即谓月精嫦娥尝得不死之药，故能死而复生也。下二句即承此意而问白菟捣药事……《天问》著作时期至迟当在战国初，然则嫦娥窃药故事战国初已流行矣。①

这样，西王母掌握着不死之药，具有不死之神的性格。著名的神话学家袁珂说："掌管着灾异和刑罚的怪神西王母，为什么又传说他藏有不死之药呢？这因为灾异和刑罚都是有关人类生命的，他既可以夺取人的生命，当然也就可以赐予人的生命；正如希腊神话里的太阳神阿坡罗一样，传播瘟疫，同时又是医疗之神；所以一般人都相信西王母藏有不死的良药，有福气得到这药的，吃了就可以长生。"②这样，西王母同时作为主管灾异和刑罚的凶神与主管平安和不死的善神也就毫不矛盾了。这一神格的两个侧面相反而实相成。除了袁珂所举希腊神话的例子，还可以举出佛教里观音的例子：观音也有善良的救苦观音、净土观音和凶狠的马头观音、毗俱胝观音等多种面貌。

在世界宗教史以至思想史上，古代中国人关于"不死"的观念与追求无疑是极其卓越、极有价值的内容之一。这种思想中体现的强烈的生命意识、对人生的执著和乐观的态度，后来一直鲜明地体现在中华民族精神之中，其意义和作用是多方面的。而在先秦时期即已广泛传播的不同类型的西王母神话中，这一神格具有不死能力的特征被逐渐突显出来。这就给后来这一神格的发展，特别是演化为不死的神仙的典型准备下牢固的基础。

---

① 《神仙考》，《神话与诗》注⑧，第183—184页。
② 《中国古代神话》，第196页。

四

　　《史记》记载张骞出使西域大宛等国，回来向汉武帝报告说："安息长老传闻条支有弱水、西王母，而未尝见。"①这表明在当时传闻中西王母是西方某个实在的地方。汉代多有关于把西王母当作地名或国名的说法，如《淮南子·墬形训》所谓"西王母在流沙之濒"②，《尔雅·释地》所谓"觚竹、北户、西王母、日下，谓之四荒"③等等；还有所谓"西王母石室"之类记载。这实际就在观念上把西王母进一步落实到人间了。正是在这样的观念的演进中，随着仙山观念的形成，女仙西王母与仙山昆仑山被结合起来，一个具体而美丽的神仙境界从而也被创造出来了。

　　如果说"神"是幻想中控制或影响宇宙和人世的超然的存在，那么如上所说，"仙"则是人们所追求的超越了时（长生不死）空（自由飞翔）限制的个体。由战国时期燕、齐的"方仙道"带头，曾掀起一个宏大的造仙潮流。这一潮流在燕、齐统治者特别是后来秦始皇的推动下得到迅速发展。无数的仙人传说陆续被创造出来，海上仙山和昆仑仙境的幻想从而具象了。"方仙道"更发展出求仙的技术，使得成仙变成现实中可以追求和达成的目标。这就给后来道教的神仙信仰和神仙术奠定了基础。在这一潮流中，西王母的面貌在逐步改变：一个美妇人相貌的仙界首领的西王母终于出现了。这样，经历了战国、秦、汉数百年的长久过程，终于在天神、人间、鬼魂的世界之外，创造出宇宙间另外一个世界——仙界。在这

---

①《史记》卷一二三《大宛列传》，第3163—3164页。
②《淮南子》卷四《墬形训》，《诸子集成》本。
③徐朝华《尔雅今注》，第226页，南开大学出版社，1987年。

个过程中，许多古代的圣人、神话传说中的神演变成为仙人。西王母的演变就是具有典型意义的一例。

西王母信仰中的"不死"的含义也有个演化过程。前面已经提到，大量西王母图像保存在汉代画像石、画像砖、石棺石阙画像、铜镜等遗物里。具有典型意义的是墓主升仙图像，如被认为是"典型的一例"的河南新野樊集吊窑 M28 号墓门楣上表现"墓主迈向仙境天国"的"连环式主题画"，具体内容是：

> 右下有天门，画有双阙，前有二吏相迎，二骑马人面朝画内。马尾向观者，表现死者已进入天国……画面进入天国后继续乘车右行，上方有一大犬（？），再向上是仙人指路。面向左方是西王母的方向，一只大鸟飞去。墓主到达目的地，朝觐西王母，即图上部中央。西王母侧身而坐，头戴胜，双手握物，其物为对置双三角形。身后有玉兔捣药，身前有一凤凰，朝觐者正匍匐于地，面向西王母顶礼膜拜。画面循环为一周，表现死者升仙的全过程。①

这座墓据考应是西汉中期或稍晚的。而山东嘉祥县嘉祥村何洪山村出土的祠堂壁画被认为是"汉画像石中早期（东汉早期）西王母图像的代表"，"在这两块祠堂西侧壁石的仙人图像中，戴胜的西王母已经成为中心人物，其他有翼仙人和三足乌、九尾狐、操白拥杵捣制不死之药的玉兔、长有两个人首的神兽和演奏节板的蟾蜍等仙禽神兽都作为西王母的眷属和侍从配置在她的周围。这些仙人世界图像表明，东汉早期，用西王母图像来表现昆仑山仙界的艺术构图模式已经最终确定下来"②。这些被安置在纪念死者的祠堂、墓地的西王母图像所表现的，是死者上升仙界的祈求和愿望。就是说，这里表现的观念是以自古以来的"灵魂不死"观念为出发点

①李淞《论汉代艺术中的西王母图像》，第 56—57 页，湖南教育出版社，2000 年。
②信立祥《汉代画像石综合研究》，第 153—154 页。

的,是希望死者的灵魂上升到永生的西王母仙境中去。这种观念
与后来道教宣扬的长生不死而成仙的幻想和信仰显然是存在着根
本差异的。李淞指出:

> 西王母信仰与早期道教既有联系又有区别。河南郾师县
> 南蔡庄乡东汉墓出土有道人肥致碑,铭文中有建宁二年(公元
> 169年)纪年。碑文长达483字,叙肥致生平及神异事迹,末尾
> 有:"土仙者大伍公,见西王母昆仑之虚,受仙道。大伍公从弟
> 子五人:田伛、全□中、宋直忌公、毕先风、许先生,皆食石脂仙
> 而去。"……被称之为土仙的大伍公,直接从西王母处学道,反
> 映了早期道教与西王母信仰的密切关系。道教以求长生不
> 死、修道成仙为主要目标,而西王母信仰的主要内容也是长生
> 不死,在这个基本点上两者是一致的。成书于汉代的道教重
> 要经典《太平经》有"使人寿若西王母"句。因此,神仙思想是
> 道教产生的重要条件和前提,道教可看作是西王母信仰的进
> 一步发展,西王母信仰在东汉以后逐渐融入道教之中,西王母
> 成为道教的重要神仙之一。蒙文通将西汉以前的仙道分为三
> 种:行气、药饵、宝精,西王母为药饵一派。①

关于太平道的西王母不死信仰,见其《师策文》:

> 师曰:"吾字十一明为止,丙午丁巳为祖始。四口治事万
> 物理,子巾用角治其右,潜龙勿用坎为纪。人得见之寿长久,
> 居天地间活而已。治百万人仙可待,善治病者勿欺绐。乐莫
> 乐乎长安市,使人寿若西王母,比若四时周反始,九十字策传
> 方士。"②

这则是十分明确的长生不死观念。后来又有纬书说:

------

① 《论汉代艺术中的西王母图像》,第70—71页。
② 王明《太平经合校》卷三八《丙部之四》,上册,第62页,中华书局,1960年。

> 又《尚书帝验期》曰：王母之国在西荒。凡得道授书者，皆朝王母於昆仑之阙。王褒字子登，斋戒三月，王母授以《琼花宝曜七晨素经》。茅盈从西城王君诣白玉龟台，朝谒王母，求长生之道，王母授以《玄真之经》，又授宝书童散四方。洎周穆王驾鼋鼍鱼鳖为梁，以济弱水而升昆仑玄圃阆苑之野而会于西王母，歌《白云之谣》，刻石纪迹于弇山之下而还。①

在这里，西王母已经是具体掌握并传授不死的经典和法术的女仙了。

由相信灵魂不死到追求长生不死，这是由思想观念到宗教实践的变化。西王母不再只是祭祀、祈祷的对象，而成为指导宗教养炼的教主了。

正是在群众的信仰潮流之中，西王母的形象和与之相关的意象如玉兔、三足乌、九尾狐、蟾蜍等等也被不断丰富、美化并加以组合。至于与西王母相对应的东王公的传说，应是在更早时期就已经形成了。后来在道教的推动下，终于出现了《墉城集仙录》里所描写的有着自己的出身、姓氏、眷属的女仙首领西王母。这个西王母所代表的中国上古女神和女仙的悠久传统及其所体现的社会、历史、思想和宗教等诸方面的意义，则是值得另作深入探讨的、具有重大意义的课题了。

五

西王母由女神演变成女仙，使神话中的超然绝对的存在降落到现实人间了，作为女仙的西王母逐渐削弱了神性而更富于人性。

①《太平御览》卷六六一《道部三》，第3册，第2951页。

女仙西王母和相关传说更强烈地体现出现实中的人的幻想和愿望：长生不死，而且是生活在无比富丽堂皇的仙境里。闻一多又指出："神仙思想之产生，本是人类几种基本欲望之无限度的伸张……在原始人生观中，酒食，音乐，女色，可谓人生最高的三种享乐。"①这样，神仙度过的是充分满足人间享乐的生活。神仙信仰和神仙思想的人性化、生活化，伴随着对它的艺术化、美学化，从而西王母也成为文学表现的题材，是文学创作中神仙观念的寄托。

　　与王者的交往是西王母叙事文学的主要题材，这充分显示了有关信仰的世俗性质。正如小南一郎所指出的，"在战国时期，已出现了为了酬答穆王的访问西王母也到穆王处访问的二者往来的情节；但构成古老时代西王母传说中心的，却是现世帝王往访遥远西极的西王母的情节。王者通过访问西王母，得到了达成天下太平的方法。但是到了汉代，西王母一方访问现世帝王的情节占优势了。这种变化的背景中，大概存在着现实社会里王权强化的因素"②。关于西王母来访，如《大戴礼记》所谓"西王母来献白玉琯"等等，早期文献已多有记载。而构成完整故事的则有《博物志》《汉武故事》（仅存辑本）和《汉武帝内传》等三部书。这三部书都以西王母于七月七日降临到汉武帝处为情节核心，然而具体内容有所不同。关于这三部书的形成，小南一郎也有令人信服的考辨，即认为前两种形成于魏晋时期，后一种则在其稍后。值得注意的是这三部书里西王母形象及其内涵的变化。在前两部书里描写汉武帝求仙道，西王母被表现为不死的神仙或不死之药的掌握者。这体现的还是西王母古老形态的特征。而到《汉武帝内传》，则以华丽藻饰的文笔叙述了一个神奇诡异的降临故事，西王母被表现为道教群女仙的首领，她的形象是：

> 著黄锦袷襦,文采鲜明,光仪淑穆,带灵飞大绶,腰分头之
> 剑,头上大华结,戴太真晨婴之冠,履玄璚凤文之舄,视之,可
> 年卅许,修短得中,天姿掩霭,云颜绝世,真灵人也。①

她掌握着"养生要诀"和元始天王所授"养生之术",又掌握道教经
典《五岳真形图》,又有召集上元夫人等众多女仙的能力。如小南
一郎所指出,从内容看,《汉武帝内传》的形成显然与道教上清派有
密切关系。正是在这样的潮流中,《墉城集仙录》所描写的西王母
形象逐渐被塑造出来。

但在传说中被艺术化的西王母降临故事的内涵却远远超出了
道教的思想内容。一位叱咤风云,具有雄才大略、文治武功显赫的
帝王汉武帝求仙失败了,在西王母等女仙面前表现得那么卑琐可
怜和无能为力,其讽刺意味是很明显的。这是在其他资料里看不
到的汉武帝形象。

西王母与现世帝王交往的传说进一步世俗化、人性化,就出现
了与平常人发生纠葛的故事。

《述征记》的记载仍是关于帝王的:

> 燕昭王二年,海人乘霞舟,以雕壶盛数斗膏以献王。王坐通
> 云堂,亦曰通霞之台,以龙膏为灯,光耀百里,烟色丹紫。国人望
> 之,咸言瑞光也,遥拜之。灯以火浣布为缠。山西有照石,去石
> 十里,见人物之影如镜焉。碎石片片,皆能照人,而质方一尺,则
> 重一两。昭王春此石为泥,泥於通霞之台,与西王母游居此台
> 上,常有钟鼓琴瑟鸣,神光照耀,如日月之出。台左右种恒春之
> 树,叶如莲花,芬芳似桂花,随四时之色。②

这个传说显然是根据燕昭王求仙事加以附会的。这个故事

---

① 《汉武帝内传》,《道藏》第5册,第48页。
② 《太平御览》卷一七八《居处部六》,第1册,第866页。

《太平御览》辑录在《居处》门，可看作是宣扬珍奇异物的资料。如此把神奇事物与西王母相关合，来为神仙观念作鼓吹，也是后来西王母传说的常见主题。

典型地体现西王母形象的人性化、艺术化表现的是相关的神女降临故事。天上女性谪仙降临俗世，与世俗男子交往、恋爱，是六朝时期十分流行的传说模式。在道教里，这种人、仙交往的故事被当作宣扬神仙信仰的手段。不过作为艺术作品，这种人、仙交往的缠绵悱恻、哀婉凄凉的悲剧却有着更深一层的内容，也有不同凡响的动人力量。

具有典型意义的是《搜神记》里杜兰香的故事：

> 汉时有杜兰香者，自称南康人士，以建业四年春，数诣张传。传年十七。望见其车在门外，婢通言："阿母所生，遣授配君，可不敬从。"传先名改硕。硕呼女前，视可十六七，说事邈然久远。有婢子二人，大者萱支，小者松支。钿车青牛上，饮食皆备。作诗曰："阿母处灵岳，时游云霄际。众女侍羽翼，不出墉宫外。飘轮送我来，岂复耻尘秽。从我与福俱，嫌我与祸会。"至七年八月旦，复来，作诗曰："逍遥云汉间，呼吸发九疑。流汝不稽路，弱水何不止。"出薯蓣子三枚，大如鸡子，云："食此令君不畏风波，辟寒温。"硕食二枚，欲留一，不肯，令硕食尽，言："本为君作妻，情无旷远，以年命未合，其小乖。太岁东方卯，当还求君。"兰香降时，硕问："祷祀如何？"香曰："消魔自可愈疾，淫祀无益。"香以药为消魔。①

描写杜兰香故事的还有署名曹毗的《神女杜兰香传》和佚名《杜兰香别传》。从《艺文类聚》《太平御览》等书里所存佚文可以知道，有关传说中有比《搜神记》的记载更为丰富的情节。而在《神女

---

① 汪绍楹校注《搜神记》卷一，第15—16页，中华书局，1979年。

杜兰香传》里有一段记载：

> 神女姓杜，字兰香。自云家昔在青草湖，风溺，大小尽没。香时年三岁，西王母接而养之于昆仑之山，于今千岁矣。①

就是说，杜兰香本是平常人，她是被西王母营救并培养成神仙的。

《搜神记》里还有另外的著名神女下嫁传说。例如女仙成公智琼降临弦超故事，她自称"我天上玉女，见遣下嫁"②。虽然作品里没有直接提到西王母，但明显暗示成公智琼是从属于她的。

同类故事还有何参军女传说：

> 刘广，豫章人，年少未婚。至田舍，见一女。云："我是何参军女，年十四而夭，为西王母所养，使与下土人交。"广与之缠绵。其日，于席下得手巾，裹鸡舌香。其母取巾烧之，乃是火浣布。③

又《南真说》所记媚兰：

> 西王母女媚兰，字申林，治沧浪山，受书，为云林夫人。④

这两则记载显然只是片段，可以推测必定另有更完整、生动的故事。从一般完整的神女降临故事看，情节有一个大致的模式：降临的对象基本是身份低微的小吏之类，神女是因故谪降或受派遣降临的，神女给对方带来奇异的礼物，而双方往往有诗歌赠答，故事的结局一般是离异的悲剧，等等。这种具有固定情节的故事广泛流传，显然反映着某种社会意义。直观地说，这些故事体现了一般下层士人超脱现实束缚的意愿；而把幻想寄托在浪漫的、想象的爱情之中，更增添了生活和艺术情趣。

本来是作为幻想产物的女仙，在道教里成为宗教教义的寄托，

---

① 《太平御览》卷三九六《人事部三七》，第 2 册，第 1829 页。
② 汪绍楹校注《搜神记》卷一，第 17 页。
③ 《搜神后记》卷五，第 34—35 页，中华书局，1981 年。
④ 《太平御览》卷六七四《道部一六》，第 3 册，第 3004 页。

而在进一步发展中又消减了宗教色彩而成为艺术创作的对象。这是个否定之否定的过程,客观反映出比起宗教玄想和信仰来,人性和艺术具有更强大的生命力。

六

历代文人作品中表现的西王母则有着更为丰富多彩、意旨各异的内涵。

铺张扬厉的汉赋本质上是汉代统治者张扬权威、夸耀繁富的表现,神仙世界包括西王母及其所居住的昆仑山也是它们经常描写的对象。司马相如无疑是汉赋最有代表性的作家。《史记》记载:"(司马)相如见上(汉武帝)好仙道……以为列仙之传居山泽间,形容甚臞,此非帝王之仙意也,乃遂就《大人赋》。"其中描写的"大人"就是仙人。他悲世俗之迫隘,遂绝少阳,登太阴,历崇山,过九疑,上天入地,然后到了西极:

> 奄息总极泛滥水嬉兮,使灵娲鼓瑟而舞冯夷。时若薆薆将混浊兮,召屏翳诛风伯而刑雨师。西望昆仑之轧沕洸忽兮,直径驰乎三危。排阊阖而入帝宫兮,载玉女而与之归。登阆风而摇集兮,亢鸟腾而一止。低回阴山翔以纡曲兮,吾乃今日睹西王母。曤然白首戴胜而穴处兮,亦幸有三足乌为之使。必长生若此而不死兮,虽济万世不足以喜。[①]

根据司马迁所说,如此描写昆仑仙境中的西王母是意在讽刺汉武帝求仙的。

①《史记》卷一一七《司马相如列传》,第 3056、3060 页。

扬雄作赋,常常模拟司马相如。他于汉成帝时奏上《甘泉赋》,明显具有模仿《大人赋》的痕迹,但二人的创作风格显然不同:司马相如语多豪放,讽喻之意鲜明;而扬雄描写甘泉宫则词语委婉。甘泉宫本是秦离宫,武帝时加以扩建,成帝郊祠甘泉泰畤、汾阴后土,以求继嗣,扬雄作赋意在讽谏。但他把甘泉比拟为帝室紫宫,联想到四方的神山:

> 攀璇玑而下视兮,行游目乎三危。陈众车于东阬兮,肆玉钦而下驰。漂龙渊而还九垠兮,窥地底而上回。风似似而扶辖兮,鸾凤纷其御蕤。梁弱水之潚潒兮,蹑不周之逶蛇。想西王母欣然而上寿兮,屏玉女而却虙妃。玉女无所眺其清卢兮,虙妃曾不得施其蛾眉。方览道德之精刚兮,侔神明与之为资。①

如果说司马相如的赋是讽一而劝百,那么如扬雄的这种描写,则夸耀艳羡之情流露在字里行间。所以有人说读这样的作品,实在不能窥测其中有什么讽喻含义②。实际上从更广阔的视野看,汉赋里有关西王母和西极昆仑的描写,正是统一兴盛时代的汉朝人思想观念恢宏开阔、自由豪放的一种反映。人们在现实的世界之外,幻想一个永恒的仙界乐园,其中不死的西王母向人们招手,对人们有着巨大的诱惑力。

文人歌唱西王母和昆仑山,首先应提到曹操的拟古乐府诗。一首是《气出倡》,其中写道:

> 华阴山自以为大,高百丈浮云为之盖。仙人欲来,出随风列之雨,吹我洞箫,鼓瑟琴,何闾闾。酒与歌戏,今日相乐诚为乐,玉女起起儛移数时,鼓吹一何嘈嘈。从西北来时,仙道多驾烟乘云驾龙,郁何蓩蓩,遨游八极,乃到昆仑之山西王母侧。

①《汉书》卷八七上《扬雄传上》,第 3531 页,中华书局标点本。
②参阅马积高《赋史》,第 95 页,上海古籍出版社,1987 年。

神仙金止玉亭，来者为谁。赤松、王乔乃德旋之门，乐共饮食到黄昏，多驾合坐，万岁长，宜子孙。游君山甚为真。崔嵬砟硌尔自为神，乃到王母台。金阶玉为堂，芝草生殿傍。东西厢客满堂，主人当行觞，坐者长寿遽何央。长乐，甫始宜孙子，常愿主人增年与天相守。①

　　一代枭雄曹操并不真地信仰神仙，但他写了许多神仙题材的作品。神仙幻想乃是他的诗情的寄托。曹操诗里洋溢着"烈士暮年，壮心不已"的热情，表现出追求永恒的生命价值的强烈渴望。他描写西王母神仙世界的繁华享乐、福寿绵长，正是他内心愿望的艺术升华。又《陌上桑》：

　　　　驾虹霓，乘赤云，登彼九疑历玉门。济天汉，至昆仑，见西王母，谒东君。交赤松，及羡门，受要秘道爱精神。食芝英，饮醴泉，拄杖桂枝佩秋兰。绝人事，游浑元，若疾风游焱飘翩。景未移，行数千，寿如南山不忘愆。②

　　这与上一首体现了基本相同的思想内容：驾着彩虹，乘着云霞，登上昆仑山，与西王母和众仙人相会，得到长生秘诀，飞翔在超然的绝对境界。这种高蹈绝尘的幻想正体现了对于自我精神的绝对肯定。

　　钟嵘评论阮籍"《咏怀》之作，可以陶性灵，发幽思，言在耳目之内，情寄八荒之表，洋洋乎会于《风》、《雅》，使人忘其鄙近，自致远大，颇多感慨之词"③。所谓"情寄八荒之表"也包括倾心神仙世界，其中也含有西王母的仙境。如《咏怀》第二十二首：

　　　　夏后乘灵舆，夸父为邓林。存亡从变化，日月有浮沉。凤

①逯钦立《先秦汉魏晋南北朝诗·魏诗》卷一，上册，第345—346页，中华书局，1983年。
②《先秦汉魏晋南北朝诗·魏诗》，卷一，上册，第348页。
③陈延杰《诗品注》，第23页，人民文学出版社，1980年。

凰鸣参差,伦伶发其音。王子好箫管,世世相追寻。谁言不可见,青鸟明我心。

这里的"青鸟"是西王母的使者,"青鸟明我心"喻指西王母与自己心心相通。诗的立意,如陈祚明解释说:"直欲明心可知,非第神仙之慕。"①就是说,诗人并不是真地相信神仙,但是他确实赞赏、羡慕超然的神仙境界。又第五十八首:

危冠切浮云,长剑出天外。细故何足虑,高度跨一世。非子为我御,逍遥游荒裔。顾谢西王母,吾将从此逝。岂与蓬户士,弹琴诵言誓。

蒋师爚说:"此即嗣宗所谓大人先生也。谢西王母,仙亦不足学也。"②如此表示连西王母的仙境都不屑一顾,可见其志向的远大。

谢灵运也幻想到神仙世界求解脱,如《登江中孤屿一首》中说:

想像昆山姿,缅邈区中缘。始信安期术,得尽养生年。③

唐宋以后,西王母及其相关意象成为诗词经常表现的内容。

被认为是边塞诗人代表的李颀"慕神仙,服饵丹砂,期轻举之道,结好尘喧之外"④。他作《王母歌》:

武皇斋戒承华殿,端拱须臾王母见。霓旌照耀麒麟车,羽盖淋漓孔雀扇。手指交梨遣帝食,可以长生临寓县。头上复戴九星冠,总领玉童坐南面。欲闻要言今告汝,帝乃焚香请此语。若能炼魄去三尸,后当见我天皇所。顾谓侍女董双成,酒阑可奏云和笙。红霞白日俨不动,七龙五凤纷相迎。惜哉志骄神不悦,叹息马蹄与车辙。复道歌钟杳将暮,深宫桃李花成

①黄节《阮步兵咏怀诗注》,第29—30页,人民文学出版社,1957年。
②《阮步兵咏怀诗注》,第70—71页。
③《文选》卷二六《诗丁》。
④傅璇琮主编《唐才子传校笺》第1册,第356页,中华书局,1987年。

雪。为看青玉五枝灯，蟠螭吐火光欲绝。①

这是直接利用西王母题材来表达神仙幻想的。这里的描写增添了道教内容的"头戴九星冠""炼魄去三尸"等细节，使形象更为鲜活；而采用了婉转漫长的长歌曲调，则更强化了抒情特色。王维有《赠李颀》诗：

> 闻君饵丹砂，甚有好颜色。不知从今去，几时生羽翼。王母翳华芝，望尔昆仑侧。文螭从赤豹，万里方一息。悲哉世上人，甘此膻腥食。②

这则是借用西王母仙境的幻想来赞扬李颀的神仙追求，描写极其简洁，几个细节加以点染，造成了情境相生的效果。储光羲的《升天行贻卢六健》：

> 真人居阆风，时奏清商音。听者即王母，泠泠和瑟琴。坐对三花枝，行随五云阴。天长昆仑小，日久蓬莱深。上由玉华宫，下视首阳岑。神州亦清净，要自有浮沉。恻恻苦哉行，呱呱游子吟。庐山逢若士，思欲化黄金。雨雪没太山，谁能无轨新。逍遥在云汉，可以来相寻。③

这位被赠以诗的卢健显然是好道之士。诗人用游历西王母仙界的幻想来表达对他的赞赏和祝愿。

在另一些作品里，西王母则作为比喻的表现。如李白《赠嵩山焦炼师》，则是把女道士比喻为西王母：

> 愿同西王母，下顾东方朔。紫书傥可传，铭骨誓相学。④

---

① 《全唐诗》卷一三三，第 1349—1350 页。
② 陈铁民《王维集校注》第 1 册，第 266 页，中华书局，1997 年。
③ 《全唐诗》卷一二七，第 1386 页，中华书局，1960 年。
④ 《全唐诗》卷一六八，第 1740 页。

这里是把女道士比拟为西王母。李贺的《神仙曲》：

> 碧峰海面藏灵书,上帝拣作仙人居。清明笑语闻空虚,斗乘
> 巨浪骑鲸鱼。春罗书字邀王母,共宴红楼最深处。鹤羽冲风过
> 海迟,不如却使青龙去。犹疑王母不相许,垂雾妖鬟更转语。①

这里描写的神仙相会情景,极其幻惑绮丽,引起人超然高蹈的
幻想。

唐人往往利用神仙题材来寄托讽刺,特别是讽刺统治者求仙
的愚妄,也利用西王母故事。如李白《古风》之四十三：

> 周穆八荒意,汉皇万乘尊。淫乐心不极,雄豪安足论。西海
> 宴王母,北宫邀上元。瑶水闻遗歌,玉杯竟空言。灵迹成蔓草,
> 徒悲千载魂。②

这首诗的讽喻意义十分明显,应是针对唐玄宗好道求仙而作。李
白一生对仙人和神仙幻想曾不懈地追求,但他个人生活中的神仙
追求、诗歌创作中神仙内容的表现与他利用神仙题材对现实进行
讽喻,三者在具体作品中区分得十分清楚。就是说,对于李白而
言,处理神仙题材,感性的、艺术的和理性的三种角度的选择是十
分自觉的。就这方面看,他在古代士大夫文学创作中对神仙题材
的处理上是相当典型的。另外,如他的《寓言三首》之二：

> 摇裔双彩凤,婉娈三青禽。往还瑶台里,鸣舞玉山岑。以
> 欢秦娥意,复得王母心。区区精卫鸟,衔木空哀吟。③

如此把西彩凤、青禽、精卫等意象组合在一起加以对比,显然是别
有寓意的艺术创造,是借神仙题材来发抒个人感慨的。

而王建的《霓裳词十首》之二：

---

① 叶葱奇编订《李贺诗集》,第 344 页,人民文学出版社,1959 年。
② 王琦注《李太白全集》卷二,第 141 页,中华书局,1977 年。
③ 《李太白全集》卷二四,第 1108 页。

> 弦索拟拟隔彩云,五更初发一山闻。武皇自送西王母,新
> 换霓裳月色裙。①

这里描写的实际是宫廷歌舞场面,与宗教意趣无关。李群玉的《穆天子》是直接以西王母传说为题材的作品:

> 穆满恣逸志,而轻天下君。一朝得八骏,逐日西溟渍。寂漠
> 崦嵫幽,绝迹留空文。三千阃宫艳,怨绝宁胜云。或言帝轩辕,
> 乘龙凌紫氛。桥山葬弓剑,暧昧竟难分。不思五弦琴,作歌咏
> 《南熏》。但听西王母,瑶池吟《白云》。②

这首诗选取穆王西游不归的角度,则是抒写宫人的哀怨,表达讽刺帝王求仙的寓意。白居易新乐府里的《八骏图》的主旨,是明确“戒奇物惩佚游”的:

> 穆王八骏天马驹,后人爱之写为图。背如龙兮颈如象,骨
> 竦筋高肌肉壮。日行万里速如飞,穆王独乘何所之。四荒八
> 极踏欲遍,三十二蹄无歇时。属车轴折趁不及,黄屋草生弃若
> 遗。瑶池西赴王母宴,七庙经年不亲荐。璧台南与盛姬游,明
> 堂不复朝诸侯。《白云》《黄竹》歌声动,一人荒乐力人愁。周
> 从后稷至文武,积德累功世勤苦。岂知才及四代孙,心轻王业
> 如灰土。由来尤物不在大,能荡君心则为害。文帝却之不肯
> 乘,千里马去汉道兴。穆王得之不为戒,八骏驹来周室坏。至
> 今此物世称珍,不知房星之精下为怪。八骏图,君莫爱。③

柳宗元有《观八骏图说》一文,元稹集里有《八骏图》诗,陈寅恪说此图流行乃一时风气,元诗主旨在讽刺唐德宗建中年间变乱西巡。这篇作品当不只是“戒奇物”,更对帝王求仙有所讽刺。

---

① 《全唐诗》卷三〇一,第 3425 页。
② 《全唐诗》卷五六八,第 6583 页。
③ 朱金城《白居易集笺校》卷四,第 1 册,第 214 页,上海古籍出版社,1988 年。

　　曹唐是唐代写作游仙诗的第一人。他作有七律体《大游仙诗》，相传原有五十首，今存十七首；又七绝体《小游仙诗》九十八首。《大游仙诗》以古代神话传说为题材。从现存作品看，那应是几组具有固定情节的组诗。其中，有关西王母的诗现存三首。《汉武帝将候西王母下降》《汉武帝于宫中宴西王母》显然是依据《汉武帝内传》的，《穆王宴王母于九光流霞馆》则与周穆王西游故事有关。这几篇作品和其他篇章一样，以新颖的构思和华丽的语言描绘生动的神仙境界，传送出旖旎缠绵的感情。如《汉武帝将候西王母下降》：

　　　　昆仑凝想最高峰，王母来乘五色龙。歌听紫鸾犹缥缈，语来青鸟许从容。风回水落三清月，漏苦霜传五夜钟。树影悠悠花悄悄，若闻箫管是行踪。①

这全然是发挥艺术想象创造出的意境，仅仅是利用了原来传说的情节，作出全新的生发。写西王母下降，完全在空出斡旋，并不黏滞于下降事件，显示了高度的艺术技巧。

　　七绝体的《小游仙诗》则截取神仙传说片段加以点染，造成言简意长、余意无穷的艺术效果，其中内容也有不少是出自西王母传说的。如：

　　　　王母相留不放回，偶然沉醉卧瑶台。凭君与向萧郎道，教著青龙取妾来。
　　　　九天王母皱蛾眉，惆怅无言倚桂枝。悔不长留穆天子，任将妻妾住瑶池。②

像这样的诗，都是利用传说情节来抒写自己的意愿和感情的。

　　古典诗歌里善于运用神仙题材的无过于李商隐。他的这一类作品多表现仙、凡阻隔的情境与感受，后人对于许多具体作品主旨聚讼

①《全唐诗》卷六四○，第7337页。
②《全唐诗》卷六四一，第7350、7352页。

纷纭。不过他利用仙语、仙典、神仙意象所创造的诗境之优美典丽、摇荡人心则是不容怀疑的事实。如有关西王母传说的《瑶池》：

> 瑶池阿母绮窗开，黄竹歌声动地哀。八骏日行三万里，穆王何事不重来。①

又《华岳下题西王母庙》：

> 神仙有分岂关情，八马虚追落日行。莫恨名姬中夜没，君王犹自不长生。②

又《月夜重寄宋华阳姊妹》：

> 偷逃窃药事难兼，十二城中锁彩蟾。应共三英同夜赏，玉楼仍是水精帘。③

像这样的诗，都利用有关西王母的事典来构思，虽然具体主旨历来聚讼纷纭，但如果不拘泥于本事的考据，其中表现的对于美好理想的向往、理想失落的惆怅是相当动人的。

从上面介绍的情况可以知道，就西王母故事和意象在文学创作中的表现说，大体可分为两种情况。一种是利用西王母传说及其相关语言、事典、意象等等来再创作，这类作品无论是内容还是表现大都受到题材限制，往往显得程式化，如曹唐那样在艺术上取得成功的是不多见的。另一种则是受这一美丽女仙故事及其表现的启发，把那种缥缈的情思、大胆的幻想、绮丽的描写、华艳的语言作为艺术手法加以借鉴和发挥，融入个人全新的创作，从而开拓出艺术表现的新境界，这在许多优秀的作家那里都有所体现。这后一方面显示了西王母传说的更积极也更深远的影响。

值得注意的是，在后来的小说、戏曲和民间传说里，西王母是

---

① 《玉谿生诗笺注》卷二，《四部备要》本。
② 《玉谿生诗笺注》卷二。
③ 《玉谿生诗笺注》卷六。

一个经常出现的生动、神奇、具有强烈光彩的"人物"。这只要看看
《西游记》里王母娘娘的形象就清楚了。而在民间信仰和民间传说
里,她则已经是代表福禄寿喜的世俗女神了。例如屈大均记载的
广东风俗:

> 广州多有祠祀西王母,左右有夫人,两送子者,两催生者,两
> 治痘疹者,凡六位。盖西王母弟子,若飞琼、董双成、萼绿华之流
> 者也。相传西王母为人注寿注福注禄,诸弟子亦以保婴为事,故
> 人民事之惟恐后。考西王母见《山海经》、汲冢《周书》、《穆天子
> 传》、《汉武帝内传》。而《庄子》云:夫道在太极之先,西王母得
> 之,坐乎少广,莫知其始,莫知其终。是则开辟以来,有天地即有
> 西王母,而道家以为西王母者,金母也。木公生之,金母成之。
> 人类之所以不绝于天地间者,以有金母之成之也。金母者,天下
> 之大母,故曰王母;居于西,以成物为事,故曰西王母云。壁上多
> 绘画保婴之事,名子孙堂,人民生子女者,多契神以为父母。西
> 王母与六夫人像,悉以红纸书契名帖其下,其神某,则取其上一
> 字以为契名,婚嫁日乃遣巫以酒食除之。①

西王母在这里已蜕变成一位民间信仰中的一般善神、福神。广东
的例子是一个极富象征意味的现象。西王母形象的这一"蜕变"乃
是中国社会、宗教与思想观念长期演变的典型事例,其意义则已是
值得另加探讨的课题了。

---

① 《广东新语》卷六,中华书局,1997年。

从《列仙传》到《神仙传》

一

在统称为"老庄"的道家学说里,庄子的独具特色的人生哲学具有丰富内容和思想价值。他在"至人""神人""德人""大人""全人"等等名目之下,描述了一种理想的人格和精神境界。有的学者把其所描绘的个人无所负累的心境状态或逍遥自在的心情感受称之为"情态自由",以与卢梭、康德的"意志自由",斯宾诺莎、黑格尔的"理性自由"相并列,高度评价其为"一种人的自我觉醒,一种重要的精神觉醒","应该是人类自由思想史的初章"①。而从宗教史的角度看,庄子对"至人"等等的描述则已具有后来得到长足发展的神仙的特征,乃是源远流长的神仙观念和神仙信仰的源头之一。在这一点上,也显示了神仙思想在思想史上的地位和意义。但是在庄子时代,还没有出现具体的仙人,只能说他所理想的"体道"人物如所谓"至人""神人"等等,已经具有后来的"仙人"的特征而已。

另外的与早期神仙思想有关的文献是《山海经》和《楚辞》。

---

① 崔大华《庄学研究》,第 165 页,人民出版社,1992 年。

《山海经》形成于战国初期至汉初，其中已有明确的"不死"观念，而不死正是神仙的根本特征。在屈原所作《天问》等作品里，也明确反映出当时人已经有"不死"的设想；而现存资料最早提到仙人具体名字的是《楚辞》里的《远游》。这篇作品本来被列入屈原所作二十五篇赋里，今人考定它们是战国晚期的佚名作品。其中，已说到"闻赤松之清尘兮，愿承风乎遗则""轩辕不可攀援兮，吾将从王乔而娱戏"等等，赤松、王乔后来成为著名的仙人。如此有了具体"人物"，作为观念的仙人才算现实化了。

　　两汉是道教逐步形成的时期，也是"造仙运动"兴盛的时期。这方面的情形在《史记·封禅书》和《汉书·郊祀志》里有相当生动、详细的记载，而汉成帝末年谷永上疏对秦汉以来的"造仙"情形更有一段概括的说明：

> 　　秦始皇初并天下，甘心于神仙之道，遣徐福、韩终之属多赍童男童女入海求神采药，因逃不还，天下怨恨。汉兴，新垣平、齐人少翁、公孙卿、栾大等，皆以仙人、黄冶、祭祠、事鬼使物、入海求神采药贵幸，赏赐累千金。大犹尊盛，至妻公主，爵位重累，震动海内。元鼎、元封之际，燕齐之间方士瞋目扼掔，言有神仙祭祀致福之术者以万数。其后，平等皆以术穷诈得诛夷伏辜。至初元中，有天渊玉女、巨鹿神人、轑阳侯师张宗之奸，纷纷复起。①

仙人就这样被不断地创造出来。当时所创造的仙人有些是由古代传说的圣人或贤人演化而来的，如黄帝、神农、巫咸、老子等等；有些本是先前神话里的神格，如上面有专章讨论的西王母和江妃二女、箫史等等；而大量的则是被陆续创造出来的活跃在人世间的普通仙人。他们具有人的形貌，度过人世生活，和平常人相交往，只

---

① 《汉书》卷二五下《郊祀志下》，第 1260—1261 页。

不过具有超凡的能力和特殊的生命力。这反映了神仙观念急剧地"现实化"和"人性化"的趋势,也是一种宗教玄想向现实境界的演化。这是符合宗教心理的必然的逻辑发展轨迹的。

这种演变突出反映在道教史上新出现的几个重要观念里。一是仙人观念与山岳信仰的结合。东汉刘熙《释名》解释"仙"字说:"老而不死曰仙。仙,迁也,迁入山也。故其制字,人旁作山也。"[1]这个解释反映了一个重要观念:仙人居住在山里。由于有了这样的观念,才能发展出道教的"洞天福地"说。这样,仙人已不仅居住在虚无缥缈的东海或辽远不可及的西极昆仑,还居住于近在九州大地的山岳上。由此发展出关于"地仙"的观念:

> 按《仙经》云:上士举形升虚,谓之天仙;中士游于名山,谓之地仙;下士先死后蜕,谓之尸解仙。
>
> 其经曰:上士得道,升为天官;中士得道,栖集昆仑;下士得道,长生世间。[2]

所谓"天仙""天官"自然是超越世间的,而"地仙"则"长生世间",其形态和凡人无异了。所谓"尸解"则是成仙的一种具体方式,实际也是对"仙人"死亡的一种辩解。"尸解仙"应属于地仙之类。而在《列仙传》里又已出现所谓"谪仙"观念(见《瑕邱仲》条),即"天仙"犯了罪责被谪罚到人间,这一观念后来得到进一步发展。"谪仙"当然也取凡人形态。众多的神仙混迹于人间,过着与凡人一样的生活,这在道教史上是个意义深远、作用巨大的重要现象;而对于在文学创作中神仙与神仙思想的表现更起了关键性的作用。

既然出现了有名有姓的仙人,自然会构想出他们的生活情境和生平事迹。他们其中有一部分本来是历史上的真实人物,如老子、范蠡、东方朔等等,文献上对于他们本来有一定的记述,在把他

---

[1]《释名》卷三《释长幼》。
[2]《抱朴子内篇校释》卷二《论仙》、卷四《金丹》,第20、76页。

们"神仙化"的过程中必定给他们增添神异的传说。而大量"造仙运动"中出现的神仙也会不断附会以各种各样的神奇事迹。例如《淮南子》里说到王乔和赤松子：

> 今夫王乔、赤诵子，吹呕呼吸，吐故内新，遗形去智，抱素反真，以游玄眇，上通云天。①

在这样描述的背后，一定有关于这两位神仙的相应的故事——尽管早期的传说应是比较简略的。

实际上这些传说在《史记》《汉书》等史书里已有零散的记录，后来更有意识地创作出描写神仙事迹的专书。例如葛洪记载：

> 按《彭祖经》云，其自帝喾佐尧，历夏至殷为大夫，殷王遣彩女从受房中之术，行之有效，欲杀彭祖，以绝其道，彭祖觉焉而逃去。去时年七八百岁，非为死也。《黄石公记》云：彭祖去后七十余年，门人于流沙之西见之，非死明矣。又彭祖之弟子，青衣乌公、黑穴公、秀眉公、白兔公子、离娄公、太足君、高丘子、不肯来七八人，皆历数百岁，在殷而各仙去，况彭祖何肯死哉？②

下面又讲到关于安期生的"事迹"。这里所提到的记述彭祖及其弟子传说的《彭祖经》《黄石公记》又见于《抱朴子内篇·遐览》篇所列举道经。同样，葛洪在《极言》篇里指出黄帝成仙，引用了《荆山经》和《龙首经》。这两部书同样见于《遐览》篇里的经目。这些书即使不是专门记述神仙传记的，也一定包含有相关内容。葛洪在《抱朴子内篇》里说："若谓世无仙人乎？然前哲所记，近将千人，皆有姓字，及有施为本末，非虚言也。"③有近千个有名有姓的仙人，可见前

---

①《淮南子》卷一一《齐俗训》。
②《抱朴子内篇校释》（增订本）卷一三《极言》，第242页。
③《抱朴子内篇校释》（增订本）卷之三《对俗》，第46页。

述所谓"造仙运动"声势之浩大、成果之丰富。署名葛洪的《神仙传序》里又说道:"秦大夫阮仓所记有数百人,刘向所撰又七十余人。然神仙幽隐,与世异流,世之所闻者,犹千不得一者也。"①《神仙传》里也一再提到《仙经》《神仙经》,亦应是早期的包含仙传内容的作品。

正是在这些神仙传说的基础上,形成了今传两部重要的仙传著作——署名刘向的《列仙传》和署名葛洪的《神仙传》②。这是汉晋时期神仙传说的总结性的前后两部著作,它们清楚显示了当时人观念中的仙人的具体存在形态。由于形成时期有先后,把两者加以比较,也可以看出神仙观念和神仙思想演化的情形。

关于仙传的性质,柳存仁说:"它是有限的史料和更多的夸饰的叙述杂糅的,把它们看作文学性作品的创作,或是无从证明的信仰性的'神书',性质既明……"③两部仙传里所描述的神仙基本属于地仙、谪仙、尸解仙等行迹等同于凡人的一类,因此有关传说也更能体现某种现实性,更为"人性化"。仙人本来出于人的幻想,仙人的故事乃是艺术想象的产物,在一定意义上说其本身就是艺术创作。而由于仙人的形貌、生活取凡人形态,虽然出自宗教玄想,表现却也更接近现实和人生。因此个仅它们本身可以看作是艺术作品,更给后来的艺术创作提供了大量素材,如题材、"人物"、情节、构思、语汇等等。在这方面,比较佛教的佛、菩萨、天龙八部等全然超越现世的"人物"来,更富于现实精神和生活气息的仙人确实给艺术创作留下了更广阔地进行发挥和创造的余地。仙人和神

---

① 《神仙传序》,《丛书集成初编》本。本章以下所引《神仙传》,均据此本,随文注出卷次篇名,不另注明版本。
② 本章下面还将讲到,《列仙传》和《神仙传》的作者和年代,学术界多有异议,根据现有资料,只能做出大致的判断。本章主要讨论仙传的文学价值及其对于古代文学的影响,具体作者的认定无关宏旨,是应当另作讨论的课题。
③ 柳存仁《汉张天师是不是历史人物?》,《道教史探源》,第68页,北京大学出版社,2000年。

仙传说从而也在不同时期、不同体裁的文学创作中占有重要地位，
其直接和间接的影响也是十分巨大和深远的。

二

　　《列仙传》题刘向撰，这是葛洪所承认的。《隋书·经籍志·史
部·杂传》类分别著录刘向撰、缵续（"缵"疑为姓或名，有脱文）、孙
绰赞《列仙传赞》三卷和晋郭元祖《列仙传赞》二卷，其总序里也说
到"刘向点校经籍，始作《列仙》、《列士》、《列女》之传"①。但是陈振
孙《直斋书录解题》已指出"似非向本书，西汉人文章不尔也"②。除
了"文笔"让人疑惑之外，《汉书·艺文志·儒家》记载"刘向所序六
十七篇。《新序》、《说苑》、《世说》、《列女传颂图》也"③，没有提到
《列仙传》。又今本《列仙传》的一些记载显然不可能出自汉代，如
《关令尹》章说到"后与老子俱游流沙，化胡"④，"化胡"说乃东汉以
后逐渐形成的，至西晋道士王浮造《老子化胡经》，乃是佛、道斗争
的产物⑤；同样《朱璜》章提到《黄庭经》，该经最早见于《抱朴子》，是

---

①《隋书》卷三三《经籍二》，第 979、981 页。
②《直斋书录解题》卷一二《神仙类》，《中国历代书目丛刊》本。
③《汉书》卷三〇《艺文志十》，第 1727 页。
④ 王叔岷《列仙传校笺》，第 21 页，台湾"中央研究院"中国文哲研究所中国文
　哲专刊，1995 年。本章以下引用《列仙传》，均据此本，标点有改动，随文注
　出篇名，不另注出版本。
⑤ 关于"老子化胡"传说和相关经典，中外学者做了大量研究，其形成有个相当
　长的发展过程。现存史籍中第一次把老子与佛教联系起来的是襄楷于汉桓
　帝延熹九年（166）奏疏里说到"宫中立黄老浮屠之祠，此道清虚，贵尚无为，
　好生恶杀，省欲去奢。今陛下嗜欲不去，杀罚过理，既乖其道，岂获其祚哉！
　或言老子入夷狄为浮屠。浮屠，不三宿桑下，不欲久生恩爱，精之至也"（《后
　汉书》卷三〇下《襄楷传》，第 1082 页）。

道教经典，非西汉时期所能有；此外书中提到一些地名，如《文宾》章的"太邱"、《商丘子胥》章的"高邑"，都是东汉才有的；而《瑕邱仲》条说到"后为夫余胡王驿使"，夫余国的名称始见于《后汉书》，如此等等，都无涉于前汉。但葛洪是肯定《列仙传》为刘向所作的，他说"……至于撰《列仙传》，自删秦大夫阮仓书中出之，或所亲见，然后记之，非妄言也"①。这就意味着他认为书出于刘向，但却是根据前人记录编撰的。《四库提要》怀疑"或魏晋间方士为之，托名于向"；又征引黄伯思《东观余论》谓"是书虽非向笔，而事详语约，词旨明润，疑东京人作"②；王叔岷则说其文字"自是汉人口吻"，"或有魏、晋间人附益者耳"③，当是持平之论。葛洪《神仙传序》称书中收录"七十一人"，《四库》本同。古代记述如《崇文总目》等也有作七十二人的，出入不大。现存文献引用《列仙传》文字，有不见今本的，或许是辗转抄引有误。这种宗教性的、传闻性的作品，著作权的归属并不重要，更重要的是考察它所反映的思想内容属于什么时代，从而判断它在诸文化领域的价值。

《列仙传》所录每一位仙人的事迹篇幅简短，情节简单，已表明这是故事的较原始形态。更主要的是其中体现的观念、内容，尚缺乏更深刻的宗教内涵，也证明乃是道教形成之前的产物。

七十一人中本是真实人物、历史上又有记录的，有黄帝（实际是传说人物）、老子、关令尹、吕尚、务光、介子推、范蠡、东方朔、钩翼夫人等九人，即不到总人数的百分之十三。就是说，《列仙传》里的仙人基本是出于传闻或根本就是虚构的人物。这是和下面将讨论的《神仙传》里更多现实人物大不相同的。

但是《列仙传》里记录的仙人多出身低微，则是其内容方面的

① 《抱朴子内篇校释》（增订本）卷之二《论仙》，第 22 页。
② 《四库总目提要》卷一四六《子部·道家类》，下册，第 1248 页，中华书局，1987 年。
③ 《列仙传校笺序》。

一个重要特点,这也反映了当时的神仙观念的一个重大特征。如宁丰子是"黄帝陶正"即陶工,马师皇是"黄帝时马医",赤将子舆"尧帝时为木工",仇生"殷汤时为木正"即木工等,这些还不算一般工匠。至于偓佺是"槐山采药父",啸父"少在西周市上补履",葛由"周成王时,好刻木羊卖之",寇先"以钓鱼为业",酒客为"梁市上酒家人",任光"善饵丹,卖于都市里间",祝鸡翁"养鸡百余年",朱仲"常于会稽市上贩珠",鹿皮公"少为府小吏木工",阴生是"长安中渭桥下乞儿",子英"善入水捕鱼",文宾以"卖草履为业",商丘子胥"好牧豕",子主"自言宁先生雇我作客"即是雇工,陶安公为"六安铸冶师",负局先生"常负磨镜"即是镜工,女丸是"陈市上沽酒妇人",木羽乃"巨鹿南和平乡人也,母贫贱,主助产",显然也是出身低微之辈了。具体如阴生:

> 阴生者,长安中渭桥下乞儿也。常止于市中乞,市人厌苦,以粪洒之。旋复在里中,衣不见污如故。长吏知之,械收系著桎梏,而续在市中乞。又械欲杀之,乃去。洒者之家室自坏,杀十余人。故长安中谣曰:"见乞儿,与美酒,以免破产之咎。"(卷下《阴生》)

又啸父:

> 啸父者,冀州人也。少在西周市上补履,数十年人不知也。后奇其不老,好事者造求其术,不能得也。唯梁母得其作火法,临上三亮,上与梁母别列数十火而升。西邑多奉祀之。(卷上《啸父》)

乞儿、鞋匠原来是仙人,表面看最低贱的原本是最超越的,这种构想的含义是多方面的。最重要的是这里凸显的现象和本质的矛盾,乃是对世俗价值观念的一种批判,也是对人的认识能力的极具挑战性的考验。一般人不能识别出真正的仙人,不只是因为仙人的神秘,更出于认识上的局限性;而低贱者竟能成为仙人,这更是

对兴盛一时的帝王的神仙术的反动,是对特权者观念的挑战。又如园客:

> 园客者,济阴人也。姿貌好而性良,邑人多以女妻之,客终不取。常种五色香草,积数十年,食其实。一旦有五色蛾,止其香树末,客收而荐之以布,生桑蚕焉。至蚕时,有好女夜至,自称客妻,道蚕状。客与俱收蚕,得百二十头,茧皆如瓮大。缲一茧,六十日始尽。讫则俱去,莫知所在。故济阴人世祠桑蚕,设祠室焉。或云,陈留济阳氏。(卷下《园客》)

如此设想仙人帮助蚕农种桑养蚕,则反映了劳苦民众的愿望。

又有些仙人在世间担任小吏,如琴高"以鼓琴为宋康王舍人",赤斧"为碧鸡祠主簿",平常生"为华阴门卒",酒客"为梁丞",等等,这些均属于统治阶级下层人物。在晋宋以后实行"九品中正制",吏役之流乃是服务于士族权贵的受压抑、无出路的群体。这一阶层的人在后来的道教发展中起了相当重要的作用,在许多道教传说里这类人成了主人公。

另外一类是方术之士。仙人又多有以卖药为业的,如安期先生"卖药于东海边",瑕邱仲"卖药于宁百余年",崔文子和玄俗"卖药都市",鹿皮公"后百余年,下卖药于市",等等,这显然又和早期神仙术注重药饵有关;再如呼子先为"汉中关下卜师",稷邱君为"泰山下道士"、黄阮邱为"睢山上道士",这些人原来本是方术之士,这一阶层人物的宗教特性使他们更容易转化为神仙。后来有更多的仙人来自这一阶层。

仙人具有超越世事的高蹈离俗的品格,如务光:

> 殷汤将伐桀,因光而谋,光曰:"非吾事也。"汤曰:"孰可?"曰:"吾不知也。"汤曰:"伊尹如何?"曰:"强力忍诟,吾不知其他。"汤既克桀,以天下让于光,曰:"智者谋之,武者遂之,仁者居之,古之道也。吾子胡不遂之? 请相吾子。"光辞曰:"废上,

非义也；杀人，非仁也；人犯其难，我享其利，非廉也。吾闻非
义不受其禄，无道之世，不践其位，况于尊我！我不忍久见
也。"遂负石自沉于蓼水，已而自匿。后四百余岁，至武丁时复
见。（卷上《务光》）

务光本是古代隐士，其传说事迹见于《战国策·秦策五》《庄子·让
王》(作"瞀光")、《荀子·成相》《史记·伯夷列传》等书。这里把他
描写作仙人，又特别强调他不慕荣利、超然世外的品格。这也表
明，早期的神仙思想又是和某种世俗伦理相协调的。

《列仙传》特别强调仙人长生的特性。彭祖见于《史记·楚世
家》，据说帝喾时有火正重黎，其弟吴回亦为火正，称祝融；吴回子
陆终，陆终第三子是彭祖。他本身就是传说人物，《列仙传》里说他
"历夏至殷末，八百余岁"。而陆通即楚狂接舆，"游诸名山，在蜀峨
媚山上，世世见之，历数百年去"；幼伯子为"周苏氏客"，"世世来戒
佑，苏氏子孙得其福力也"；安期先生"卖药于东海边，时人皆言千
岁翁"；范蠡"后弃之兰陵卖药"；瑕邱仲"卖药于宁百余年，人以为
寿矣"，等等，这都是突出仙人的长寿。而相比较之下，《列仙传》关
于仙人"神通"的表现还比较朴素。

《列仙传》特别突出服饵的作用。偓佺"以松子遗尧，尧不暇服
也。松者，简松也。时人受服者，皆至二三百岁焉"；关令尹"服苣
胜实，莫知其所终"；涓子"好饵术，接食其精，至三百年乃见于齐"；
务光"服蒲韭根"；仇生"常食松脂"；彭祖"常食桂芝，善导引行气"；
邛疏"能行气练形，煮石髓而服之，谓之石钟乳，至数百年"；陆通
"好养生，食橐卢木实及芜菁子"；范蠡"好服桂饮水"；寇先"好种荔
枝，食其葩实焉"；桂父"常服桂及葵，以龟脑和之"；修羊公"略不
食，时取黄精食之"；赤须子"好食松实、天门冬、石脂……服霞绝
（谷）"；犊子"少在黑山采松子、茯苓，饵而服之，且数百年"；昌谷
"食蓬藟根"；溪父"居山间，有仙人常步其家，从买瓜，教之炼瓜子，
与桂附子芷实，共藏而对分食之"；山图"山中道人教令服地黄当归

羌活独活苦参散,服之一岁,而不嗜食,病愈身轻";毛女"流亡入山避难,遇道士谷春,教食松叶,遂不饥寒,身轻如飞";文宾教令老妻"服菊花、地肤,桑上寄生松子,取以益气"等。以上基本是草木药。也有服石钟乳和丹药的。任光"善饵丹","晋人常服其丹";主柱取丹砂,邑令得神沙飞雪服之,五年能飞行,与柱俱去;赤斧"能作水沵,炼丹,与消石服之,三十年反如童子,毛发生皆赤。后数十年,上华山取禹余粮,饵卖之于苍梧、湘江间,累世传之",等等。早期的道术重视服饵,概因道教形成后的炼丹术还没有发展起来,从这些记载可以看出由重视服饵向更重视丹药转化的情形。

《列仙传》特别突出仙人治病的特异能力。黄帝时的马医马师皇能给龙治病;方回"练食云母,亦与民人有病者",等等。还有避难救人的能力。如平常生救人于大水:酒客"来为梁丞,使民益种芋菜,曰:'三年当大饥。'卒如其言,梁民不死";又《崔文子》:

> 崔文子者,太山人也。文子世好黄、老事,居潜山下。后作黄散赤丸,成石父祠,卖药都市,自言三百岁。后有疫气,民死者万计。长吏之文所请救,文拥朱幡,系黄散,以徇入门,饮散者即愈,所活者万计。后去在蜀,卖黄散,故世宝崔义亦黄散,实近于神焉。(卷上《崔文子》)

这个故事取民间传说中所谓"地方风物传说"体裁,构思意在说明"崔文赤黄散"的来由,崔文子则被颂扬为以药物救济民众的仙人。又《负局先生》:

> 负局先生者,不知何许人也。语似燕、代间人,常负磨镜。局徇吴市中,炫磨镜,一钱因磨之。辄问主人,得无有疾苦者,辄出紫丸药以与之,得者莫不愈,如此数十年。后大疫病,家至户到,与药活者万计,不取一钱。吴人乃知其真人也。后止吴山绝崖头,悬药下与人。将欲去时,语下人曰:"各还蓬莱山,为汝曹下神水。"崖头一旦有水白色,流从石间下来,服之

多愈疾,立祠十余处。(卷下《负局先生》)

这些都反映了民众的救济愿望,也鲜明地体现出这一时期神仙观念的民众性质。

《列仙传》还宣扬房中术,如容成公"能善补导之事。取精于玄牝,其要,谷神不死,守生养气者也";女丸本是沽酒妇人,遇仙人过其家饮酒,以养性交接的素书为质,丸行文书法三十年,"颜色更如二十时,后与仙人弃家而去,莫知所之",等等。道教在清整以前,房中术一直是被特别重视的方术,《列仙传》凸显出这一方面。又涓子"能致风雨";啸父和师门"得做火法","能使火";骑龙鸣求得龙子养食,骑龙而去;子英骑鱼飞升,等等,都是些特别的神通。但这一方面的描写比起后出的《神仙传》来,表现显然是相当质朴、简单的。

《列仙传》里的一些故事已经明显透露出与秦汉时期帝王的神仙思想相对立的观念,如《修羊公》条:

> (修羊公)以道干景帝,帝礼之,使止王邸中。数岁,道不可得,有诏问修羊公:"能何日发?"语未迄,床上化为白羊,题其胁曰:"修羊公谢天子。"后置石羊于灵台上,羊后复去,不知所在。(卷上《修羊公》)

这段故事表明,景帝虽以帝王之尊却也难以得道成仙。又如《商丘子胥》条:

> 商丘子胥者,高邑人也。好牧豕、吹竽,年七十,不娶妇,而不老,邑人多奇之,从受道,问其要,言但食术、菖蒲根、饮水,不饥不老。如此传世,见之三百余年。贵戚富室闻之,取而服之,不能终岁辄止堕慢矣。谓将复有匿术也。(卷下《商丘子胥》)

这里特别突出仙术的寂寞、枯淡,是"贵戚富室"不能接受、难以实行的。这反映了一种否定帝王神仙思想的倾向,乃是后面将要论述的"新神仙思想"的萌芽。

《列仙传》里所记述的升仙经历往往并没有修道的具体因缘。如子英善入水捕鱼,得赤鲤,爱其色好,养之,一年长丈余,生角,有翅翼,遂得骑鱼飞升;而服闾只是偶然在海边遇到三仙人,"令担黄白瓜数十头,教令瞑目。及觉,乃在方丈山";又如陶安公本是铸冶师,铸火一旦上行冲天,须臾,有朱雀止冶上,预言七月七日有赤龙来迎,至期果然,安公骑龙飞升;又呼子先为汉中关下卜师,老寿百余岁,夜有仙人持二茅狗来迎,子仙呼酒家妪骑之而去,乃龙也;而朱璜病痕,就睢山道士阮邱,邱怜之,予药物并《老君》《黄庭》等经典,俱入浮阳山成仙,等等。如此把成仙归结为偶然机遇,突出的乃是事件的奇异,是与道教强调修道、养炼的观念显然不同的。

从与下面所述《神仙传》的对比可以清楚看出,《列仙传》表现的是充满矛盾的神仙思想,这是战国秦汉盛行一时的帝王的神仙术向道教的神仙术和魏晋以后"新神仙思想"过渡的产物。在两汉时期的社会变动中,出于多种多样的原因,旧的神仙思想在逐步破产,在民众间兴起具有反体制性格,更多反映民众愿望的纷繁的道教教派的同时,神仙思想和神仙信仰也在发生重大变化。这种变化更鲜明地体现在《神仙传》里。

三

关于《神仙传》作者,葛洪《抱朴子外篇·自叙》记述自己的著作,说"又撰俗所不列者,为《神仙传》十卷"①。该本久佚。小南一

----

①《抱朴子外篇》卷五〇《自叙》。

郎推断东晋末年始有传本①,应是掇拾流传文献资料而成②。唐梁
肃《神仙传论》里记载一种一百九十人的本子,今亦不见。明代修
《正统道藏》未收《神仙传》,应当是未见适当的本子。今传《神仙
传》出自两个系统:一种是明何允中所辑《广汉魏丛书》本(万历二
十年,1592);一种是明毛晋(1594—1659)辑本,为《四库》所收。今
人胡守为作《神仙传校释》,2010年中华书局出版,就是依据后一个
本子。两个系统的本子差别不大,无碍于将其作为道教文学作品
来阅读、欣赏、研究。即使内容传承情况不明之处甚多,但可以肯
定这部《神仙传》是早期独具特色又相当优秀的典型仙传作品,在
仙传文学发展中具有里程碑的意义和价值,对于古代传记文学的
发展造成重大、深远的影响。

认定今本《神仙传》不是出于葛洪手笔,却不能否定这部书有
他的著作为基础,更不能否定他在仙传文学创作方面的贡献。他
本是代表一代道教发展水平的理论家,其《抱朴子内篇》乃是道教
史上的里程碑著作。关于他的思想源流,方维甸有一段论述值得
注意:

> 东汉之季,桓帝好神仙,祠老子。张陵之子衡,使人为祭
> 酒,主以《老子》五千文都习。神仙之附会道家,实昉于此。
> 《抱朴子内篇》,古神仙家之言也。虽自以《内篇》属之道家,然
> 所举仙经神符,多至二百八十二种,绝无道家诸子。且谓老子
> 泛论较略,庄子、文子、关尹喜之徒,祖述黄老,永无至言,去神
> 仙千亿里。寻其旨趣,与道家判然不同。又后世学仙者,奉魏
> 伯阳为正宗。是书偶及伯阳内篇之名,并无一语称述,谓《神
> 仙传》中言《参同契》假爻象以说丹之意而已。是稚川之学,匪

---

① 参阅《中国的神话传说与古小说》第三章《〈神仙传〉——新神仙思想》,孙昌
武译,第166—231页,中华书局,1993年。
② 参阅马叙伦《老子校诂序注》、余嘉锡《四库全书提要辨证·子部十》。

特与道家异,并与后世神仙家无几微之合。①

这就指出,东汉末年是神仙思想发展、演变的重要时期,随着道教的形成,道家思想与古神仙家及其方术相结合,分别构成道教信仰在理论和实践上的两个重要侧面,而葛洪则主要继承和发展了古神仙家的思想。正由于神仙家思想是当时道教中的重要潮流,所以《神仙传》的编撰十分兴盛,才先后出现各种《神仙传》。今本《神仙传》不过是继承以前诸本加以重新编写并流传下来的一种。这样,葛洪的《神仙传》无论从观念上还是资料上都应为今本打下了基础。研究今本《神仙传》,也不能切断与葛洪的联系,因为其中必然会融入葛洪的成绩。

今本序言里特别提出刘向《列仙传》,概括地举出"宁子入火而陵烟,马皇见迎于护龙"等三十位仙人的事迹,都是《列仙传》里所记述的,然后说:

> 予今复抄集古之仙者,见于仙经、服食方及百家之书,先师所说,耆儒所论,以为十卷,以传知真识远之士。其系俗之徒、思不经微者,亦不强以示之焉。则知刘向所述,殊甚简略,美事不举。此传虽深妙奇异,不可尽载,犹存大体。窃谓有愈于刘向多所遗弃也。②

这清楚表明这部书又是有意继承《列仙传》传统,根据已有资料来编撰的;但又对《列仙传》记述多所不满,因而要来加以补充和发展。实际上一代代《神仙传》编撰者们对前人成果的态度大体如此。在内容方面,今本《神仙传》显然也继承了葛洪的思想,不过随着道教的发展,掺入了一些新的观念;又由于作品是掇拾已有仙传而成,难免驳杂拼凑的痕迹。东晋时期道教更突出地强调宗教拯

①《校刊抱朴子内篇序》,《抱朴子内篇校释》(增订本)附录,第388页。
②《神仙传序》。

救功能和"自力"救济信仰,这作为思潮被日本学者小南一郎概括为"新神仙思想",但到东晋末年这一积极的潮流在逐渐"风化"。小南一郎指出今本《神仙传》内容的驳杂正反映了这一发展趋势,值得注意①。不过从文学创作角度讲,与其说思想内容的驳杂正促成作品内涵的丰富多彩,毋宁说它起到了积极的作用。

《神仙传》(以下略"今本"二字)收录神仙九十二人②,其中有两个人与《列仙传》相重复(彭祖和广成子,后者即《列仙传》里的容成公)。仅就二者收录的人物身份加以对比就会发现,在《列仙传》里,除了个别例外,仙人基本是出于玄想的人物;而《神仙传》里则基本是现实的或假托为现实的人物:如老子、墨子是诸子百家里的两家,刘安、孔安国、孙登、郭璞等都是有影响的历史人物,张道陵、茅君(盈)、葛玄是道教祖师,李少君、左慈、蓟子训、灵(冷)寿光、甘始、宫嵩(崇)、封衡、鲁女生、东郭延(延年)、焦先、王烈等则是著名方士,魏伯阳、河上公是道家或道教学者,等等。这些真实的人物都被当作神仙来描述。其中方士被"仙化"是个重要现象。由于他们具有宗教性格,是最容易被"仙化"的现实人物。以上人物在正史中多有记录。而且即使是那些出于玄想的仙人也大都被虚拟为真实存在的人物,并特别突出有些人作为"地仙"的性格。就是说,《神仙传》里的仙人不再被当作远离人间烟火的虚无缥缈的存在,而是活跃在现实世界的真实人物。这就反映出神仙观念关系到思想史发展的一个重要转变:神仙由幻想世界转移到现实人间,仙界与人世间的界限被沟通了,仙人和凡人更接近了,一般人修仙成道的可能性从而也就大为提高了。《白石先生》章里的一个情节是颇具深意的:彭祖问他"何不服升天之药",他回答说:"天上复能乐比人间乎?但莫使老死耳。天上多至尊相奉事,更苦于人间。""故时

---

①参阅小南一郎《中国的神话传说与古小说》第三章《〈神仙传〉——新神仙思想》,孙昌武译,第166—231页,中华书局,1993年。
②据《丛书集成初编》所收《广汉魏丛书》本。

人呼白石先生为隐遁仙人,以其不汲汲于升天为仙官,亦犹不求闻
达者也。"(卷二《白石先生》)又《彭祖》章里彭祖回答采女问话说得
更清楚、详细,他说:"得道""不死"还不是仙人:

> 仙人者,或竦身入云,无翅而飞,或驾龙乘云,上造天阶,
> 或化为鸟兽,游浮青云,或潜行江海,翱翔名山,或食元气,或
> 茹芝草,或出入人间而人不识,或隐其身而莫之见,面生异骨,
> 体有奇毛,率好深僻,不交俗流。然此等虽有不死之寿,去人
> 情,远荣乐,有若雀化为蛤,雉化为蜃,失其本真,更守异气,余
> 之愚心未愿此。已入道当食甘旨,服轻丽,通阴阳,处官秩耳。
> 骨节坚强,颜色和泽,老而不衰,延年久视,长在世间,寒温风
> 湿不能伤,鬼神众精莫敢犯,五兵百虫不可近,嗔喜毁誉不为
> 累,乃可为贵耳。(卷一《彭祖》)

就是说,神仙的可贵之处,不单单在其超越性,而在其能够自由地
"出入人间","常在世间"却又"延年久视",超脱人世一切患难,又
不失人情的"本真"和"荣乐"。

葛洪《抱朴子》里说到服用金液升天,有一段话正可以相参照:

> 若求升天,皆先断谷一年,乃服之也。若服半两,则长生不
> 死,万害百毒,不能伤之,可以蓄妻子,居官秩,任意所欲,无所禁
> 也。若复欲升天者,乃可斋戒,更服一两,便飞仙矣。[①]

这就明确地肯定了现世的价值和优越。这是形成"地仙"观念的重
要根据,也是《神仙传》里大力宣扬地仙的理由。这种观念给一般
人修习仙道以更大的希望和激励。

《神仙传》里一方面把仙人和仙界拉向现世和人生,另一方面
又极力夸饰仙人的超凡和仙界的超越,这又使得神仙境界和现实
世界形成更鲜明的对比。比起《列仙传》里对这方面的粗略描写,

---

① 《抱朴子内篇校释》(增订本)卷四《金丹》,第83页。

《神仙传》则极力夸张仙人的神秘能力和神通变化。如《刘安》章里写到八公自述：

> 吾一人能坐致风雨，立起云雾，画地为江河，撮土为山岳；一人能崩高山，塞深泉，收束虎豹，招致蛟龙，使役鬼神；一人能分形易貌，坐存立亡，隐蔽六军，白日为暝；一人能乘云步虚，越海凌波，出入无间，呼吸千里；一人能入火不灼，入水不濡，刃射不中，冬冻不寒，夏曝不汗；一人能千变万化，恣意所为，禽兽草木，万物立成，移山驻流，行宫易室；一人能煎泥成金，凝铅为银，水炼八石，飞腾流珠，乘云驾龙，浮于太清之上，在王所欲。（卷四《刘安》）

这里极其夸张地描写了神仙的神秘、超凡的性格。这里说到的神通变化也成为后来构造仙人故事的常见模式。而对于仙人超越时空的根本性质，更有一个具有典型意义的基本构想，就是所谓仙界一日、人间一年，借以突出仙界的永恒。如壶公和费长房故事：《壶公》章描写的壶公，在市上卖药，常悬一空壶于屋上，日入之后，就跳进壶里，后经费长房请求，随之跳入，原来里面是"仙宫世界"；由于费长房留恋人世，他又回归世间，"初去至归谓一日，推问家人，已一年矣"（卷五《壶公》）。同样的构想又见于《苏仙公》《吕文敬》等故事里。吕文敬名恭，好长生，他在太行山上遇到三位"太清太和府仙人"，随仙人去二日，得授秘方一首：

> （仙人）因遣公去曰："可视乡里。"恭即拜辞。三人语恭曰："公来二日，人间已二百年矣。"恭归家，但见空宅，子孙无复一人也。乃见乡里数世后人赵辅者，问吕恭家人皆何所在。辅曰："君从何来，乃问此久远人也？吾闻先人说云：昔有吕恭者，持奴婢入太行山采药，遂不复还，以为虎狼所食，已二百余年矣。"（卷六《吕文敬》）

在这类故事里，把环境、人物、事件描写得十分确凿可信，以使仙、凡对比的幻想显得更加真切。表达同样观念而情节更为曲折生动的是《王远》和《麻姑》两章里这两位仙人降临蔡经家的故事。在王远乘羽车、驾五龙、幡旗导从、威仪赫赫地降临之后,他又招请麻姑:

> 须臾,引见(蔡)经父母兄弟,因遣人招麻姑,亦莫知麻姑是何人也。言曰:"王方平敬报,久不到人间,今来在此,想姑能暂来语否?"须臾信还,不见其使,但闻信语曰:"麻姑载拜:不相见忽已五百余年,尊卑有序,拜敬无阶,烦信承来在彼,食顷即到。先受命,当按行蓬莱,今便暂往,如是当还,还当亲觐,愿未即去。"如此两时,闻麻姑来。来时亦先闻人马声。既至,从官半于远也。麻姑至,蔡经亦举家见之,是好女子,年可十八九许,于顶上作髻,余发散垂至腰。衣有文采,又非锦绮,光彩耀目,不可名状,皆世之所无也。入拜远,远为之起立。坐定,各进行厨,皆金盘玉杯无限也。肴膳多是诸花,而香气达于内外。擘脯而食之,云麟脯。麻姑自说云:"接侍以来,已见东海三为桑田。向到蓬莱,又水浅于往日,会时略半耳。岂将复为陵陆乎?"远叹曰:"圣人皆言海中将复扬尘也。"(卷二《王远》)

以下又描写了麻姑、王远的"狡猾变化"。在这段出于大胆玄想的极富风趣的描写里,用刹时往来蓬莱、沧海桑田等情节,把仙界没有时、空限制的无限自由的观念表现得淋漓尽致。对比这种境况,人间的拘束、窄狭就显得十分可悲、可怜了。还有《伯山甫》章(同样的故事又见于《西河少女》章)也是很有趣的例子:

> 汉武遣使者行河东,忽见城西有一女子笞一老翁,俛首跪受杖。使者怪问之。女曰:"此翁乃妾子也。昔吾舅氏伯山甫以神药教妾,妾教子服之,不肯,今遂衰老,行不及妾,故杖之。"使者问女及子年几。答曰:"妾有一百三十岁,儿七十

一。"后入华山去。(卷二《伯山甫》)

女子本来年老多病,服了伯山甫的药,竟得到这样的神效。情节设想之奇僻、诡谲也是相当典型的。

比起《列仙传》来,《神仙传》有关成仙技术的描写更加丰富也更加多样了。如上所述,《列仙传》里多写仙人们的服饵之术,这正显示了早期神仙术脱胎自先秦方术的特征。但道教形成之后,一方面要从理论(教理)上论证成仙的可能性,即证明神仙是可学而成的;另一方面与之相关,则更加重视养炼方法,总结出多种多样的养炼技术,包括特别受到重视的炼丹术。

葛洪之前的嵇康明确主张神仙"特受异气,秉之自然,非积学所能致也"①。而葛洪在《抱朴子内篇》里则一再指出"神仙可以学致"②,说:"若夫仙人,以药物养身,以术数延命,使内疾不生,外患不入,虽久视不死,而旧身不改,苟有其道,无以为难也。"③两种主张的鲜明对立,凸显出神仙思想的新变化。后来唐人作《神仙可学论》,正是葛洪的新思想的发挥。《神仙传》里也写了许多经过虔诚学仙,终于得道的例子。前面提到的追随壶公的费长房是其中的一个。又如《魏伯阳》章描写魏伯阳带领三个弟子入山作神丹,丹成,以犬试之,食即死:

> 伯阳谓弟子曰:"作丹唯恐不成。今既成,而犬食之死,恐是未合神明之意。服之恐复如犬,为之奈何?"弟子曰:"先生当服之否?"伯阳曰:"吾背违世路,委家入山,不得道,亦耻复还,死之与生,吾当服之。"乃服丹,入口即死。弟子顾视相谓曰:"作丹以求长生,服之即死,但奈此何?"独一弟子曰:"吾师

①《养生论》,《全上古三代秦汉三国南北朝文·全三国文》卷四八,第2册,第1334页,中华书局,1985年。
②《抱朴子内篇校释》(增订本)卷三《对俗》,第51页。
③《抱朴子内篇》(增订本)卷二《论仙》,第14页。

非常人也，服此而死，得无意也？"因乃取丹，服之亦死。余二
弟子相谓曰："所以得丹者，欲求长生耳。今服之既死，焉用此
为？不服此药，自可更得数十岁在世间也。"遂不服，乃共出
山。（卷一《魏伯阳》）

结果是服丹的弟子升仙而去，不敢服丹的两个弟子懊悔不迭。葛
洪曾说："夫求长生，修至道，诀在于志。"三个弟子的不同表现正可
作为志向是否坚定决定修道前途的例子。《李八百》章里的唐公昉
夫妇为李八百舔疮疗疾，也是同样的例子。《张道陵》章里对于赵
升的"七试"则更具典型性。道陵"七度试升"，所设境况都是难以
忍受的，如第七试：

陵将诸弟子登云台绝岩之上，下有一桃树如人臂，旁生石
壁，下临不测之渊，桃大有实。陵谓诸弟子曰："有人能得此桃
实，当告以要道。"于时伏而窥之者二百余人，股战流汗，无敢
久临。视之者莫不却退而还，谢不能得。升一人乃曰："神之
所护，何险之有？圣师在此，终不使吾死于谷中耳。师有教
者，必是此桃有可得之理故耳。"乃从上自掷投树上。（卷四
《张道陵》）

这样，个人的"志"成了是否能够成仙的先决条件，即是说，成仙的
主动权掌握在个人手里，而不是先天决定的了。

《神仙传》里描写了许多学仙成功的人物。如马鸣生，本是"县
吏"，受伤暂死，遇仙人救得活，遂"弃职随神"，"勤苦历年"，得成
"地仙"；阴长生本是"汉皇后之亲属"，从马鸣生学道，"执奴仆之
役，亲运履之劳"，"治农田之业"，十余年坚持不懈，终于得传丹经；
刘根"举孝廉，除郎中"，后来遇到仙人韩众，授以"神方五篇"，终于
仙去；泰山老父已经八十五岁，垂老将死，遇仙人教导，转老为少，
三百余年后仙去；太玄女忧虑"人之处世，一失不可复生"，因此"行
访明师，洗心求道"，终于"白日升天而去"，等等。这些人随师学

道,有的更抛弃了现世荣华和安逸,以其虔诚和努力终于成功了。

葛洪在多种养炼方法里特别强调金丹的作用,他说:"余考览养性之书,鸠集久视之方,曾所披涉篇卷,以千计矣,莫不皆以还丹金液为大要焉。然则此二事,盖仙道之极也。服此而不仙,则古来无仙矣。"①《神仙传》里神人告诉刘根则说:

> 夫仙道有升天蹑云者,有游行五岳者,有服食不死者,有尸解而仙者。凡修仙道,要在服药。药有上下,仙有数品。不知房中之事及行气、导引并神药者,亦不能仙也。药之上者,有九转还丹太乙金液,服之皆立登天,不积日月矣。其次有云母、雄黄之属,虽不即乘云驾龙,亦可役使鬼神,变化长生。次乃草木诸药,能治百病,补虚驻颜,断谷益气,不能使人不死也,上可数百岁,下即全其所秉而已,不足久赖也。(卷三《刘根》)

《神仙传》里描写的神仙正有许多是炼丹服药的,当然也有服气、导引或善房中术的。与前面分析的强调个人的"志"的决定作用一样,炼丹服药同样是个人的行为。虽然要有"明师"指引和其他种种条件,但关键还是取决于个人可以掌握的"方法",即在成仙的可能性转化为现实性的过程中,个人能够掌握的技术起着决定作用。

这样,《神仙传》里对丹药等众多方术的夸饰的描写,在宣扬这些方术的神秘、特异的功能,诱导、指示人以求仙的途径之外,更明显透露出凡人可以得救、得救全靠自己的观念。这是"新神仙思想"的重要内容,也是魏晋以来神仙思想和神仙信仰新发展所取得的重要理论成果,其在思想史上的意义是不可低估的。小南一郎指出:"……在中国的神仙思想里,根据古代的神仙说,只有特选的英雄(帝王)才能接近神仙。但到了魏晋时期,作为一种新神仙思

---

① 《抱朴子内篇》(增订本)卷四《金丹》,第70页。

想,认为任何人经过努力都可以成为绝对存在的神仙(即对于成神仙来说只有努力才是重要的,除此以外不存在天生特权的立场)的思想成长起来了。自太古以来一直被当作崇拜对象的超越者,实际是我们人人所能达到的——这种思想得以发展,必定是人的精神史上划时代的重大事件。"①他又指出,这种"新神仙思想"不久就风化变质了,这一点本文后面还将讨论。

如上所述,秦皇、汉武的神仙术是帝王的神仙术,当时的仙人是为帝王服务的。而《神仙传》里的仙人却如河上公那样"上不至天,中不累人,下不居地,何民臣之有",成仙不再是少数统治者的特权,仙人更不受世俗权势的约束。《刘安》章写淮南王刘安受八公教,白日升天,结尾引录《左吴记》:

> 安未得上天,遇诸仙伯。安少习尊贵,稀为卑下之礼,坐起不恭,语声高亮,或误称寡人。于是仙伯主者奏安云不敬,应斥遣去。八公为之谢过,乃见赦,谪守都厕三年。后为散仙人,不得处职,但得不死而已。武帝闻左吴等随王仙去更还,乃诏之,亲问其由。吴具以对,帝大懊恨,乃叹曰:"使朕得为淮南王者,视天下如脱屣耳。"遂便招募贤士,亦冀遇八公,不能得,而为公孙卿、栾大等所欺,意犹不已,庶获其真者。以安仙去分明,方知天下实有神仙也。时人传八公、安临去时,余药器置在中庭,鸡犬舐啄之,尽得升天。故鸡鸣天上、犬吠云中也。(卷四《刘安》)

这里极力贬抑世间权威:刘安自恃尊贵,却被处罚管理"都厕";而武帝以帝王之尊,对他却又只能表示羡慕,甚至连跟随升天的鸡犬都不如。魏叔卿故事的意义也同样:魏叔卿服云母得仙,降临武帝处,"帝乃惊问曰:'为谁?'答曰:'吾中山魏叔卿也。'帝曰:'子若是

---

①《中国古代的神话传说和古小说》,第230页。

中山人,乃朕臣也。可前共语。'"魏叔卿本以为武帝好道,如此不得礼遇,大失所望,遂入太华山。武帝遣其子度世上山寻访:

> 于绝岩之下望见其父与数人博戏于石上,紫云郁郁于其上,白玉为床,又有数仙童持幢节立其后。度世望而再拜。叔卿曰:"汝来何为?"度世曰:"帝甚恨前日仓卒不得与父言语,今故遣使者梁伯与度世共来,愿更得见父也。"叔卿曰:"前为太上所遣,欲戒帝以大灾之期及救危厄之法,国祚可延,而强梁自贵,不识真道,而反欲臣我,不足告语,是以去耳。今当与中黄太乙,共定天元,吾终不复往耳。"(卷八《魏叔卿》)

魏叔卿更告诫度世"勿得为汉臣",鲜明地表现了与现实统治体制相对抗的意志。又《王兴》章写到汉武帝上嵩山,有"九疑之神"教以服"菖蒲一寸九节",遂采而服之,"经二年,帝觉闷不快,遂止。时从官多服,然莫能持久。唯王兴闻仙人教武帝服菖蒲,乃采服之不息,遂得长生"(卷三《王兴》)。王兴是"凡民",却能学仙成功,与威仪赫赫的帝王汉武帝及其从官形成鲜明对照。《巫炎》的故事情节不是那么尖锐,但表达的精神实质是一样的:巫炎本是汉驸马都尉,武帝知道他有"阴阳之道",对他说:"卿不仁。有道而不闻于朕,非忠臣也。"武帝遂从受其法。但巫炎"年二百岁,服饵水银,白日升天。武帝颇行其法,不能尽用之"(卷五《巫言》)。这也表明仙道是和世俗的忠孝之道无关的。《神仙传》里涉及汉武帝的故事颇多,也是因为汉武帝本以雄才大略、文治武功著称史册,又是求仙帝王的典型,选取他的遭遇来描写更具有讽喻意义。

有些故事是以真实人物为主人公的。例如李少君和少翁,都见于《史记》《汉书》,是有名的惑主乱政、施行骗术的"怪迂之方士"①。在史书里汉武帝利用他们求仙是作为惑乱迷信的行为描写

---

① 《史记》卷二八《封禅书》,第1386页。

的。而《神仙传》则作为神仙来写李少君,对于武帝求仙失败,则特别归结到帝王身份的限制。李少君对汉武帝说:

> 陛下不能绝骄奢,遣声色,杀伐不止,喜怒不胜,万里有不归之魂,市曹有流血之刑,神丹大道,未可得成。(卷六《李少君》)

武帝使人受其方术,未竟而卒。按史书记载,文成将军少翁是被武帝杀掉的。《神仙传》却写为误杀,因而武帝没能受其道法。这种"曲解"乃是从道教立场对史实的"解释",赋予历史故事以另外的含义了。

仙人玉子自少好学众经,乃叹曰:"人生世间,日失一日,去生转远,去死转近,而但贪富贵,不知养性命,命尽气绝则死,位为王侯,金玉如山,何益于灰土乎?独以神仙度世,可以无穷耳。"(卷八《玉子》)在鲜明对比中提出一种新的价值观,即世间荣贵乃是须臾之间的幻象,只有神仙世界才是永久、真实的。这也是远远超越一般世俗观念的否定利禄权威的价值观。

葛洪在《抱朴子内篇》里明确地表达了仙道与现实统治权势相对立的观念。他说:"夫有道者,视爵位若汤镬,见印绶如缞绖,视金玉如土粪,睹华堂如牢狱。岂当扼腕空言,以侥幸荣华,居丹楹之室,受不訾之赐,带五利之印,尚公主之贵,耽沦势利,不知止足,实不得道,断可知矣。"[1]他特别针对帝王求仙说:

> 仙法欲溥爱八荒,视人如己,而人君兼弱攻昧,取乱推亡,辟地拓疆,泯人社稷,驱合生人,投之死地,孤魂绝域,暴骸腐野,五岭有血刃之师,北阙悬大宛之首,坑生煞伏,动数十万,京观封尸,仰干云霄,暴骸如莽,弥山填谷。秦皇使十室之中,思乱者九。汉武使天下嗷然,户口减半。祝其有益,诅亦有损。结草知德,则虚祭必怨。众烦攻其膏肓,人鬼齐其毒恨。

---

[1]《抱朴子内篇》(增订本)卷二《论仙》,第19页。

彼二主徒有好仙之名,而无修道之实,所知浅事,不能悉行。
要妙深秘,又不得闻。又不得有道之士,为合成仙药以与之,
不得长生,无所怪也。①

小南一郎在讨论《汉武帝内传》时曾精辟地指出:"信仰与世俗
权力不能相容的观念,可以说是道教信仰的固有要素之一。"但是
在民间教派道教被清整的运动中,观念化的唯心论倾向加深了,这
种观念上的对立也风化变质了。他又说:"在东晋以后道教这样抛
弃了民众的要素、与君权相调和的时候,有些对此不满的人以自古
以来民众信仰的幻想为核心,强调神仙存在远远超出现世的权威,
编写出《汉武帝内传》。"②而《神仙传》里一再体现出来的神仙世界
优越于世俗权威的观念,和《汉武帝内传》的倾向一样,正是魏晋时
期"新神仙思想"的集中表现。

魏晋时期"新神仙思想"作为战国秦汉时期的帝王的神仙术的
反动,又受到新近传入的大乘佛教人人可以成佛的普遍的佛性说
的影响。强调神仙可以学得,平凡人能够成仙,这是带有鲜明民众
色彩的神仙说。但是不久以后即东晋时期,这种"新神仙思想"就
开始风化变质了。对这一变化起决定因素的,是民众间的分散的
道教教派逐渐融合并向统治阶级靠拢。当年神仙术曾掌握在为帝
王服务的方士手里,这时则掌握在依附于世俗统治的道士手里。
"新神仙思想"的蜕化主要体现在两个方面:一个是民众的色彩逐
渐消泯,无论是理念还是行法,都更适应现实统治体制的需要,尖
锐地否定现世、批判现实的精神消减了;另一个则是信仰的淡化,
神仙主要被当作美学构想的存在、艺术创作的对象和手段。这后
一方面与中土自古以来的强大的理性主义和无神论传统有直接关
系。神仙被认为是"莫须有"或"想当然"的产物,被当成一种广义

---

① 《抱朴子内篇》(增订本),第18页。
② 《中国的神话传说与古小说》,第376、377页。

的比喻和寄托,被当作艺术欣赏的对象,其神秘性和神圣性也就逐渐荡然无存了。而由《列仙传》发展到《神仙传》正是这后一种倾向的滥觞,它们本是宣扬神仙信仰的著作,后来被列为道教经典,但却以其文学价值在文学史上争得了一席地位,被看作是一种独特的传记文学的典型作品了。

四

前面论述了从《列仙传》到《神仙传》的变化所反映的神仙思想和神仙信仰演变的轨迹,从中可以窥知思想史和道教发展史的一些重要信息。这两部书在文化史上还另外具有多方面的价值和意义,此不具论。以下仅简要地从史传文学和小说发展这一角度,探讨其文学成就与价值及其在文学发展史上的地位。

两汉魏晋是史传文学和古小说大发展的时期。当时又正值神仙思想和"造仙"活动的高潮,仙道也成为这两类作品的重要内容。以《史记》《汉书》《三国志》为代表的"正史"标志着中国古代源远流长的史传文学传统的发展和成熟,这些书里已记载不少关系仙道的内容。例如汉武帝重用的方士李少君等人的活动,在《史记》《汉书》里都有较详细的记载。不过后来这些人被"仙化"了,仙传里关于他们的记述已和史书记述不同。又可视为早期小说创作的刘向《说苑》《新序》等,以及成熟的志怪小说如张华《博物志》、干宝《搜神记》等作品里,也包含有许多仙道的因素。《神仙传》里的灵寿光、王真、东郭延、鲁女生、封衡等都见于《博物志》。东汉以降,外来佛教输入,翻译和创作出一大批佛教传记作品,包括佛传和僧侣传记。这样的环境,有力地推动了独立的仙传文学的创作。特别是在道教形成之后,神仙乃是修道的目标,又是教理的证明,也是养炼的典范,而具体、形象的神仙生平事迹正是宣教的绝好材料,而从宗教心理角度讲,幻想的神仙世界、神仙活动又是信仰者的精神寄托,也是他们宗教玄想的对象和产物。仙传作为写作体裁从而繁荣起来。

传记文学本来以塑造人物形象为主旨,但作为宗教文献的仙传却是以宣扬教理、确立信仰为目的,这当然会限制艺术想象的空间,使得对于人物和事件的描写在一定程度上是概念化的,在艺术表现手段上则是程式化的。但另一方面,神仙本来是玄想的产物,表现神仙又必须发挥大胆的想象,从而又形成了一系列特殊的描写方式和表现手段。例如使用极度离奇、夸张的描绘手法,构想出诡异的情节模式,极力制造奇特的氛围,形成独特的艺术风格等,从而在艺术上显示出一定的独创性。这样,仙传就以其独特的艺术成就取得传记文学史上的一席地位,从而发展和丰富了传记文学以至一般叙事文学的艺术方法。仙传的观念、题材、人物、结构模式、语言、表现方法等等,具有鲜明的特色和相当的表现力,被后来的各体文学创作广泛袭用,其作用和影响是十分巨大的。

而就小说史发展角度讲,《列仙传》和《神仙传》的编撰正值古代小说体裁形成的时期。汉魏以来的古小说被研究者划分为志怪和志人两大类别。其中志怪小说实际还没有完全从神话传说脱胎,志人小说则是史传杂记的一种变体。就是说,当时人还没有如鲁迅所说"始有意为小说"[①],即利用艺术想象来虚构出作为欣赏对象的人物和故事。这也与中国文学固有的传统有关系。如日本著名中国文学专家吉川幸次郎所指出,"重视非虚构素材和特别重视语言表现技巧可以说是中国文学史的两大特长"[②]。挣脱史事框架的束缚,发挥艺术想象的能力,就成为中国文学发展与进步的关

①《中国小说史略》第八篇《唐之传奇文(上)》,《鲁迅全集》第9卷,第70页。
②《中国文学史之我见》,《我的留学记》,钱婉约译,第168页,光明日报出版社,1999年。

键。正是在这一方面，宗教玄想起了重要作用，显示出突出的价值。在汉魏以来的古小说中，宗教题材的作品是虚构成分更多、想象力表现更丰富的一类。这包括翻译佛典的许多作品。而道教的仙传则可作为本土创作的代表。上述二者在创作方法上又产生相互影响，共同推进了小说创作艺术手段的丰富和发展。就利用所谓"虚构素材"和艺术想象方面看，魏晋以来佛、道二教的作品对于推动小说创作的发展是起了关键性的作用的。《列仙传》和《神仙传》正是在这一方面凸显出其在小说史上的特殊价值和意义。

如上所述，《列仙传》篇幅短小，结构简单，内容单纯，就是说构思和描写的天地还十分狭小，因此无论是故事情节还是人物塑造都不能充分展开。但也有些富于艺术情趣的篇章，如《萧史》是个极富浪漫意味的爱情故事：

> 萧史者，秦穆公时人也。善吹箫，能致孔雀白鹤于庭。穆公有女字弄玉好之，公遂以女妻焉。日教弄玉作凤鸣。居数年，吹似凤声，凤凰来止其屋，公为作凤台，夫妇止其上，不下数年。一日，皆随凤凰飞去，故秦人为作凤女祠在雍宫中，时有箫声而已。（卷上《萧史》）

夫妇二人以美妙的音乐为媒介而结合，又伴随着吉祥的凤鸟而升仙，爱情故事与升仙理想巧妙地结合起来，主人公也终于实现了永恒爱情的理想。也有描写仙、凡阻隔的悲剧故事，如《江妃二女》本是敷衍《韩诗内传》的传说："郑交甫遵彼汉皋台下，遇二女，与言曰：'愿请子之佩。'二女与交甫，交甫受而怀之，超然而去，十步，循探之，即亡矣。回顾二女，亦即亡矣。"[①]《列仙传》里把情节加以扩展：

---

① 《文选》一三郭璞《江赋》注引为《韩诗内传》，上册，第 189—190 页，中华书局，1977 年。

> 江妃二女者,不知何所人也。出游于江汉之湄,逢郑交甫,见而悦之,不知其神人也。谓其仆曰:"我欲下请其佩。"仆曰:"此间之人皆习于辞,不得,恐罹悔焉。"交甫不听,遂下与之言曰:"二女劳矣。"二女曰:"客子有劳,妾何劳之有!"交甫曰:"桔是柚也,我盛之以筥,令附汉水,将流而下,我遵其旁,采其芝而茹之,以知吾为不逊也。愿请子之佩。"二女曰:"桔是柚也,我盛之以莒,令附汉水,将流而下,我遵其旁,采其芝而茹之。"遂手解佩与交甫。交甫悦,受而怀之,中当心,趋去数十步,视佩,空怀无佩。顾二女,忽然不见。诗曰:"汉有游女,不可求思。"此之谓也。(卷上《江妃二女》)

这个迷离恍惚的人、仙恋爱故事,以仙、凡阻隔造成了悲剧结局。从结尾看,构思显然是根据《韩诗外传》,情节则出于想象,对话和场面都相当生动。这个故事在后代作品里得到多样的借鉴和发挥。

王子乔的名字早已见于《远游》,是最早传说中的仙人之一。《列仙传》里说:

> 王子乔者,周灵王太子晋也。好吹笙作凤凰鸣。游伊、洛之间,道士浮丘公接以上嵩高山。三十余年后,求之于山上,见桓良,曰:"告我家,七月七日待我于缑氏山顶。"至时,果乘白鹤驻山头。望之不得到,举手谢时人,数日而去。亦立祠于缑氏山下及嵩山首焉。(卷上《王子乔》)

这也是一个后来流传广远的故事,以简洁的笔触,刻画吹笙作凤鸣、乘鹤驻山头、举手谢时人等细节,极其鲜明,又极富于诗情,这里的形象和语汇都成为后世文人常用的掌故。

《神仙传》应该说是众多作者创作的结晶,其中包括葛洪那样具有高度文学素养的大家,编撰中又有众多资料可资借鉴,因而在写作艺术上也达到了更高的水平。它在构造情节、描绘人物、使用语言等方面都表现出鲜明特色，无论是思想内容还是艺术形式都堪称仙传文学的集大成之作。前面已引述的不少例子可以证明这一点。下面再做些补充说明。

接触仙传，首先吸引人注意的是独特的构思，情节离奇、超凡，事件和心理的激烈冲突造成强烈的故事性。前面已引述了壶公和王远、麻姑故事，它们通过仙、凡的强烈对比，表现仙界的神秘，歌颂仙人的超越；又如刘安和张道陵故事，神仙以"试"为手段考验修道者的诚心，说明求道过程中"志"的重要，如此等等，都造成强烈的效果。由于想象的奇突和大胆，虽然是在一定模式中的程式化的表现，却能够造成耸动人心的艺术力量。这种强烈的故事性，也是中国叙事文学的一大特点。

更值得注意的是在刻画人物形象的艺术技巧方面，仙传和一切传记文学一样，以表现人物为中心；但这是些特殊的人物，他们是宗教教理的体现者，又是修道者的榜样。为了造成神秘、神奇的效果，给人以强烈、鲜明的印象，就要使用极度夸张的手法，突出人物的特征。这方面特别突出的，也是作为仙传艺术重要特点的，是对于神通、变化的描写。这对后来的各体叙事文学创作，影响亦十分深远。如刘政：

> （刘政）能变化隐形，以一人分作百人，百人作千人，千人作万人。又能隐三军之众，使成一丛林木，亦能使成鸟兽。试取他人器物，易置其处，人不知觉。又能种五果，立使华实可食。坐致行厨，饭膳俱数百人。又能吹气为风，飞沙扬石，以手指屋宇、山陵、壶器，便欲颓坏，复指之，即还如故。又能化生美女之形，及作水火。又能一日之中行数千里。能嘘水兴云，奋手起雾，聚土成山，刺地成渊。能忽老忽少，乍大乍小，入水不沾，步行水上，召江海中鱼鳖蛟龙鼋鼍，即皆登岸。又口吐五色之气，方广十里，直上连天，又能跃上下，去地数百丈。后去不知所在。（卷八《刘政》）

刘政在众仙人里不算是著名人物,其神通变化就能够如此奇特,这里的描写,应是受到当时翻译佛典描写神通变化情节的影响。

《神仙传》宣扬神仙法术,强调法术的作用当然是为了突出宗教的神秘威力。刘凭善"禁气",自外地去长安,诸贾人从行,有杂货约值万金,山中逢贼数百人,凭使用"禁气"法术:

> 贼射诸客,箭皆反着其身。须臾之间,大风折木,飞沙扬尘。凭大呼曰:"小物辈敢尔!天兵从头刺杀先造意者。"凭言绝而众兵一时顿地,反手背上,不能复动,张口短气欲死。其中首帅三人,即鼻中出血,头裂而死。余者或能语曰:"乞放余生,改恶从善。"于是诸客或斫杀者,凭禁止之……凭乃敕天兵赦之,遂各能奔走去。(卷五《刘凭》)

这还只是一般救困扶危的事件。而如左慈的故事,则体现了更深刻的思想意义,明确显示故事创作者与现实体制相对立的性格。左慈是真实人物,本是曹操蓄养的方士,传记见《后汉书》卷八二下《方术下》,又见张华《博物志》等。《神仙传》里说他断谷积年,颜色如故,曹操认为他乃是左道,欲杀之:

> 慈已知,求乞骸骨。曹公曰:"何以忽尔?"对曰:"欲见杀,故求去耳。"公曰:"无有此意。"公却高其志,不苟相留也,乃为设酒,曰:"今当远旷,乞分杯饮酒。"公曰:"善。"是时天寒,温酒尚热,慈拔道簪以挠酒。须臾,道簪都尽,如人磨墨。初,公闻慈求分杯饮酒,谓当使公先饮以与慈耳,而拔道簪以划杯,酒中断,其间相去数寸,即饮半,半与公。公不善之,未即为饮。慈乞尽自饮之。饮毕,以杯掷屋栋,杯悬摇动,似飞鸟俯仰之状,若欲落而不落。举座莫不视杯,良久乃坠,既而已失慈矣。寻问之,还其所居。曹公遂益欲杀慈。试其能免死否,乃敕收慈。慈走入群羊中,而追者不分。乃数本羊,果余一口,乃知是慈化为羊也。追者语主人意欲得见先生,暂还无怯

也。俄而有大羊前跪而曰："为审尔否?"吏相谓曰："此跪羊,慈也。"欲收之。于是群羊咸向吏言曰："为审尔否?"由是吏亦不复知慈所在。(卷五《左慈》)

在这里,左慈是作为与世俗权威曹操对立的存在来表现的。他的神通变化之神奇诡异超乎想象,无比强大的世俗权力在他的面前也是无能为力的,这正是"新神仙思想"的精粹所在。而如董奉:

> (董)奉居山不种田,日为人治病,亦不取钱。重病愈者,使栽杏五株,轻者一株。如此数年,计得十万余株,郁然成林,乃使山中百禽群兽,游戏其下,卒不生草,常如芸治也。后杏子大熟,于林中作一草仓,示时人曰："欲买杏者不须报奉,但将谷一器置仓中,即自往取一器杏去。"常有人置谷来少,而取杏去多者,林中群虎出吼逐之。大怖,急挈杏走,路旁倾覆,至家,量杏一如谷多少。或有人偷杏者,虎逐之,到家啮至死。家人知其偷杏,乃送还奉,叩头谢过,乃却使活。奉每年货杏得谷,旋以赈救贫乏,供给行旅不逮者,岁二万余斛。(卷六《董奉》)

董奉的仙术则体现了世俗的道义:救济贫乏,治病疗疾,坚守信义,慈悲为怀。这则反映了民众的愿望和价值观。

樊夫人故事中,她和丈夫刘纲较量法术的情节更具有戏剧性:

> 樊夫人者,刘纲妻也。纲仕为上虞令,有道术,能檄召鬼神。禁制变化之事,亦潜修密证,人莫能知。为理尚清静简易,而政令宣行,民受其惠。无水旱役毒鸷暴之伤,岁岁大丰。暇日,常与夫人较其术。因俱坐堂上,纲作火,烧客碓屋,从东起。夫人禁之即灭。庭中两株桃,夫妻各咒一株,使相斗击,良久,纲所咒者不知数走出篱外。纲唾盘中即成鲤鱼,夫人唾盘中成獭食鱼。纲与夫人入四明山,路阻虎,纲禁之,忽伏不敢动,适欲往,虎即灭之。夫人径前,虎即面向地,不敢仰视,

夫人以绳系虎于床脚下。纲每共试术,事事不胜。将升天,县厅侧先有大皂荚树,纲升树数丈,方能飞举;夫人平坐,冉冉如云气之升,同升天而去。(卷七《樊夫人》)

这样的情节和佛典里舍利弗与六师外道斗法的故事极其相似,同样可以看出对于翻译佛传的多方面的借鉴。而这种女仙故事显然体现了远古氏族社会女性权力的遗存,在男性主导的社会里亦有其进步意义。葛玄本是葛洪的祖父,《神仙传》里已把他完全"传说化"了,如这样的情节:

(葛)玄方与客对食,食毕漱口,口中饭尽成大蜂数百头,飞行作声。良久张口,群蜂还飞入口中。玄嚼之,故是饭也。玄手拍床,虾蟆及诸虫、飞鸟、燕雀、鱼鳖之属使之舞,皆应弦节如人,玄止之即止。玄冬中能为客设生瓜,夏致冰雪。又能取数十钱,使人散投井中,玄徐徐以器于上呼钱出,于是一一飞从井中出,悉入器中。玄为客致酒,无人传杯,杯自至人前,或饮不尽,杯亦不去。划流水即为逆流十丈许。于时有一道士颇能治病,从中国来,欺人言我数百岁。玄知其诳,后会众坐,玄谓所亲曰:"欲知此公年否?"所亲曰:"善。"忽有人从天上下,举座瞩目,良久集地,着朱衣、进贤冠,入至此道士前曰:"天帝诏问公之定年几许,而欺诳百姓。"道士大怖,下床长跪,答曰:"无状,实年七十三。"玄因抚掌大笑,忽然失朱衣所在。道士大惭,遂不知所之。(卷七《葛玄》)

如此"传说化"也是《神仙传》的主要构思方式之一。正是利用这样的构思,时代较远的如李少君、刘安等,时代较近的如左慈、郭璞等,这些现实中的真实人物,又都是名人,被附会以神通变化情节,被描写成超脱凡俗的仙人了。

另有些仙人,描写他们外貌、形迹看起来与凡人无异,而这作为铺垫正为表现他们的神异造成对比。这也是仙传描写人物的常用手法。《神仙传》里已不是简单地强调神仙长生不死观念,而更侧重于描绘他们的特异功能和神奇形貌,因此人物形象也比较丰满。

《神仙传》里有些故事构思风趣,表达质朴,具有生活实感,可以看出和民间传统(包括民间文学、民间宗教等)有联系。例如栾巴能捉鬼,豫章郡庙鬼诡诈为天官,损害百姓:

> (栾)巴自行捕逐,若不时讨,恐其后游行天下,所在血食,枉病良民。责以重祷,乃下所在推问山川社稷,求鬼踪迹。此鬼于是走至齐郡,化为书生,善谈五经,太守即以女妻之。巴知其所在,上表请解郡守往捕。其鬼不出。巴谓太守:"贤婿非人也,是老鬼诈为庙神,今走至此,故来取之。"太守召之,不出。巴曰:"出之甚易。"请太守笔砚奏案,巴乃作符。符成,长啸,空中忽有人将符去,亦不见人形,一坐皆惊。符至,书生向妇涕泣曰:"去必死矣。"须臾,书生自赍符来至庭见巴,不敢前,巴敕曰:"老鬼何不复尔形!"应声即便为一狸,叩头乞活。巴叱杀之。皆见空中刀下,狸头堕地。太守女已生一儿,复化为狸,亦杀之。巴去还豫章郡,多鬼,又多独足鬼,为百姓病,巴到后更无此患,妖邪一时消灭。(卷五《栾巴》)

这是宣扬"符"的神秘功效的。符箓是道教的重要法术,早期的太平道已经使用。但故事里描写鬼化为书生,骗娶太守女为妻,后来终于现形等等,这样的情节比起《聊斋志异》里的故事已毫不逊色。

刘根的故事同样是逐鬼的。颍川太守张府君以刘根为妖,招至府廷:

> (刘)根是日至府。时宾客满座,府君使五十余人持刃杖绳索而立,根颜色不怍。府君烈声问根曰:"若有何道术也?"答曰:"唯唯。"府君曰:"能召鬼乎?"曰:"能。"府君曰:"既能,即可促鬼至厅前。不尔,当大戮。"根曰:"召鬼至,易见耳。"借

笔砚,及奏按,铿铿然作铜铁之声,闻于外,又长啸,啸音非常
清亮,闻者莫不肃然。众客振悚。须臾,厅上南壁忽开数丈,
见兵甲四五百人传呼,赤衣兵数十人赍刀剑,将一车,直从坏
壁中入来,又坏壁复如故。根敕下车上鬼,其赤衣便乃发车上
被,见下有一老翁老姥,大绳反敷囚之,悬头厅前。府君熟视
之,乃其亡父母也。府君惊愕流涕,不知所措。鬼乃责府君
曰:"我生之时,汝官未达,不得汝禄养。我死,汝为何犯神仙
尊官,使我被收困辱如此?汝何面目以立人间?"府君下阶叩
头,向根伏罪受死,请求放赦先人。根敕五百兵将囚出,散遣
之。车出去,南壁开,后车过,壁复如故。即失车所在,根亦隐
去。(卷三《刘根》)

这里的对话、场面被渲染得很生动。所召的鬼魂原来是府君死去
的父母,显然体现了佛教三世报应说的影响。整个故事也和当时
的佛教报应传说十分类似,亦表明当时佛、道传说的相互影响。

仙道后来一直是中国古代文学的重要题材。《列仙传》与《神
仙传》和大体同一时期创作的游仙诗一起,乃是后来源远流长的这
一类作品的滥觞。就其直接影响说,后来的文学创作,从小说、散
文的仙道故事到神仙道化剧,从各种仙歌到民间故事传说,两部仙
传提供了大量可资借鉴的主题、体裁、"人物"、事典、情节、语汇,等
等;就其间接作用说,这两部作品作为艺术玄想的产物,对于拓宽
创作思路、丰富构思方法提供了典范,给后人以无尽的启发。至于
从更广阔的角度看,任何离奇的幻想都有现实的依据,任何荒唐的
观念也都体现着现实的意味。如果仔细分析,仙传里的神秘不经
的情节都有其产生的根源,包含一定的思想意义。因此分析这些
故事,联系宗教史、风俗史、文化史以及古代传说史等等众多领域
来考察,当是十分有意义也十分有趣的工作。

骚人的神仙幻想和仙界巡游

一

许地山曾指出，"《楚辞》底《离骚》、《九歌》、《天问》等篇，都显示着超人间生活底神仙意识"[①]。屈原可以说是文学史上表现神仙题材的第一人。但朱熹论屈原，曾这样说：

> 原之为人，其志行虽或过于中庸而不可以为法，然皆出于忠君爱国之诚心；原之为书，其辞旨虽或流于跌宕怪神、怨怼激发而不可以为训，然皆生于缱绻恻怛不能自己之至意。[②]

这种评论固然流露出道学家的偏见，但其中强调屈原的爱国思想及其作品的现实精神，还是深得理解屈赋思想内容的关键的。所谓"正声何微茫，哀怨起骚人"[③]，文学史上历来《诗》《骚》并称，屈原当之无愧地成为体现中国文人积极用世、关注现实传统的典型，强烈的政治性和现实性也成为他的作品内容的主要特征。然而，

[①]《道教史》，第135页，华东师范大学出版社，1996年。
[②]《楚辞集注·序》。
[③]李白《古风五十九首》，《李太白全集》卷二。

他的辞赋中的那种具有强烈而深刻现实意义的思想内容又是利用玄想手法表现出来的。曾有一段时期称屈原为浪漫主义诗人,实际上分析屈原的创作,与西方文学的浪漫主义文学有着根本不同:西方的与现实主义相对立的浪漫主义潮流不只体现在表现形式,更重要的是其内容乃是出于作家想象的与现实世界相疏离或对立的境界;而屈原作品(中国的其他所谓"浪漫主义"作家如李白等大体相似)的内容则完全是现实的,不过这种内容通过特殊的辞采、修辞直到构思、意象等艺术手法来表现。极其丰富、大胆的想象,极其优美、虚玄的意境成为其艺术上的主要特征之一。而幻想神游仙境即是他的构思的一个重要内容,也成为他的作品中最为动人的成分之一。

许地山又指出:

> 神仙说初行底时候,也有一派只以神仙、仙山或帝乡来寄托自己底情怀,不必信其为必有,或可求底。这派可以称为骚人派。骚人思想实际说来也从神仙思想流出,而与道家底遐想更相近。[1]

屈原可以说是这种"骚人派"的典型代表。作为优秀的政治家和卓越的思想家,屈原执着现实和人生,显然并不迷信神仙。在他的作品里,超越的"它界"的表现乃是个人情志的寄托,抒写内心矛盾的手段。在屈原的时代,真正的神仙观念还没有形成,神仙与神、鬼、祖灵等也还没有明确区分开来。但如此朦胧的、混沌的境界正适宜于构造为艺术意象。如《九歌》,是根据古代楚地祀神歌曲改编的,描绘对象是源自民间宗教的神灵;而《九章》《离骚》则表现神游天界的幻想,这些都与神仙思想相通,作品则成为后代游仙诗的滥觞。

---

[1]《道教史》,第 138 页。

　　《九章》各篇本非一时所作,但可确定基本是被谗毁抒愤的作品。在作者的大胆的艺术幻想里,首次出现中国文学中最早的天界巡游的描写。而"巡游主题,最初是根据巫师作法、神游天际的题材,由世俗诗人加以利用,成为诗人以讽喻方式来表现他们期望摆脱腐朽、堕落的社会,摆脱昏庸、愚笨、背信弃义的君王的内容的一部分"①。其中《涉江》从地名和时令看,当是写于溯江而上、入于湖湘的临终之前。其中说:

> 世溷浊而莫余知兮,吾方高驰而不顾。驾青虬兮骖白螭,吾与重华游兮瑶之圃。登昆仑兮食玉英,与天地兮比寿,与日月兮齐光。②

这已经是较为纯粹的游仙观念的表现。其中对昆仑仙境的向往,如前所述乃是不同于燕、齐地区仙岛观念的仙山观念,是楚地神仙信仰的独特表现③。《悲回风》的创作时间不可确考,所表现的是秋令,应是再次流放的某年秋季。其中也抒写了升天的幻想:

> 上高岩之峭岸兮,处雌蜺之标颠。据青冥而掭虹兮,遂儵忽而扪天。吸湛露之浮凉兮,漱凝霜之雰雰。④

这种超世的幻想越是大胆和急切,所表达的愤世激情也越是强烈。

　　《离骚》作为卓越的抒情诗篇,抒写了作者在黑暗、腐朽的政治环境中为实现崇高理想所进行的热烈追求和不懈斗争。在追溯自己失败的斗争经历,揭露了主上昏庸、群小得志的腐败现实,控诉了忠而获谴、贤能得罪的悲剧后,诗人上下求索,痛苦地意识到现

---

①大卫·霍克斯《神女之探寻》,莫砺锋编《神女之探寻》,第41页,上海古籍出版社,1994年。

②王逸章句、洪兴祖补注《楚辞》卷四《九章》。

③顾颉刚《〈庄子〉和〈楚辞〉中昆仑和蓬莱两个神仙系统的融合》,《中华文史论丛》1979年第2辑。

④《楚辞》卷四《九章》。

世没有出路,满腔激情使他幻想超离现世,从而开始天界游历:

> 跪敷衽以陈辞兮,耿吾既得此中正。驷玉虬以乘鹥兮,溘
> 埃风余上征。朝发轫于苍梧兮,夕余至乎县圃。欲少留此灵
> 琐兮,日忽忽其将暮。吾令羲和弭节兮,望崦嵫而勿迫。路漫
> 漫其修远兮,吾将上下而求索。饮余马于咸池兮,总余辔乎扶
> 桑。折若木以拂日兮,聊逍遥以相羊。前望舒使先驱兮,后飞
> 廉使奔属。鸾皇为余先戒兮,雷师告余以未具。吾令凤鸟飞
> 腾兮,继之以日夜。飘风屯其相离兮,帅云霓而来御。纷总总
> 其离合兮,斑陆离其上下。吾令帝阍开关兮,倚阊阖而望予。
> 时暧暧其将罢兮,结幽兰而延伫。世溷浊而不分兮,好蔽美而
> 嫉妒。①

诗人来到昆仑山,渡过白水,登上阆风,求宓妃之所在,见有娀之佚
女,又要聘娶有虞氏之二姚,但"世溷浊而嫉贤兮,好蔽美而称恶。
闺中既已邃远兮,哲王又不悟",结果追求再度破灭。这样诗人又
不得不回归到地上,请灵氛占卜,巫咸降神,诗人痛感楚国没有希
望,本打算远走高飞,但回观祖国大地,终于不忍离去。这段天界
游行的描写,实际是现世情境的隐喻和象征。如此使用幻想景象,
不仅可以表达出难言之隐,更把感受抒发得更为强烈,出于幻想的
奇妙景象也更能激动人心。

　　如果超越作为艺术幻想的意义来分析,屈原《离骚》里所描写
的天界游历,更体现为一种生命意识的觉醒和相当强烈的宇宙精
神。其中的抒情主人公(余)已经解脱了一切现世羁束,既敢于和
整个社会相对抗,又有能力驱遣或抗衡所有的天神地祇。这是傲
然挺立于天地之间的伟大的人格。又如柯庆明所指出的,《楚辞》
的具有宗教性的作品继承了早期神话的"巫"的文化,它们"不同于

---

①《楚辞》卷一《离骚》。

《诗经》的家居文化以及由此而扩大的社会礼教生活的关切，早期神话的基本精神是人类在自然中自由游荡，四处追索的精神"，这种精神"使中国情诗的写作提升到深具宇宙意识的海阔天空、天长地久的境地"①。"往古来今谓之宙，上下四方谓之宇。"那在天地间自由翱翔的"我"（余）正是永生于往古来今，活动于上下四方的。因此这种精神正是人性自觉的曲折的反映，也是对抗儒家"教化""礼教"的表现。对天界的向往体现为个性自由的呼唤。

这样，屈赋里以高度艺术性充分表现了所谓"骚人派"的神仙观念，这也使诗人成为中国文学中历史悠久的神仙题材的开创者。这方面对于后来文学创作无论是思想内容还是艺术方法，都给以深远的影响。而直接受益的，当然是写作辞赋的后继者。

二

司马迁说："屈原既死之后，楚有宋玉、唐勒、景差之徒者，皆好辞而以赋见称；然皆祖屈原之从容辞令，终莫敢直谏。"②即就天界游历的表现而言，后来的辞赋作者确也多是"从容辞令"而少有创意。但就表现游仙题材说，他们终究延续了屈原所开创的传统，并在某些方面有所发挥和创新。

在辞赋史上"屈宋"并称，据王逸说宋玉是屈原弟子，但别无他证。关于归属到他名下的辞赋的真伪，历来异议颇多，只有《九辩》自王逸以来没有不同看法③。《九辩》里直接表白"坎廪兮贫士失职

---

①《中国文学之美的价值性》，《中国文学的美感》，第 23—24 页，麦田出版，
2000 年。
②《史记》卷八四《屈原贾生列传》，第 2491 页。
③自明代焦竑，有些人主张《九辩》为屈原所作。

而志不平""悲忧穷戚兮独处廓",可知他的出身不像屈原那样显贵。正由于社会地位和生活境遇的差别,虽然《九辩》的写作显然在有意模拟屈原,但所表现的思想境界明显有所不同。《九辩》也抒发忠而获谴的怨恨,也表白才不得施的苦闷,但并没有《离骚》那种一身系天下安危的担当感,而主要是表露"失志"的哀怨。艺术上则如刘熙载所说:"《骚》之抑遏蔽掩,盖有得于《诗》《书》之隐约。自宋玉《九辩》已不能继,以才颖渐露故也。"①就是说,比起屈赋来,《九辩》已渐多琢削刻露的痕迹。在具体写法上,《九辩》多有刻意的描绘,又参以散文句法,从而消减了屈赋那种慷慨沉郁的感情和浑厚壮伟的气势。然而这在一定意义上也形成了《九辩》艺术上的独到之处,使它成为屈赋以后辞赋史上最为杰出的一篇作品。

《九辩》的开头是千古传诵的名句:

> 悲哉秋之为气也,萧瑟兮草木摇落而变衰。憭慄兮若在远行,登山临水兮送将归。②

这样一开始就明确展现出弃世而"远游"的主题。在前八篇细致地抒写了失志哀伤、世路坎坷之后,到结尾的第九篇,首言前圣之可法,次言己志之不伸,终于生发出遗世而升天的幻想:

> 闵流涕而聊虑兮,惟著意而得之。纷纯纯之愿忠兮,妒被离而障之。愿赐不肖之躯而别离兮,放游志乎云中。乘精气之抟抟兮,骛诸神之湛湛。骖白霓之习习兮,历群灵之丰丰。左朱雀之茇茇兮,右苍龙之跃跃。属雷师之阗阗兮,通飞廉之衙衙。前轻辌之锵锵兮,后辎乘之从从。载云旗之委蛇兮,扈屯骑之容容。计专专之不可化兮,愿遂推而为臧。赖皇天之厚德兮,还及君之无恙。

①《艺概》卷三《赋概》,第89页,上海古籍出版社,1978年。
②《楚辞》卷八《九辩》。

不过幻想最后仍然回落到现世,希望与君主相契合,表现的是与屈原同样的执着现实的精神。而就想象的情境而言,却全然不见屈原的怨愤与傲气了。这也正显示了人格境界的差异。

更集中地表现天界游历主题的是古代一般判定为屈原之作的《远游》。这篇作品无论是内容还是表现风格确实貌似屈赋;但正因为其中的许多文句、事典等与《离骚》《九歌》《九章》等相似,从而表露出其明显的拼凑痕迹,而其中的观念又显然来自《庄子》,非屈原所能有,因而今人考定是后出的拟作①。但这篇作品把天界游历作为独立的主题,开后来游仙文学的先河,在文学史上是有相当重要意义的。

《远游》与《离骚》一样,作者一开始就取与现世对立的姿态:

> 悲时俗之迫厄兮,愿轻举而远游。质菲薄而无因兮,焉托乘而上浮。遭沉浊而污秽兮,独郁结其谁语。夜耿耿而不寐兮,魂茕茕而至曙。②

这里开章点题,表明轻举远游是由于不谐于时俗,从而显示出强烈的批判精神。这一点是与《离骚》相一致的。也是因为这一点,王逸认为《远游》是屈原的作品。他说:

> 《远游》者,屈原之所作也。屈原履方直之行,不容于世,上为谗佞所谮毁,下为俗人所困极,章皇山泽,无所告诉,乃深惟元一,修执恬漠。思欲济世,则意中愤然,文采铺发,遂叙妙思,托配仙人,与俱游戏,周历天地,无所不到。然犹怀念楚国,思慕旧故,忠信之笃,仁义之厚也。是以君子珍重其志,而玮其辞焉。

---

① 参阅胡小石《〈远游〉疏证》,《胡小石论文集》,上海古籍出版社,1982年;周勋初《郭璞诗为晋"中兴第一"辨析》,《魏晋南北朝文学论丛》,江苏古籍出版社,1999年。
② 《楚辞》卷五。

这就发露作者隐微,指出《远游》的"托配仙人""周历天地"的"妙思"实出于隐喻,是表达"愤然"之情的。朱熹也是依照传统看法把《远游》当作屈原作品,他说:

> 《远游》者,屈原之所作也。屈原既放,悲叹之余,眇观宇宙,陋世俗之卑狭,悼年寿之不长,于是作为此篇。思欲制炼形魂,排空御气,浮游八极,后天而终,以尽反复无穷之世变。虽曰寓言,然其所设王子之词,苟能充之,实长生久视之要诀也。①

这同样把《远游》当作"寓言",并明确了它的尖锐、深刻的现实意义,但王逸和朱熹又都指出其所谓"深惟元一""长生久视"的思想内涵,即体现了老庄的道家观念。这实际正是《远游》后出的证明。英国汉学家大卫·霍克斯指出:"《远游》精确地描绘了一个对称的曼陀罗似的宇宙(与文饰当时镜背的宇宙图案相同),描述了按适当程序——谒见各方守护神,然后达到神力核心,旅程臻于高潮的周游宇宙的过程。"②这样,《远游》表现的宗教观念更为明显、更为系统化,也已和屈原朦胧、混沌的神游天界观念相当不同了。

《远游》里有更多的哲理思索:

> 惟天地之无穷兮,哀人生之长勤。往者余弗及兮,来者吾不闻。

朱熹分析这段话,说"睹夫天定胜人之所极,是则安能使人不为没世无涯之悲恨"。这乃是出于清醒的宇宙意识的深刻悲哀。《远游》又说:

> 漠虚静以恬愉兮,澹无为而自得。闻赤松之清尘兮,愿承风乎遗则。贵真人之休德兮,美往世之登仙。与化去而不见

---

① 《楚辞集注》卷五《远游》。
② 《神女之探寻》,第41页。

兮,名声著而日延。

这里把道家的"虚静""无为"与神仙追求相统一,把庄子所谓"真人"等同于神仙,则显示了神仙观念的新进展。这类哲理思考是《离骚》里所没有的。

当然,在具体描绘天界巡游情景时,《远游》显然在模拟《离骚》。主人公同样是驾六龙,载云旗,丰隆先导,飞廉启路,上天下地,自由翱翔;他也曾上升天宫,"命天阍其开关兮,排阊阖而望余";也曾"迎宓妃""二女(娥皇、女英)御"。这些都明显有拼凑痕迹。不过其中说:

> 春秋忽其不淹兮,奚久留此故居。轩辕不可攀援兮,吾将从王乔以娱戏。餐六气而饮沆瀣兮,漱正阳而含朝霞。保神明之清澄兮,精气入而粗秽除。顺凯风以从游兮,至南巢而壹息。见王子而宿之兮,审壹气之和德。曰:道可受兮而不可传,其小无内兮其大无垠。毋滑而魂兮彼将自然,壹气孔神兮于中夜存。虚以待之兮无为之先,庶类以成兮此德之门。

《离骚》里,"余"在大界所见到的都是传说中的古人如"重华""宓妃""有娀佚女"等,而这里出现"王乔",则是后来大有名气的真正的仙人,而且作者认为他比"轩辕"更容易接近。接着下面又说到"仍羽人于丹丘兮,留不死之旧乡",更明确抒写了不死而升仙的观念。《离骚》的结尾,诗人表示不能离别故国,而《远游》说:

> 经营四荒兮周流六漠,上至列缺兮降望大壑。下峥嵘而无地兮,上廖廓而无天。视儵忽而无见兮,听惝恍而无闻。超无为以至清兮,与泰初而为邻。

《庄子》上说:"泰初有无,无有无名。"[1]这是指天地初始、元气

---

[1]《庄子注》卷五《天地》。

未萌的混沌状态，《远游》的作者在游历天地四方后以之为归宿。
这已是方仙道与道家思想相结合的观念。前面"春秋忽其不淹"一
段写到服气、葆精与自然之道、虚无之理，也具有同样的意义。这
样，《远游》在艺术上虽然并没有大的特色，但观念上所显示的神仙
思想的发展及其在文学作品里的表现，则是有相当意义的。

三

　　到汉代，屈原及其辞赋继续被人们所重视，仍然发挥着巨大影
响。骚体辞赋在汉代仍是重要文学体裁，这不但反映了屈、宋的巨
大影响力，也说明了这种文学体裁仍具有生命力。但无论是社会
环境还是文学发展状况，都决定了汉人的这类作品已难以追踪前
人的成绩。就社会条件而言，汉代的文人虽然也有怀才不遇、经历
坎坷的，但终究不同于屈原所处的国破身危、不得不以死抗争的险
恶环境；就文学创作情况而言，另一种辞赋即大赋正在兴盛起来，
一些重要作家都倾心力于那种新的文体，失去了更深刻的现实意
义的骚体辞赋则不得不走向模拟一途。不过，汉人的骚体辞赋也
不是完全没有价值：内容方面仍保留有屈、宋的某些"发愤以述情"
的遗响，有些作品还表现出相当的新意。特别是在艺术形式方面，
即使是那些内容空泛浅薄的模拟之作，在语言、事典、表现方法等
方面也不无创新之处。

　　王逸所编《楚辞》里有《惜誓》一篇，为"不知谁所作也，或曰贾
谊，疑不能明也"①；但洪兴祖、朱熹等均肯定其是贾谊作品。贾谊
是汉文帝朝著名政治家，也是优秀的辞赋作家。他也是怀才不遇、

①《楚辞》卷一一。

愤世嫉俗之士,所作《吊屈原赋》《鹏鸟赋》等骚体辞赋颇得屈赋风
神。司马迁作《史记》,把他和屈原并列在同一篇列传里。具体考
察《惜誓》文字,显然有不少袭用《吊屈原赋》的地方。所以,有人认
为这篇作品是"西汉末一位被贬谪的失意者所为,前段主要模拟
《远游》,后段主要模拟《吊屈原赋》"[①]。这个论断虽然没有更多证
据,但从作品文本推测是有一定道理的。作品里有"年老而日衰"
"寿冉冉而日衰"之类慨叹年迈体衰的话,不类年轻早夭的贾谊的
口吻;而作品里有更明显的神仙观念,也与贾谊的思想不符。这篇
作品以抒写遗世而高举、发挥游仙的想象开篇:

> 惜余年老而日衰兮,岁忽忽而不反。登苍天而高举兮,历
> 众山而日远。观江河之纤曲兮,离四海之沾濡。攀北极而一
> 息兮,吸沆瀣以充虚。飞朱鸟使先驱兮,驾太一之象舆。苍龙
> 蚴虬于左骖兮,白虎骋而为右骓。建日月以为盖兮,载玉女于
> 后车。驰骛于杳冥之中兮,休息乎昆仑之墟。乐穷极而不厌
> 兮,愿从容乎神明。涉丹水而驰骋兮,右大夏之遗风。鸿鹄而
> 一举兮,知山川之纤曲。再举兮,睹天地之圆方。临中国之众
> 人兮,托回飙乎尚羊。乃至少原之壄兮,赤松、王乔皆在旁。
> 二子拥瑟而调均兮,余因称乎清商。淡然而自乐兮,吸众气而
> 翱翔。念我长生而久仙兮,不如反余之故乡。

以下则是模仿《吊屈原赋》,抒发忠奸易位、是非颠倒、有才难施的
悲愤。从前面一段看,意境与《离骚》《远游》的天上巡游描写相似。
但仔细分析,却又可以发现一个重大区别,就是更突出了游仙内
容,又流露出长生观念。这也是作品后出的证明。

西汉初年,藩国有养士之风,特别是吴、梁、淮南诸藩国。文学
之士聚集,辞赋创作也相应地兴盛。现存作品里写到游仙内容的

---

① 《赋史》,第 61 页,上海古籍出版社,1987 年。

有梁宾客庄忌的《哀时命》，这也是一篇抒写生不逢时的感慨的抒
情赋。王逸以为这篇作品是庄忌"哀屈原受性忠贞，不遭明君而遇
暗世，斐然作辞，叹而述之"[1]。但就作品本身加以分析，其中愤世
嫉俗之意多类于屈原，遣词用语也类似屈赋，但内容显然别有特
色。如其结尾说："邪气袭余之形体兮，疾憯怛而萌生。愿一见阳
春之白日兮，恐不终乎永年。"这里表现的是对人生的留恋，与屈原
誓死抗争的坚贞不同。作品里也写到不堪现实遏抑而试图高举远
扬的志向：

> 居处愁以隐约兮，志沉抑而不扬。道壅塞而不通兮，江河
> 广而无梁。愿至昆仑之玄圃兮，采钟山之玉英。揽瑶木之橝
> 枝兮，望阆风之板桐。弱水汩其为难兮，路中断而不通。势不
> 能凌波以径度兮，又无羽翼而高翔。然隐悯而不达兮，独徙倚
> 而仿徨。

这里描写世路梗塞，有志难伸，发现自己所处世界过于狭小，不足
以容身，所以幻想去到神仙世界，但终于不能遗世而高飞。可是他
看到是非颠倒，贤能沦落，不能不再一次生发出游仙的志愿：

> 务光自投于深渊兮，不获世之尘垢。执魁摧之可久兮，愿
> 退身而穷处。凿山楹而为室兮，下被衣于水渚。雾露蒙蒙其
> 晨降兮，云依斐而承宇。虹霓纷其朝霞兮，夕淫淫而淋雨。怊
> 茫茫而无归兮，怅远望此旷野。下垂钓于溪谷兮，上要求于仙
> 者。与赤松而结友兮，比王乔而为耦。使枭杨先导兮，白虎为
> 之前后。浮云雾而入冥兮，骑白鹿而容与。魂眐眐以寄独兮，
> 汩徂往而不归。处卓卓而日远兮，志浩荡而伤怀。

如此抒写求仙的强烈愿望，但却只留下失望的感伤。在这样的描
写里，仙界游历只是一种解脱的玄想。就是说，仙界的幻想已成为

---

①《楚辞》卷一四《哀时命》。

单纯的艺术表现手段,作者借以抒写强烈的感情。《哀时命》抒情
细腻而真切,语言比较质朴,境界描绘也比较浑融,在骚体文中是
较好的作品,但却也清晰地表现出一种创作上的倾向:早期辞赋里
的游历天界或仙界幻想所表达的那种真挚、热烈的思想矛盾与追
求逐渐转化为冷静的艺术手段了。

　　东方朔(前154—前93)出仕于武帝朝,正直敢谏,屡言政治得
失,但不得重用,被以俳优处之,自己也不得已而取滑稽玩世姿态。
但其作品如《答客难》《非有先生论》却颇多感慨,表达上亦有创意。
东方朔的骚体作品今存《七谏》,这是假托屈原语气写成的骚体作
品。王逸说:"东方朔追悯屈原,故作此词以述其志,所以昭忠信、
矫曲朝也。"①自枚乘写《七发》,开创所谓"七"体辞赋,但东方朔《七
谏》并不是规仿《七发》,而是模仿《九章》的。后来傅毅(《七激》)、张
衡(《七辩》)直到左思(《七讽》)等,写作"七"体,都是追随东方朔的。
后人历来批评这一类作品写法上"递相模拟,了无新意"②,但具体
分析,此类作品却也不是全无价值。一方面从历史发展看,作品题
旨一般仍体现屈原辞赋创作的影响;另一方面有些作品又确实流
露出一定的感慨,具有一定的现实意义。即如东方朔的《七谏》,就
较深刻地抒发了个人身世之感。这篇作品在《序》之外,有《初放》
《沉江》《怨世》《怨思》《自悲》《哀命》《谬谏》等七篇,这些题目已经
表明每一篇的大概内容。其中《自悲》一篇是抒发"远游"幻想的:

　　　　苦众人之皆然兮,乘回风而远游。凌恒山其若陋兮,聊愉
　　娱以忘忧。悲虚言之无实兮,苦众口之铄金。过故乡而一顾
　　兮,泣嘘唏而沾衿。厌白玉以为面兮,怀琬琰以为心。邪气入
　　而感内兮,施玉色而外淫。何青云之流澜兮,微霜降之蒙蒙。
　　徐风至而徘徊兮,疾风过之汤汤。闻南藩乐而欲往兮,至会稽

----

①《楚辞》卷一五。
②徐师曾《文体明辨序说》,罗根泽校点,第138页,人民文学出版社,1982年。

而且止。见韩众而宿之兮,问天道之所在。借浮云以送予兮,载雌霓而为旌。驾青龙以驰骛兮,班衍衍之冥冥。忽容容其安之兮,超慌忽其焉如。苦众人之难信兮,愿离群而远举。①

这里的"韩众"已见于《远游》。《远游》里还提到赤松和王乔,都是早出仙人的名字,所以这已是真正的"游仙"内容。从这个段落可以看出,东方朔也是抒写超脱现实压迫的幻想,特别是作品里那种愤世嫉俗的怨情、不容于众的孤高和对于"虚言""邪气"的激愤,在精神上确与屈原有一致之处。

王褒活动在宣帝朝,以辞赋名。宣帝好歌诗音律,他曾侍从游猎,写了《圣主得贤臣颂》等歌功颂德的作品。他的骚体《九怀》,王逸以为是"褒读屈原之文,嘉其温雅,藻采敷衍,执握金玉,委之污渎,遭世溷浊,莫之能识,追而愍之,故作《九怀》以裨其词"②。这九篇作品内容敷衍屈原遗世独立、上下求索的志向,形式则模仿《九歌》。其第一篇《匡机》开头即表明:"极运兮不中,来将屈兮困穷。余深愍兮惨怛,愿一列兮无从。乘日月兮上征,顾游心兮鄗酆。"这就直接点出了遁世而远游的主题。作品里不断感慨"世溷兮冥昏"(《昭世》)、"唐虞兮不存"(《蓄英》)等等,也流露出对于世事的哀怨和失志的悲愁。不过九篇作品重复地叙说远游情景,典故和语言都有明显的拼凑痕迹,使得作品的感染力大为降低了。如《通路》:

> 天门兮墬户,孰由兮贤者。无正兮溷厕,怀德兮何睹。假寐兮愍斯,谁可与兮寤语。痛凤兮远逝,畜鸩兮近处。鲸鳣兮幽潜,从虾兮游陼。乘虬兮登阳,载象兮上行。朝发兮葱岭,夕至兮明光。北饮兮飞泉,南采兮芝英。宣游兮列宿,顺极兮彷徉。红采兮骍衣,翠缥兮为裳。舒佩兮绲缰,竦余剑兮干将。腾蛇兮后从,飞驰兮步旁。微观兮玄圃,览察兮瑶光。启匮兮探笑,悲

---

① 《楚辞》卷一三《七谏》。
② 《楚辞》卷一五。

命兮相当。纫蕙兮永词，将离兮所思。浮云兮容与，道余兮何
之。远望兮仟眠，闻雷兮阗阗。阴忧兮感余，惆怅兮自怜。

像这样的作品，流露出一些人生感慨，在一定程度上也反映了当时
某些士大夫的真实心态，但内容上总是缺乏深度，表达上更具有较
严重的程式化倾向，又多用奇文怪字，罗列事典，排比铺陈，艺术价
值也就大受限制了。

刘向（约前77—前6）善辞赋，见于《汉志》者有三十三篇。今仅
存《九叹》九篇，也是有意模仿屈赋之作。刘向于汉元帝时以反对
宦官弘恭、石显和外戚许、史，下狱几死；成帝时又以谏净外戚王氏
专权而不得重用，忠而见疑，能而得罪，命运确与屈原有某些相似
之处。而他的家庭本来有神仙信仰的传统。其祖父刘辟疆"清心
少欲"，其父刘德"少修黄、老术"。他本人"以通达能属文辞，与王
褒、张子乔等并进对，献赋颂凡数十篇。上复兴神仙方术之事，而
淮南有《枕中鸿宝苑秘书》，书言神仙使鬼物为金之术及邹衍重道
延命方，世人莫见，而更生（向原名）父德武帝时治淮南狱得其书。
更生幼而读诵，以为奇，献之，言黄金可成。上令典尚方铸作事，费
甚多，方不验。上乃下更生史"[1]，结果初以罪论死，会救得免。今
传《列仙传》旧以为是他晚年所作。此说虽然存疑，但即使是附会
到他的名下，也正反映他的宗教性格。其托屈原之口所作的《九
叹》，虽然明显是模拟之作，但在结构上有所创新：每篇分为两部
分，前一部分是骚体长歌，后一部分以"叹曰"领起，以短句表伤叹
之意。其中《远游》一篇更是模仿《离骚》和《远游》的，游仙幻想是
重要内容。这篇赋开头就抒写个人性不谐俗：

　　悲余性之不可改兮，屡惩艾而不移。服觉皓以殊俗兮，貌
揭揭以巍巍。[2]

---

①《汉书》卷三六《楚元王传》，第1926—1929页。
②《楚辞集注》卷一六《九叹》。

这里与《离骚》同样，也以奇装异服作为自己性格的表征，然后生发出高举远游的幻想：

> 譬若王乔之乘云兮，载赤霄而凌太清。欲与天地参寿兮，与日月而比荣。登昆仑而北首兮，悉灵圉而来谒。选鬼神于太清兮，登阊阖于玄阙。

接着，描写西至西山，东到扶桑，遍游天下，然后来到天上，自由地遨游：

> 驾鸾凤以上游兮，从玄鹤与鹪明。孔鸟飞而送迎兮，腾群鹤于瑶光。排帝宫与罗囿兮，升县圃以眩灭。结琼枝以杂佩兮，立长庚以继日。凌惊雷以轶骇电兮，缀鬼谷于北辰。鞭风伯使先驱兮，囚灵玄于虞渊……望旧邦之黯黮兮，时溷浊犹未央。怀兰茝之芬芳兮，妒被离而折之。张绛帷以襜襜兮，风邑邑而蔽之。日暾暾其西舍兮，阳炎炎而复顾。聊假日以须臾兮，何骚骚而自故！

在上天入地求之遍以后，仍然没有得到出路，但仍坚持初衷而不改。这篇作品显然流露出更为真挚的神仙信仰，思想和情绪比起《远游》等作品来也更富于宗教玄想性格。不过写法上拼凑事典，比较凌乱，又多使用陈词套语，因此意象也远不及屈赋那样鲜活、浑融。但作者终究具有更深切的身世之感，所以颇能抒写出一些真实感慨。这在后出的抒情赋里还算是不可多得的。其中对神仙王乔和仙界景象的具体描写，所表现的"选鬼神于太清""缀鬼谷于北辰"等"冥界"观念和"征九神于回极""考玄冥于空桑"等天宫意象，以及"太清"等后出道教用语的运用，都是文学作品中神仙内容的新成分。

扬雄（前53—公元18）是另一位有代表性的赋家，也是具有唯物思想的学者。他出身贫寒，自幼好学，四十余岁始游京师，被推荐为待诏，后经乡人杨庄引荐，成帝时召入宫廷，任给事黄门侍郎。其时已届西汉末期，政治混乱，朝廷内部倾轧不已，成帝不务政事，热衷游猎，侍从祭祀、游猎乃是扬雄的职责。扬雄好辞赋，钦佩司马相如大赋弘丽温雅，常拟之以为式，又佩服屈原辞赋的成就过于相如。所以，他的创作无论是内容还是表现形式都有意发挥屈原、司马相如的讽喻传统。汉成帝作为末世君主，已没有汉武帝的文治武功，但他迷信神仙祭祀则与武帝相像。时有凉州刺史谷永到京师奏事，曾上书谏诤，从中可以看出当时朝廷的气氛：

> 臣闻明于天地之性，不可惑以神怪；知万物之情，不可罔以非类。诸背仁义之正道，不尊《五经》之法言，而盛称奇怪鬼神，广崇祭祀之方，求报无福之祠，及言世有仙人，服食不终之药，遥兴轻举，登遐倒景，览观县圃，浮游蓬莱，耕耘五德，朝种暮获，与山石无极，黄冶变化，坚冰淖溺，化色五苍之术者，皆奸人惑众，挟左道，怀诈伪，以欺罔世主。①

上有所好，下必甚之，当时上书言祭祀方术得待诏者甚众，包括前面所介绍的大学问家刘向，也相信并鼓吹神怪之说。

扬雄《太玄赋》的开头说：

> 观大《易》之损益兮，览老氏之倚伏。省忧喜之共门兮，察吉凶之同域。②

这是从《周易》《老子》的吉凶倚伏观念得出的齐物逍遥的态度，作者感受到张皇仁义以用世会"身没而名灭"，因而生发高蹈以求仙的志愿：

> 岂若师由、聃兮，执玄静于中谷。纳傿禄于江淮兮，揖松、乔于华岳。升昆仑以散发兮，蹯弱水以濯足。朝发轫于流沙兮，夕翱翔乎碣石。忽万里而一顿兮，过列仙以托宿。役青要与承戈兮，舞冯夷以作乐。听素女之清声兮，观宓妃之妙曲。

---

①《汉书》卷二五下《郊祀志下》，第 1260 页。
②《扬子云集》卷五。

茹芝英以御饿兮,饮玉醴以解渴。排阊阖以窥天庭兮,骑骓駼
以跼躅。载羡门与俪游兮,永览周乎八极。

这里所幻想的"列仙"生活自由自在,佚乐无穷,不仅反映了作者解
脱世纷的愿望,更隐约地表达了对于现实的讽喻之意。

两汉之际的冯衍也算是颇具才能和志节的人。东汉末,更始
将军廉丹辟为掾,他曾力劝廉丹叛莽兴汉;更始时,刘玄遣尚书仆
射鲍永安集北方,他被任为立汉将军,刘玄败亡,遂降刘秀。光武
怨其不时降,遂见黜不得大用,终以交通外戚得罪,敕归故里。有
集五卷,仅存《显志赋》一篇和《扬节赋》佚文。《显志赋》是他晚年
家居,抒写牢骚之作。所谓"显志",就是"言光明风化之情,昭章玄
妙之思"。其序文说:

> 冯子以为夫人之德,不碌碌如玉,落落如石。风兴云蒸,
> 一龙一蛇,与道翱翔,与时变化,夫岂守一节哉?用之则行,舍
> 之则藏,进退无主,屈申无常,故曰:"有法无法,因时为业,有
> 度无度,与物趣舍。"常务道德之实,而不求当世之名,阔略杪
> 小之礼,荡佚人间之事,正身直行,恬然肆志……年衰岁暮,悼
> 无成功,将西田牧肥饶之野,殖生产,修孝道,营宗庙,广祭祀。
> 然后阖门讲习道德,观览乎孔老之论,庶几乎松乔之福。上陇
> 阪,陟高冈,游精宇宙,流目八纮。历观九州山川之体,追览上
> 古得失之风,愍道凌迟,伤德分崩。夫睹其终必原其始,故存
> 其人而咏其道。①

由此可见,作品立意不仅在发抒人生感慨,更要阐发政治得失大道
理,而其理想则沟通了孔、老和神仙。全篇分为三段:第一段写游
览长安附近所见,引发出古今兴衰之感;第二段表现出世游仙的超
越幻想;第三段再回过头来表达个人静以养志的心愿。他历观古

---

① 《后汉书》卷二八《冯衍传》,第 985—999 页。

今，"哀群后之不祀兮，痛列国之为墟"，由于"病没世之不称"，而"愿横逝而无由"，从而生发出游仙的幻想：

> 日曋曋其将暮兮，独于邑而烦惑。夫何九州之博大兮，迷不知路之南北。驷素虬而驰骋兮，乘翠云而相佯。就伯夷而折中兮，得务光而愈明。款子高于中野兮，遇伯成而定虑。钦真人之德美兮，淹踌躇而弗去。意斟愖而不淡兮，俟回风而容与。求善卷之所存兮，遇许由于负黍。轫吾车于箕阳兮，秣吾马于颍浒。闻至言而晓领兮，还吾反乎故宇。览天地之幽奥兮，统万物之维纲。究阴阳之变化兮，昭五德之精光。跃青龙于沧海兮，豢白虎于金山。凿岩石而为室兮，托高阳以养仙。神雀翔于鸿崖兮，玄武潜于婴冥。伏朱楼而四望兮，采三秀之华英。篡前修之夸节兮，曜往昔之光勋。披绮季之丽服兮，扬屈原之灵芬。高吾冠之岌岌兮，长吾佩之洋洋。饮六醴之清液兮，食五芝之茂英。

在这一段描写里，幻想的神仙、古代的圣贤被混同在一起，"养仙"与畅玄的理想交织在一起，而到第三段，归之于"知命""贵玄"的道德修养。这显示了当时有志于用世的士大夫有意超脱而又不能忘情世事的矛盾。

从辞赋创作表现仙道内容角度讲，成绩独特的还有张衡。张衡（78—139）是古代著名的天文学家，也是卓越的文学家。作为天文学家，他的思想富于理性。这一点也体现在他的文学作品里。他所表现的仙道内容不同于当世的潮流。他在朝任侍中时，"帝引在帷幄，讽议左右，尝问衡天下所疾恶者。宦官惧其毁己，皆共目之，衡乃诡对而出。阉竖恐终为其患，遂共谗之。衡常思图身之事，以为吉凶倚伏，幽微难明，乃作《思玄赋》"[1]，可知这篇作品是有

---

[1]《后汉书》卷五九《张衡传》，第1914—1938页。

为而发,不是一般的模拟或应酬之作。但在具体写法上,《思玄赋》显然也对于《离骚》和《远游》等前人同类题材作品多所借鉴,不但结构与它们相似,所描绘的意象也多有一致之处,主要内容同样是表达性不谐俗的激愤和游仙玄想。在"悲世俗之厄迫"的描写里,他细致地表现了自己的处境和危惧之感:

> 何孤行之茕茕兮,孑不群而介立?感鸾䴏之特栖兮,悲淑人之稀合。彼无合其何伤兮,患众伪之冒真。旦获谮于群弟兮,启《金縢》而乃信。览蒸民之多僻兮,畏立辟以危身。曾烦毒以迷或兮,羌孰可与言己。私湛忧而深怀兮,思缤纷而不理。愿竭力以守义兮,虽贫穷而不改。执雕虎而试象兮,阽焦原而跟止。庶斯奉而周旋兮,要既死而后已。

这样就相当真切、深刻地抒写了个人对于人生和世事的深刻忧思,这在后代对屈骚的模拟作品里是不可多得的。按照抒怀辞赋结构的一般格式,作者同样愤而发出升天的玄想:"时亹亹而代序兮,畴可与乎比伉",遂登蓬莱、留瀛洲、上昆仑……周流天上,他也见到了西王母等女仙:

> 聘王母于银台兮,羞玉芝以疗饥。戴圣憖其既欢兮,又诮余之行迟。载太华之玉女兮,召洛浦之宓妃。咸姣丽以蛊媚兮,增嫮眼而蛾眉。舒妙婧之纤腰兮,扬杂错之袿徽。离朱唇而微笑兮,颜的皪以遗光。献环琨与琛缡兮,申厥好之玄黄。虽色艳而赂美兮,志浩荡而不嘉。双才悲于不纳兮,并咏诗而清歌。歌曰:天地烟煴,百卉含花。鸣鹤交颈,雎鸠相和。处子怀春,精魂回移。如何淑明,忘我实多。将答赋而不暇兮,爰整驾而亟行。

这样,虽然神仙形容十分美好,但终于不能好合,不得不失望地离去。对神女的描绘,面貌艳丽,姿态姣好,夹叙歌唱,情境逼真。作者使用象征手法,表达神仙幻想的失落,"卷淫放之遐心,修初服之娑娑",从而表示坚信"苟中情之端直兮,莫吾知而不恧。默无为以凝志兮,与仁义乎消摇。不出户而知天下兮,何必历远以劬劳",他还是回到人世间来了。其结语系词更清楚地表明写作主旨:

> 天长地久岁不留,俟河之清祗怀忧。愿得远度以自娱,上下无常穷六区。超逾腾跃绝世俗,飘飘神举逞所欲。天不可阶仙夫希,柏舟悄悄吝不飞。松、乔高跱孰能离?结精远游使心携。回志揭来从玄谋,获我所求夫何思。

这里采用七言诗体。诗与辞赋体结合也是这篇作品的创意。张衡显然既不相信长生久视之说,更不相信能够飞升成仙,所以他的"思玄"是向往老、庄的玄远超脱境界,他写游仙表达的是神仙幻想的破灭。他的这篇赋具有较强的现实性,也体现出他的坚定的现实性格。美国汉学家康达维说张衡的《思玄赋》表现的乃是"道德之旅"[1]。这也是汉代辞赋家创作的一种趋势:人们上下求索,不满于现实的鄙俗、困厄,游历天地四方去寻求精神的家园。仙界游行正是这种探求的一部分。当经学统治已经确立起来之后,依附于统治体制的人们也就失去摆脱世俗约束的能力。这也造成了真正意义上的玄想的丧失,结果已经失去真诚信仰的仙界幻想逐渐沦为单纯的艺术表现手段,其中的追求精神解放的意义也就大为降低了。

刘向编撰《楚辞》,王逸作注释,这是对屈原创作及其所开创的辞赋传统的第一次总结,功绩是不可磨灭的。王逸从而成为历史上最早也是最重要的《楚辞》专家之一。这部《楚辞》的最后一卷是他自己所作的《九思》,其序文说:

> 《九思》者,王逸之所作也。自屈原终没之后,忠臣介士,游览学者,读《离骚》、《九章》之文,莫不怆然心为悲感,高其节行,妙其丽雅。至刘向、王褒之徒,咸嘉其义,作赋骋辞,以赞

---

[1] 参阅《道德之旅:张衡的〈思玄赋〉》,《古典文学知识》1997年第2期。

其志，则皆列于谱录，世世相传。逸与屈原同土共国，悼伤之
情，与凡有异，窃慕向、褒之风，作颂一篇，号曰《九思》，以神其
辞。未有解说，故聊训谊焉。

这说明了他对屈赋及其后继者骚赋创作的认识，表明了他的赞叹
心仪之情。他的作品也分为九章，即《逢尤》《怨上》《疾世》《悯上》
《遭厄》《悼乱》《伤时》《哀岁》《守志》。从这些题目可以知道，其内
容完全是模拟屈赋的。王逸的这一组作品同样也主要是表达失志
的怨愤，同样也生发出遗世而升仙的幻想。如《疾世》：

> 周徘徊兮汉渚，求水神兮灵女。嗟此国兮无良，媒女诎兮
> 謰謱。鹨雀列兮哗欢，鸱鸹鸣兮聒余。抱昭华兮宝璋，欲炫鬻
> 兮莫取。言旋迈兮北徂，叫我友兮配耦。日阴曀兮未光，阒睄
> 窕兮靡睹。纷载驱兮高驰，将咨询兮皇羲。遵河皋兮周流，路
> 变异兮时乖。瀂沧海兮东游，沐盥浴兮天池。访太昊兮道要，
> 云靡贵兮仁义。志欣乐兮反征，就周文兮邠岐。秉玉英兮结
> 誓，日欲暮兮心悲。惟天禄兮不再，背我信兮自违。

这里说到去汉水边求访神女，却苦于没有媒介；然后又到天上访问
羲皇和太昊，同样不得要领；再到邠岐访问周文王，也不得重用，如
此等等，表现求进无门、志不得伸的苦闷。如此错杂地使用事典，
缺乏更真实的情感，又缺乏生活实感的深度，显然是在规仿屈赋的
形迹。再如《悯上》《悼乱》《哀岁》等篇里的相关描写也大体类似。
王逸注释《楚辞》，是名副其实的屈原的功臣；但有意模仿屈赋的创
作，却难以追寻前修的踪迹。这不只是由于才能的限制，更是时势
使然。到这一时期，无论是从创作的现实基础看，还是从文学自身
发展的趋势看，骚体辞赋已走向末路了。

这种没落趋势的主要表现，也是它的原因，就在作者已经没有
屈、宋那种真挚、热烈的激情。这种激情也体现在超世的追求之中。
如许地山所说的"骚人"的神仙观念固然与纯粹的信仰有所区别，但

是那种追求所表现的感情之强烈却不下于任何信仰的热诚。这是因为亲身体验到现实压迫的痛苦与焦灼,挣脱束缚的心情十分急切和强烈,转化为激情,必然带有宗教性的狂热。用骚体的长歌当哭的形式表现出来,读者会得到感同身受的激动。而后来的作者逐渐采取更理性的态度,有意借用神仙幻想来表达某种主观用意,热情和愤激逐渐减弱了,幻想的意象成了躯壳,作品的感染力也就降低了。不过后期的模拟之作更多注意意象、事典、语汇的应用,作为艺术手法沉积到传统中,倒是给后人提供了借鉴的材料。

四

辞赋体的一个变体是汉代的大赋。汉大赋的内容和性质与骚体辞赋有根本的不同,但二者间又有渊源关系。仙人和仙界的描绘也被大赋沿袭下来,成为其重要内容。

"赋"这一文体,如刘勰所说,是"铺采摛文、体物写志"[①]的。汉代兴起的大赋更以铺张扬厉、歌功颂德为特征,长期以来被看作是典型的庙堂文学。当然也有人从一定意义上肯定其思想和艺术价值,例如作品中反映汉代统一、繁荣、富强的形势声威以及某些作品包含的讽喻意义,还有艺术表现上的铺陈描摹、想象夸饰的手法等等。李泽厚则从美学观念发展的角度指出汉赋的价值,他说:

> 汉赋……其特征也恰好是……时代精神的体现……壮丽山川、巍峨宫殿、辽阔土地、万千生民,都可置于笔下,汉赋正是这样。尽管是那样堆砌、重复、拙笨、呆板,但江山的宏伟、城市的繁盛、商业的发达、物产的丰饶、宫殿的巍峨、服饰的奢

①范文澜《文心雕龙注》卷二《诠赋》,第134页,人民文学出版社,1961年。

侈、鸟兽的奇异、人物的气魄、狩猎的惊险、歌舞的欢快……，
在赋中无不刻意描写，着意夸扬。这与上述画像石、壁画等等
的艺术精神不正是完全一致的么？他们所力图展示的，不仍
然是这样一个繁荣富强、充满活力、自信和对现实具有浓厚兴
趣、关注和爱好的世界图景么？……它表明中华民族进入发
达的文明社会后，对世界的直接征服和胜利，这种胜利使文学
和艺术也不断要求全面地肯定、歌颂和玩味自己存在的自然
环境、山岳江川、宫殿房屋、百土百物以至各种动物对象。所
有这些对象都作为人的生活的直接或间接的对象化存在于艺
术中……汉赋也应从这个角度去理解，才能正确估计它作为
一代文学正宗的意义和价值所在。①

对汉赋的评价异议颇多，李泽厚从美学角度所肯定的这一方面是
不容否认的。

　　如前所述，汉赋的内容主要是歌功颂德的。就其作者的主观
意图说，几乎所有人写作时又都抱有或多或少的讽喻目的；当然其
实际效果难免"讽一而劝百"。其主要的表达方式则是所谓"铺张
扬厉"。"铺张"就是铺叙排比，"扬厉"则是夸张修饰。歌功颂德就
要溢美隐恶，加以美化；铺叙和夸张则要出以想象和理想化。这
样，汉赋的内容基本就不是真实的，而是理想的；在表达上则不是
写实的，而是玄想的。所以汉赋里所描写的宫室园囿、山川动植等
等，当然也有某些事实依据，但更多则是没有现实摹本的。这样，
秦汉以来被统治阶级所热衷的神仙信仰和神仙追求，以其夸饰、玄
想的性格被汉赋作者纳入创作内容，和那些理想化的宫室园囿、山
川动植一样，成为其恢宏的艺术表现的一部分。本来就是幻想产
物的神仙内容，也正非常适合汉赋表达上的需要，更容易发挥出铺
张扬厉的艺术特征。因此，尽管具体汉赋作者对神仙信仰态度不

---

①《美的历程》，《美学三书》，第83—85页，安徽文艺出版社，1999年。

同,有些人更是反对神仙迷信的,但他们几乎无例外地都以极大的热情和极度夸饰的手笔来描写神仙境界和求仙活动。

李泽厚更进一步评述作为"汉代艺术的真正主题"之一的神仙世界描写。他不是从宗教信仰的角度,而是从美学角度来加以说明的:

> 你看那神仙世界。它很不同于后代六朝时期的佛教迷狂(见第六章)。这里没有苦难的呻吟,而是愉快的渴望,是对生前死后都有永恒幸福的祈求。他所企慕的是长生不死、羽化登仙。从秦皇汉武多次派人寻仙和求不死之药以来,这个历史时期的人们并没有舍弃或否定现实人生的观念(如后代佛教)。相反,而是希求这个人生能够永恒延续,是对它的全面肯定和爱恋。所以,这里的神仙世界就不是与现实苦难相对峙的难及的彼岸,而是好像就存在于与现实人间相距不远的此岸之中……这是一个古代风味的浪漫王国。①

李泽厚的这些看法可以帮助我们理解和评价有关方面的内容。

汉赋作者们基本承袭了"骚人"不信神仙为实有的观念和利用这一题材而别有寄托的写作方法,但却表现出与骚体创作不同的、另外的倾向。简单说来,骚体的内容是个人的、抒情的,是抒写个人的情思;而大赋着力表现的是社会、群体的观念,是当时统治集团的意志。前者多多少少总会继承屈原"发愤以述情"的传统,作品里多少具有批判的、反体制的内容;后者则即使有所讽喻,也是"讽一而劝百",是站在肯定、歌颂现实体制的立场上的。当然这只是就总体判断,对具体作家、具体作品的价值与意义要加以具体分析。而就艺术创新角度看,汉赋的成绩也不可低估。

汉赋创作成就最为突出的作者是司马相如(约前179—前

---

① 《美学三书》,第78页。

117）。他由于写作《子虚赋》得到汉武帝器重，成为武帝朝有代表性的御用文人。他的以《子虚赋》《上林赋》为代表的大赋，表现上善于架虚行危，出以怪异夸饰，虽然有委婉讽喻的意味，却被扬雄批评为"靡丽之赋，劝百而讽一"①，因为其主旨是在歌颂大汉帝国的繁盛和声威，颂扬统治者的强大和势力。他对神仙世界的描写，和一般骚人表现对于"彼岸"的向往不同，而是鲜明地体现了肯定现世的"此岸"精神，成为他所歌颂的大汉帝国"繁荣富强"的补充和投影。

在历史上，秦皇、汉武本是帝王求仙的代表。他们召集方士，迷恋方仙道，并亲自参与求仙活动，鼓动起迷信神仙的强大潮流。但汉武帝与秦始皇的情况又有所不同。秦始皇在六国纷争中夺得政权，虽然幻想建立起万世永固的基业，但当时列国衰灭的印象犹深，自身的统治也岌岌可危，因此他幻想求得仙药，成为神仙以延续个人的生命和王朝的统治，他的神仙追求表现为十分真挚的迷恋。直到临死那年，他仍南登会稽，并之海上，希望得到海中三仙山的奇药。但汉武帝的情况大不一样了。到他即位，汉王朝已建立近七十年，正发展到鼎盛时期，政治稳固，经济繁荣，声威远被四方，从而统治者对于现实和未来也确立起更为牢固的信心。汉武帝召集的方士有李少君、谬忌、少翁、栾大、公孙卿等人。如果说秦始皇时的方士徐巿、汉终、侯生、石生、卢生等更多地带有宗教宗师的性格，是求仙山、求仙药的"导师"、指导者，那么汉武朝的这些人则主要是操持方仙道的技师，是为汉武帝服务的仆从。典型的例子如少翁，以鬼神方见武帝，为武帝召来亡殁的李夫人的灵魂；栾大宣称"黄金可成，而河决可塞，不死之药可得"；公孙卿则借得宝鼎的机会上书朝廷，说这件事"与黄帝时等"②，因此劝武帝封禅。

①《汉书》卷五七下《司马相如传赞》，第 2609 页。
②《史记》卷二八《封禅书》，第 1390、1393 页。

这些人的活动,主要是借用方仙道来谋取现世福利,期望帝王"百余岁得与神通"。这样在武帝朝,方士们是被俳优处之的。所以有些方士的方术一旦被发现无效验,就被杀掉了。司马迁总结说:

> 方士之候祠神人,入海求蓬莱,终无有验。而公孙卿之候神者,犹以大人之迹为解,无有效。天子益怠厌方士之怪迂语矣。然羁縻不绝,冀遇其真。①

司马迁作为同时代人,又曾是朝廷近臣,对武帝的真实心情是相当了解的。从以上记载可以看出,汉武帝对神仙已不像秦始皇那样执迷不悟,他的真实心情是犹疑的;面对众多验证方士欺骗的事实,却又不能决然抛弃神仙幻想。他对方士的态度,显然注重在现世利益。

司马相如大赋里所表现的神仙观念,正是这一阶段统治者的神仙思想的具体反映。《上林赋》托亡是公的话,借"君未睹夫巨丽"的因由,大肆夸说上林苑的宏伟壮丽,铺陈天子射猎的盛况,其中有两处说到神仙。其中一处在形容"离宫别馆,弥山跨谷"的壮观以后说:

> 青虬蚴蟉于东箱,象舆婉蝉于西清。灵圉燕于闲观,偓佺之伦暴于南荣。②

这里的"青虬"是传说里为神仙拉车的马,"象舆"按《文选》李善注引张揖注指"瑞应草"③;灵圉,裴骃《史记集解》引郭璞作"仙人名";偓佺也是传说里的古仙人。这样,仙界生物和仙人都被当作现实的事物来表现,实际成为作者夸饰"离宫别馆"的手段。另一段写到在上林苑射猎之后,置酒张乐庆祝:

---

①《史记》,第 1403—1404 页。
②《史记》卷一一七《司马相如传》,第 3026 页。
③李善注《文选》卷七。

鄢郢缤纷，激楚结风，俳优侏儒，狄鞮之倡，所以娱耳目而乐心意者，丽靡烂漫于前，靡曼美色于后。若夫青琴宓妃之徒，绝殊离俗，姣冶娴都，靓庄刻饬，便嬛绰约。①

这里的青琴是神女，宓妃是传说中伏羲的女儿，传说死后为洛水女神。在这段描写里，神女们与"俳优侏儒"并列，装点起来以娱人耳目。班固曾指出，汉武时期大赋的兴盛，是"崇礼官，考文章，内设金马、石渠之署，外兴乐府协律之事，以兴废继绝，润色鸿业"的一部分；而司马相如等人的作品则是"或以抒下情而通讽喻，或以宣上德而尽忠孝，雍容揄扬，著于后嗣"的，即是歌功颂德的"雅颂之亚"②。左思批评汉代大赋说过这样一段话：

相如赋《上林》，而引卢橘夏熟；扬雄赋《甘泉》，而陈玉树青葱；班固赋《西都》，而叹以出比目；张衡赋《西京》，而述以游海若。假称珍怪，以为润色，若斯之类，匪啻于兹。考之果木，则生非其壤；校之神物，则出非其所。于辞则易为藻饰，于义则虚而无征。③

这就明确指出汉代大赋写作多出以虚构，他自己则更重视实录。而刘勰则指出："自宋玉、景差，夸饰始盛，相如凭风，诡滥愈其。故上林之馆，奔星与宛虹入轩；从禽之盛，飞廉与鷯鷯俱获。及扬雄《甘泉》，酌其余波，语瑰奇，则假珍于玉树，言峻极，则颠坠于鬼神。"④这是说，相如以至下面将要讨论的扬雄赋里的神仙描写，和其中的奇禽异兽、奇树异草一样，不过是夸张的表现。这实际也是

---

① 《史记》卷一一七《司马相如传》，第 3038—3039 页。
② 《两都赋序》，《全上古三代秦汉三国六朝文·全后汉文》卷二四，第 602 页，中华书局，1958 年。
③ 《三都赋序》，《全上古三代秦汉三国六朝文·全晋文》卷七四，第 1882 页。
④ 范文澜《文心雕龙注》卷八《夸饰》，下册，第 608—609 页，人民文学出版社，1961 年。

指出了汉赋创作的重要艺术特征。这样,在其"假陈珍怪""虚而无征"的描述里,仙人和神仙世界就成为十分适宜的内容。如上引《上林赋》的两段,全然把神仙当作现实的一部分来描绘。也就是说,在作者的观念里,神仙世界与宏伟庄严的现实世界是相合一的,神仙境界不过是现世繁华的补充而已。

对于以司马相如为代表的汉赋的铺陈排比的表现手法,英国汉学家大卫·霍克斯有十分精彩的分析:

> 结构因素中十分重要的不是时间的顺序,而是空间的秩序:即按正确的顺序列举宇宙中的各固定点。运动可以是飞龙驾车,也可以是挥手指点……

> 从渊源上看,原型基本上是巫术和宗教性的。但是,其渊源的性质,丝毫不排除它在世俗文学中的成功运用。如果要我们举一两个例子,说明汉代赋家所取得的最高成就,大部分人恐怕会毫不迟疑地举出司马相如的写游猎苑囿的赋以及班固、张衡的京都赋。闳衍博大的气势和巍峨壮观的全景构思,仅此一端,就足以使我们像《文选》的伟大编者萧统一样,将汉赋置于一个举足轻重的地位。它们象征着一个极度自信的时代——在那个时代,人们充满了自信,不管是人类还是自然,不管是天还是地,不管是人类社会还是人的心灵,事实上甚至整个宇宙,一切的一切都会得到解释,都能为人征服。[1]

更充分地显示司马相如神仙观念的是《大人赋》,这也是他的代表作之一。司马迁指出:"《子虚》之事,《大人》赋说,靡丽多夸,然其指风谏,归于无为。"[2]这一篇本是针对汉武帝求仙的讽喻之作,也是所谓"讽一而劝百"的。他又记述创作的具体动机说:

---

①《神女之探寻》,莫砺锋编《神女之探寻》,第44—45页。
②《史记》卷一三○《太史公自序》,第3317页。

> 相如见上好仙道，因曰："上林之事未足美也，尚有靡者。
> 臣尝为《大人赋》，未就，请具而奏之。"相如以为列仙之传居山
> 泽间，形容甚臞，此非帝王之仙意也，乃遂就《大人赋》。[①]

这就直接表明，司马相如描写"大人"，意在表现帝王之仙意。作品
在构思上有意模仿楚骚《远游》，行文也采取骚体，其最后总结游历
神仙世界的感受说：

> 下峥嵘而无地兮，上寥廓而无天。视眩眠而无见兮，听惝
> 恍而无闻。乘虚无以上假兮，超无友而独存。

司马相如把超越的神仙世界描写得十分荒凉、寂寞，借以表达
微婉讽喻的意味，但全篇却又把仙界巡游描写得十分壮观。作品
的开头说："世有大人兮，在于中州。宅弥万里兮，曾不足以少留。
悲世俗之迫隘兮，朅轻举而远游。"《庄子》里已有"大人"一语，司马
相如运用这一概念显然在喻指汉武帝，这里的大人形象乃是现世
的帝王与道家所理想的超越人格的结合。作为现世统治者的"大
人"已经领有天下，但他感到所生存的世界太狭小，不能满足精神
的需求，因而希望超然轻举而成仙。这样，对大人的描写就具有了
庄子逍遥、齐物哲学的意味。这和曹植痛感"人生不满百，戚戚少
欢娱"因而"思欲奋六翮，排雾陵紫虚"[②]的表现也是截然不同的。
后者是不满于现实压迫而求解脱，前者则是要追求比现世更辉煌、
更长久的理想境界。

这样，《大人赋》里所描写的神仙世界也就和屈原上下求索所
追求而仍然难以进入的天界全然不同了。它不只在表现上更加雄
伟壮丽，更重要的是观念上的差别。在屈原的《离骚》等作品里，诗
人由于理想在人世间不得实现而幻想升天，他叩帝阍、求佚女，但

---

①《史记》卷一一七《司马相如传》，第 3056 页。
②《游仙》，赵幼文《曹植诗校注》卷二，第 265 页，人民文学出版社，1984 年。

终无所遇,茫然无归。上天的神仙世界乃是虚构的、不可企及的境界,诗人对这个境界只能表达由憧憬、追求到失望、舍弃的复杂感情。但是在司马相如的笔下,神仙已失去了神圣、超然的性格,众多的仙人被帝王所驱遣,仙界被当作人世的延伸来描绘。在写到大人驾应龙,乘象舆,以赤螭、青虬骖乘,遨游天上以后,接着描绘:

> 邪绝少阳而登太阴兮,与真人乎相求。互折窈窕以右转
> 兮,横厉飞泉以正东。悉征灵圉而选之兮,部乘众神于瑶光。
> 使五帝先导兮,反太一而从陵阳。左玄冥而右含雷兮,前陆离
> 而后潏湟。厮征伯侨而役羡门兮,属岐伯使尚方。祝融警而
> 跸御兮,清氛气而后行。屯余车其万乘兮,绰云盖而树华旗。
> 使句芒其将行兮,吾欲往乎南娭。

这里写大人从东极(少阳)来到北极(太阴),又西上昆仑山(飞泉在昆仑西南方);他征发仙人灵圉,又在北斗(瑶光指北斗勺头第一星)部署众神,接下来是太一、陵阳(陵阳子明,仙人)、玄冥(水神)、含雷(司造化神)、潏湟(仙人)、征伯乔(仙人)、羡门(羡门高,仙人)、岐伯(医神,传为黄帝时太医)、祝融(火神)、句芒(木神)等众多仙人,有些是他的陪侍,有些做他的仆从,"大人"被这浩浩荡荡的仙人队伍围绕、侍从着,又向南极进发。这样,仙人已不再是崇拜、景仰、追求的神圣对象,而完全是被大人的世俗权威所支配、驱使的。这里描写的大人已不是拜伏在神仙脚下的信仰者、追求者,而是操纵众仙人的主人;而神仙世界的景象则是现实世界的投影,是现实统治的夸张、象征的表现。自屈原《离骚》开创的巡游世外的"游"的主旨从而有了根本变化:《离骚》表现作者超然物外而到仙界漫游,到它界之"游"的出发点是与现世统治体制的矛盾;而大人之"游"则是与仙人同游,意在颂扬现世帝王,讴歌他的声威。

　　作者接着继续把现实世界和仙界景象交融起来,描写大人到崇山访问帝尧,到九疑访问虞舜,遍览八纮,观望四海,渡九江,越

五河,浮弱水,涉流沙,到昆仑访问西王母:

> 奄息总极氾滥水嬉兮,使灵娲鼓瑟而舞冯夷。时若薆薆
> 将混浊兮,召屏翳诛风伯而刑雨师。西望昆仑之轧沕洸忽兮,
> 直径驰乎三危。排阊阖而入帝宫兮,载玉女而与之归。舒阆
> 风而摇集兮,亢乌腾而壹止。低徊阴山翔以纡曲兮,吾乃今日
> 睹西王母。曤然白首戴胜而穴处兮,亦幸有三足乌为之使。
> 必长生若此而不死兮,虽济万世不足以喜。

这里有女娲鼓瑟,冯夷(河伯)起舞,让天神处罚服务不周的风伯、雨师,直上三危山。当年屈原是“吾令帝阍开关兮,倚阊阖而望予……朝吾将济于白水兮,登阆风而绁马”①,而这里却是直入帝宫,带回玉女,所看到的西王母苍老、寂寞,最后更表示神仙不死是不值得羡慕的。赋的结尾发抒天上遨游“无友而独存”的荒凉感受,表达出讽喻的主旨。

这样,在《大人赋》里,司马相如把《上林赋》里的神仙观念扩展了,发挥得更充分了。这是帝王所支配的神仙世界。作品不是表达超越现世的追求,而是对现实统治富强繁盛的肯定。作者是通过肯定夸张的现实景象来讽喻帝王求仙的。可是这篇作品讽喻意味实在很淡薄,据说汉武帝读了《大人赋》,“大说,飘飘有凌云之气,似游天地之间意”②。作品本身正导致了这样的客观效果。

前面已讲到扬雄和他的《太玄赋》。他也是写作大赋的名家,作品有《甘泉》《河东》《羽猎》《长杨》等。其中《甘泉赋》是以汉成帝在甘泉宫祀祷为题材的。

甘泉宫在今陕西淳化县西北甘泉山上,本是秦宫,汉武帝时扩建。武帝“居甘泉宫,即于云阳立泰畤,祭于宫南”③。成帝建始元

---

① 《楚辞》卷一《离骚》。
② 《史记》卷一一七《司马相如列传》,第 3063 页。
③ 《汉书》卷二五下《郊祀志下》,第 1254 页。

年(前32)曾有诏罢甘泉、汾阴祠,但至永始三年(前14)十月,成帝以久无继嗣,诏有司复甘泉泰畤、汾阴后土如故。此后每年正月,都行幸甘泉,郊泰畤。据钱大昕的考证,当时扬雄新被征召,"待诏承明内庭",这激发起他的积极用世之志,遂连续作赋以行讽谏,其中就有《甘泉赋》。赋前的序已明确点出从祀甘泉后作赋以讽的立意。

作品开始即描写皇帝率领浩浩荡荡的队伍奔赴甘泉,八神警跸,蚩尤护卫,驾凤凰,翳华芝,驷苍螭,六素虬,"登椽栾而羾天门兮,驰闾阖而入凌兢"。这也是使用把现实景象描绘成神仙境界的大赋习用写作手法。接着描写甘泉宫的宏伟庄严犹如仙境,如它的环境是:

> 左欃枪而右玄冥兮,前熛阙后应门。阴西海与幽都兮,涌醴汩以生川。蛟龙连蜷于东崖兮,白虎敦圉乎昆仑。览樛流于高光兮,溶方皇于西清。

其建筑是:

> 般倕弃其剞劂兮,王尔投其钩绳。虽方征侨与偓佺兮,犹仿佛其若梦。[1]

这里描写的宫殿乃是现世的能工巧匠所建造,又是虚构的神仙所居住的地方。作者如此把现实世界与幻想境界混合在一起来描写,正透露出他借仙界来颂扬现世帝王的观念。他所使用的也是大赋作者常用的表现方法。这样,处在宫廷侍臣的立场,虽然有意讽谏,终究摆脱不了寓讽喻于颂扬的程式,表达的是肯定现世的精神。

桓谭(约前23—公元56)是著名的无神论者。光武帝时,他屡次上疏,反对谶纬迷信。特别是中元元年(公元56),朝廷建灵台,

---

[1]《汉书》卷八七上《扬雄传上》,第3528—3529页。

公布图谶于天下，他表示反对，触怒了光武帝，险遭杀身之祸。但他留有《仙赋》佚文，包括序和正文的一部分，则是颂扬神仙的作品：

> 余少时为郎，从孝成帝出祠甘泉河东，见部先置华阴集灵宫。宫在华山下，武帝所造，欲以怀集仙者王乔、赤松子，故名殿为存仙。端门南向山，署曰望仙门。余居此焉。窃有乐高眇之志，即书壁为小赋，以颂美曰：
>
> 夫王乔、赤松，呼则出故，翕则纳新，夭矫经引，积气关元。精神周洽，鬲塞流通，乘凌虚无，洞达幽明。诸物皆见，玉女在旁，仙道既成，神灵攸迎。乃骖驾青龙，赤腾为历，躇玄历之崔巍，有似乎鸾凤之翔飞。集于胶葛之宇，泰山之台，吸玉液，食华芝，漱玉浆，饮金醪，出宇宙，与云浮。洒轻雾，济倾崖，观沧川而升天门，驰白鹿而从麒麟。周览八极，还崦华坛，汜汜乎，滥滥乎，随天转旋，容容无为，寿极乾坤。①

序里已清楚表明，这也是作者作为朝廷命官从祀甘泉的颂美之作。作品表现的祭祀神仙的盛况和神仙崇拜的神秘气氛引发人的"高眇之志"，使得桓谭这样富于理性精神的人也一时沉溺于神仙幻想之中了。

著名史学家班固也是著名的大赋作者。他曾"有事于淮浦"而观沧海，作《览海赋》，他看到百川分流，风波浩浩，也曾幻想游仙的境界：

> 朱紫彩烂，明珠夜光。松乔坐于东序，王母处于西厢。命韩众与岐伯，讲神篇而校灵章。愿结旅而自托，因离世而高游。骖飞龙之骖驾，历八极而回周。遂竦节而响应，忽轻举以神浮。遵霓雾之掩荡，登云涂以凌厉。乘虚风而体景，超太清

---

① 《全上古三代秦汉三国六朝文·全后汉文》卷一二，第 535 页。

以增逝。麾天阁以启路，辟闾阖而望余。通王谒于紫宫，拜太
乙而受符。①

但这种描写已全然出自作家的艺术想象，是他领悟孔子的"乘桴"
之志而生发的幻想。可以对照他的名作《两都赋》。这是有意模仿
司马相如《上林赋》的作品，其中假托西都宾与东都主人的问答，宣
扬光武迁都洛邑、中兴汉室的功德，最后归结到对"西宾淫侈之论"
的讽喻。而正是在《西都赋》里西宾夸说当年长安的繁盛中，写到
汉武帝的求仙活动：

> 前唐中而后太液，览沧海之汤汤。扬波涛于碣石，激神岳
> 之将将。滥瀛洲与方壶，蓬莱起乎中央。于是灵草冬荣，神木
> 丛生，岩峻嶙峋，金石峥嵘。抗仙掌以承露，擢双立之金茎。
> 轶埃壒之混浊，鲜颢气之清英。骋文成之丕诞，驰五利之所
> 刑。庶松乔之群类，时游从乎斯庭。实列仙之攸馆，非吾人之
> 所宁。②

这里描写武帝羡慕神仙，在建章宫北、太液池里建筑蓬莱、方丈、瀛
洲、壶梁以象海中神山龟鱼之属，方士少翁被封为"文成将军"，栾
大拜"五利将军"。如此张扬汉武求仙的一朝盛事，衬托《东都赋》
里东都主人相对应的回答："建章甘泉，馆御列仙，孰与灵台明堂，
统和人天？"③明确地对汉武求仙表示否定。这表明了班固的理性
姿态，也是帝王神仙追求破灭的反映。

张衡同样善大赋，代表作《西京赋》和《东京赋》，合称"两京
赋"，是有意模仿班固《两都赋》创作的，历来与班固作品并称为汉
代大赋中京都赋的代表作。两篇赋设为凭虚公子和安处先生对
答，分别夸说东、西二京的宏伟壮丽，归结到讽喻的主旨，表现得比

---

①《艺文类聚》卷八《水部上》，上册，第152页，上海古籍出版社，1999年。
②《文选》卷一，第27—28页。
③《文选》卷一，第34页。

较深刻、尖锐。例如宣说"水所以载舟,亦所以覆舟"的道理,告诫统治者不要"剿民以偷乐,忘民怨之为仇",等等,同类观念都不见于其他汉赋作品。这两篇赋,主要是《西京赋》,也写到作为当时统治阶层重要活动的神仙内容。但张衡是科学家,思想观念和迷信神仙、谶纬等的刘向不同,他是把这些内容单纯当作京都富丽繁盛的景象来表现的。如写西京建筑:

> 若夫长年神仙,宣室玉堂,麒麟朱鸟,龙兴含章,譬众星之
> 环极,叛赫戏以辉煌。

这只是用神仙事典来描绘宫室。在描写太液池和蓬莱仙山等建筑时连及写到求仙:

> 于是采少君之端信,庶栾大之贞固。立修茎之仙掌,承云
> 表之清露。屑琼蕊以朝飧,必性命之可度。美往昔之松、乔,
> 要羡门乎天路。想升龙于鼎湖,岂时俗之足慕。若历世而长
> 存,何遽营乎陵墓。

这则直接揭露了求仙的愚妄。张衡这两篇赋里特别让人感兴趣、也是体现艺术独创性的地方,是他对当时都市生活的多方面描绘,例如所反映的杂技、百戏演出情景,乃是艺术史和城市风俗史的重要史料。其中写到神仙世界已成为百戏表现的内容,如在描写"乌获扛鼎,都卢寻橦"等杂技后,接着是:

> 华岳峨峨,冈峦参差,神木灵草,朱实离离。总会仙倡,戏
> 豹舞罴,白虎鼓瑟,苍龙吹篪。女娥坐而长歌,声清畅而蜲蛇。
> 洪涯立而指麾,被毛羽之襳襹。度曲未终,云起雪飞,初若飘
> 飘,后遂霏霏。复陆重阁,转石成雷,霹雳激而增响,磅礚象乎
> 天威。[1]

---

[1]《文选》卷二,第39—48页。

下面又写到幻术,出现"巨兽百寻,是为蔓延"的场景;其中,又有熊虎、猿猴、白象、大鱼等等。这样,神仙世界当时已成为幻术表现的对象。这也显示了当时人、神、仙观念的演化。当神仙演变成娱人的艺术想象,它也就失去了其神秘性和神圣性。

上述汉赋作家和作品表明了当时文学创作中的一个重要倾向,就是颂扬(某些讽喻、批判里也是寓肯定、颂扬之意的)现世与表现幻想的仙人、仙界相结合。这在客观上正体现了在现实世界中宗教观念和统治阶级意识的结合。在这种结合中,本来是绝对的、超越的神仙信仰被转化为统治意识形态了。这样就宗教观念说,则明显表现为信仰的淡化,但却为信仰内容在文学艺术等更广泛领域得以表现提供了条件。

总起来看,如果说以屈赋为代表的骚体辞赋和由之发展起来的两汉大赋代表了中国诗歌发展传统的一个重要阶段,那么天界和游仙描写乃构成这一传统的独特而重要的内容。当然如上所说,两类创作作者的态度、倾向不同,作品的价值、意义也不同。但从文学发展角度看,在想象和幻想相对缺乏的古代传统中,由屈赋开拓的这一局面,无论在思想内容上还是艺术表现上都是十分独特而有价值的。在内容方面,仙人、仙界及游历天界和仙界成为后人创作的重要题材,众多作者借以表现多种多样的主题,这大为开阔了文学表现领域,而这些作为文学艺术传统的新成分,给后代提供的滋养更是多方面的。从艺术角度看,后人的骚体辞赋,特别是汉代大赋的模拟之风固然造成了艺术上的程式化,但也促使相关意象、事典、语汇、表现技巧等等的提炼和定型,给后人提供了多方面的借鉴资料。正因此,屈原以后的骚体辞赋到汉代大赋的成就是值得注意的。东汉以后,由于道教的形成和发展,神仙思想和神仙信仰在社会上得到更广泛的普及,对于文人思想和创作也继续产生强大影响,仙道内容在文学创作中也被表现得更加绚丽多姿、异彩纷呈,成为中国古典文学中具有魅力的一个部分。

游仙诗与步虚词

一

如前所述，早在先秦时代，随着神仙观念的出现，人们已设想"千岁厌世，去而上仙，乘彼白云，至于帝乡"①，上升到天界去巡游。秦始皇统治晚年，求仙活动达到高潮，曾"使博士为《仙真人诗》，及行所游天下，传令乐人歌弦之"②。这些《仙真人诗》已佚，其中应是包含有游仙内容的，鲁迅认为"其诗盖后世游仙诗之祖"③。到汉初，朝廷奉行黄老之道，黄老学说与神仙思想本来有着密切的渊源关系，而整个"汉代思想，虽尊儒术，罢黜百家，实则五经与图纬并淆，儒生与方士合流"④，这样，神仙思想在汉代就一直占有重要位置，发挥着重大影响。另一方面，燕、齐和秦始皇的求仙，方士的活动，入汉后得到延续，特别是汉武帝，更以迷信仙道著名。正是在这样的背景下，由神仙幻想发展为更真挚的神仙信仰，再由观念上的信仰发展为求仙的

①《庄子注》卷五《天地篇》。
②《史记》卷六《秦始皇本纪》，第259页。
③《汉文学史纲要》，《鲁迅全集》第9卷，第382页，人民文学出版社，1981年。
④台静农《两汉乐舞考》，《台静农论文集》，第18页，安徽教育出版社，2002年。

实践,结果在汉人的宇宙观里,一个具体而完整的神仙世界形成了。反映在文学领域,汉赋在以铺张扬厉的手法叙写世界景象时,神仙境界就成为重要的构成部分。汉乐府里也有描写神仙内容的,如《董逃行》《善哉行》《水仙操》①。而具体反映游历仙境题材的,如《平调曲》里的《长歌行》,其中有:

> 仙人骑白鹿,发短耳何长。导我上太华,揽芝获赤幢。来到主人门,奉药一玉箱。主人服此药,身体日康强。发白复更黑,延年寿命长。②

这里写的是由仙人引导登上太华山,得到仙药,只说到延年益寿,还没有说到飞升成仙。而如《杂曲歌辞》里的《艳歌》则说:

> 今日乐上乐,相从步云衢。天公出美酒,河伯出鲤鱼。青龙前铺席,白虎持榼壶。南斗工鼓瑟,北斗吹笙竽。妲娥垂明珰,织女奉瑛琚。苍霞扬东讴,清风流西歈。垂露成帷幄,奔星扶轮舆。③

这里描写的则是漫游天上仙界了。不过其中的"人物"还不是纯粹的仙人,在作者的观念里,显然"神"与"仙"是没有严格区分的。而如《吟叹曲》里的《王子乔》:

> 王子乔,参驾白鹿云中遨。参驾白鹿云中遨,下游来,王子乔。参驾白鹿上至云戏游遨,上建逋阴广里践近高。结仙宫过谒三台,东游四海五岳上,过蓬莱紫云台。三王五帝不足令,令我圣朝应太平。养民若子事父明,当究天禄永康宁。玉女罗坐吹笛箫,嗟行圣人游八极。鸣吐衔福翔殿侧,圣主享万

---

① 《水仙操》据《琴苑要录》为伯牙作,实则应是汉人作品。
② 逯钦立辑校《先秦汉魏晋南北朝诗·汉诗》卷九,上册,第262页,中华书局,1983年。
③ 《先秦汉魏晋南北朝诗·汉诗》卷一〇,上册,第289页。

年,悲今皇帝延寿命。①

这里描写的则是仙人天界遨游情景了,歌唱是用以表达祝愿天下太平、福寿康宁之意。又如《瑟调曲》里的《陇西行》中有:

> 邪径过空庐,好人常独居。卒得神仙道,上与天相扶。过谒王父母,乃在太山隅。离天四五里,道逢赤松俱。揽辔为我御,将吾天上游。天上何所有,历历种白榆。桂树夹道生,青龙对伏趺。凤凰鸣啾啾,一母将九雏。顾视世间人,为乐甚独殊。②

这则是歌唱被仙人引导上升天界,并具体描绘了美丽的、与人间形成鲜明对比的天上景象。

这样,在形成清晰的有关仙人、仙界的观念之后,游历仙界的设想很自然地随之出现;而且这种幻想在当时条件下具有相当浓厚的信仰意味。这也是道教神仙信仰的思想基础。

东汉末年民间道教兴起,神仙信仰成为其信仰的主要内容,从而有关仙人、仙界、学仙、成仙等等幻想更广泛地流行开来。魏晋时期文人们相当普遍地接触、接受道教,道教题材开始大量被表现于文学作品之中。散文叙事体裁比较适宜于表现“人物”行迹,具有冲突和情节的故事,除了出现一批《列仙传》《神仙传》之类的专书之外,在一般的志怪、笔记中,也有许多描述神仙变化、仙凡交通、凡人游历仙境等等内容的所谓“仙话”。而在诗歌中,神游仙境即“游仙”则成为被经常表现的内容。如曹操的《气出唱》《陌上桑》《秋胡行》等,都是表现游历仙境的。如《秋胡行》中有:

> 愿登泰华山,神人共远游。愿登泰华山,神人共远游。经历昆仑山,到蓬莱,飘飘八极,与神人俱。思得神药,万岁为

---

① 《先秦汉魏晋南北朝诗·汉诗》卷九,上册,第261—262页。
② 《先秦汉魏晋南北朝诗·汉诗》卷九,上册,第267页。

期。歌以言志,愿登泰华山。

> 天地何长久,人道居之短。天地何长久,人道居之短。世
> 言伯阳,殊不知老,赤松王乔,亦云得道。得之未闻,庶以寿
> 考。歌以言志,天地何长久。[①]

这里抒写的已是典型的游历仙界的幻想,具有后来游仙诗的所有
特征。但是,当时还没有名为"游仙诗"的特殊体裁。到了曹植则
出现了以《游仙》为题的作品:

> 人生不满百,岁岁少欢娱。意欲奋六翮,排雾陵紫虚。蝉
> 蜕同松乔,翻迹登鼎湖。翱翔九天上,骋辔远行游。东观扶桑
> 曜,西临弱水流。北极玄天渚,南翔陟丹丘。[②]

本书后面有专章介绍曹植表现仙道内容的诗。曹氏父子(操、植、
丕)都热衷于神仙题材,但他们经历过戎马倥偬的战事,参与过激
烈的政治斗争,并不相信神仙存在,而是如许地山所说利用神仙题
材而别有寄托。他们的这种态度和做法,对于表现仙道题材起了
某种示范作用,进一步替文学作品表现宗教内容拓宽了道路。

把"游仙"进一步确立为一种诗体,始于昭明《文选》。《文选》
所选这一体诗作有何劭一首和郭璞七首。何焯评论何劭《游仙诗》
是"游仙正体,弘农其变"[③]。何诗曰:

> 青青陵上松,亭亭高山柏。光色冬夏茂,根柢无凋落。吉
> 士怀贞心,悟物思远托。扬志玄云际,流目瞩岩石。羡昔王子
> 乔,友道发伊洛。迢递陵峻岳,连翩御飞鹤。抗迹遗万里,岂
> 恋生民乐。长怀慕仙类,眩然心绵邈。[④]

---

① 《先秦汉魏晋南北朝诗·魏诗》卷一,上册,第350页。
② 赵幼文《曹操集校注》卷二,第265页,人民文学出版社,1984年。
③ 《义门读书记》卷四六,下册,第895页,中华书局,1987年。
④ 《文选》卷二一,上册,第306页,中华书局,1977年。

何焯所谓"正体",是指诗所表现的是真正的幻想游历仙界的内容。而郭璞的《游仙诗》则一方面被认为是"会合道家之言而韵之"①,另一方面又"诗多慷慨,乖远玄宗。其云:'奈何虎豹姿。'又云:'戢翼栖榛梗。'乃是坎壈咏怀,非列仙之趣也"②。就是说,他(实际上曹氏父子、嵇、阮等人已有同样倾向)给游仙题材充实以慷慨咏怀的内容,使之成为具有另外的思想意义和独立艺术价值的创作。这样,晋宋以后一般文人的游仙之作大体就和单纯表现神仙幻想或宣扬神仙信仰的仙歌有所区别了。特别是不论三曹、嵇、阮也好,郭璞也好,其作品都注重表现具有新内容的"仙隐"观念。这就把士大夫阶层的隐逸思想与神仙追求相结合,赋予游仙题材以人生实际内容。而这些文人的游仙诗更讲究词藻修饰,艺术表现上也多有特色。例如郭璞,就是"奇博多通,文藻璨丽,才学赏豫,足参上流"③,"文体相辉,彪炳可玩,始变永嘉平淡之体"④,这为游仙诗争得更高的艺术价值。

二

如果说当年庄子所描写的"不食五谷,吸风饮露,乘云气,御飞龙,而游乎四海之外"的"神人"⑤,"上窥青天,下潜黄泉,挥斥八极,

---

① 《世说新语·文学》注引《续晋阳秋》,余嘉锡《世说新语笺疏》,第262页,中华书局,1983年。
② 陈廷焯《诗品注》,第38—39页,人民文学出版社,1962年。
③ 《世说新语·文学》引《璞别传》,《世说新语笺疏》,第257页。
④ 《诗品注》,第38页。
⑤ 《庄子注》卷一《逍遥游》。

神气不变"的"至人"①还是一种理想的人格,那么在道教里则被落实为实际存在了。《太平经》上已经说:

> 故得道者,则当飞上天,亦是其去世也……不死得道,则当上天。②

而在《列仙传》和《神仙传》里,更描写有各种仙人活跃在人世间。葛洪的《抱朴子内篇》里曾大力论证神仙必有和学仙可成。特别是他引述《仙经》,发挥"地仙"观念,给修仙者提供多种可能去选择生存方式和生存空间。当然,更高级的还是"天仙",这也是信仰者所向往和追求的更理想的目标。

在秦汉方士的活动中,求仙已形成为一种单纯的技术。道教则更发展了这种技术。魏晋时期形成的乘蹻、玄览、洞观等法术就是这类技术的几种。它们大体可分两类。一类是行步虚空,叫做乘蹻,"若能乘得者,可以周流天下,不拘山河。凡乘得道有三法:一曰龙蹻,二曰虎蹻,三曰鹿卢蹻。或服符精思,若欲行千里,则以一时思之;若昼夜十二时思之,则可以一日一夕行万二千里……"③这是设想自由飞升,可以和神仙遨游,即曹植所谓"乘蹻追术士,远之蓬莱山"④。另一类是通过精思,"上通于天,下通于地,总有神仙幽相往来"⑤,这则是"神游"的内功,是幻游神仙世界。道教的这两类养炼技术作为思维方式,都可通于与仙人交游和遨游仙界的艺术构思。

又如上所述,道教宣教中积极地利用诗歌形式,创作出许多具有特色的"仙歌"。这也和中国古代神灵祀祷中利用歌舞以娱神的

---

①《庄子注》卷七《田子方》。
②王明《太平经合校》卷九八,第450页。
③《抱朴子内篇校释》卷十五《杂应》,第275页。
④《升天行》,《曹植诗校注》卷二,第266页。
⑤《太上洞玄灵宝天尊说救苦妙经注解》,《道藏》第6册,第488页。

久远传统有关系。在道教科仪中,更积极发展了歌舞以娱神的做法。另一方面,赞颂神仙境界,幻想到仙界去遨游,无论是表达个人意愿,还是向信徒做宣传,也都是有效的形式。北周时期所编《无上秘要》里有专门的《仙歌品》,其中所录为道典,包括当时流行的主要经典《三皇经》《大洞真经》《真诰》里的仙歌,即已明确指出"无此歌章,皆不得妄上天纲,足蹑玄斗","衡讽咏者,使人精魂和乐,五神谐和,万邪不侵"。就是说,这些歌曲具有宗教修习的功能,又起到神灵"自娱乐"的作用①。

这样,道教徒就写下许多不同于文人"寄托之词"的表达信仰的游仙诗。《汉武帝内传》应是晋代作品。其中应西王母之请降临到汉武帝宫廷的上元夫人"自弹云林之璈,鸣弦骇调,清音灵朗,玄凤四发,乃歌《步玄之曲》"②,其词曰:

> 昔涉玄真道,腾步登太霞。负笈造天关,借问太上家。忽过紫微垣,真人列如麻。渌景清飙起,云盖映朱葩。兰宫敞琳阙,碧空启璚沙。丹台结空构,昈昈生光华。飞凤踶蔼峙,烛龙倚委蛇。玉胎来绛芝,九色纷相拿。挹景练仙骸,万劫方童牙。谁言寿有终,扶桑不为查。

西王母又命侍女田四飞答歌:

> 晨登太霞宫,挹此八玉兰。昔入玄元阙,采蕊掇琅玕。濯足匏瓜河,织女立津盘。吐纳挹景云,味之当一餐。紫微何济济,璚轮复朱丹。朝发汗漫府,暮宿勾陈垣。去去道不同,且各体所安。二仪设犹存,奚疑亿万椿。莫与世人说,行尸言此难。③

①《无上秘要》卷二〇《仙歌品》,《道藏》第25册,第48、50、52页。
②《云笈七签》卷九六录此歌作"步虚之曲"。
③《汉武帝内传》,《道藏》第5册,第55—56页。

　　根据书里的描写,这些歌曲是意在教诲汉武帝的,描写和宣扬神仙世界的美好是为了诱发他的信仰心。又如在记录仙人"真授"的《真诰》里,众仙真向灵媒杨羲和笃信仙道的许谧、许翙传授诰语,也多用诗歌形式。她们同样经常以仙界景象来诱导杨羲、许谧等人。如右英夫人授予许谧的歌:

　　绛阙扉广霄,披丹登景房。紫旗振云霞,羽晨抚八风。停盖濯碧溪,采秀月支峰。咀嚼三灵华,吐吸九神芒。椿数无绝纪,协日积童蒙。携袂明真馆,仰期无上皇。北钧唱羽人,玉玄粲贤众。云河波浪宇,得失为我钟。引领嚣庭内,开心拟秽冲。习适荣辱域,罕蹑希林宫。一静安足苦,试去视沧浪。①

这是歌唱登上长天的"绛阙""景房",与云霞、长风飞舞,咀嚼灵芝,呼吸神气,与众神仙遨游,荡除内心的瑕秽,度过超然的生活。又如《无上秘要》的《仙歌品》里南岳夫人所唱的歌:

　　驾我八景舆,欻然入玉清。龙幡抚霄汉,虎旗摄朱兵。逍遥玄津际,万流无暂停。哀此去留会,劫尽天地倾。当寻无中景,不死亦不生。体彼自然道,寂观合太冥。南岳挺真干,玉暎曜颖精。有任靡其事,虚心自受灵。嘉会绛阿内,相与乐未央。②

这里则是南岳夫人自叙仙游生活情景:逍遥度日,无生无死,冥合自然,欢乐无尽。

　　六朝一般道教经典的诗颂不少是游仙内容的。如早期上清经《上清高上灭魔玉帝神慧玉清隐书》里的《玉帝吟歌》:

　　上景发晨晖,金霄郁紫清。三素曜琼扉,玄上昭虚灵。手

---

① 《真诰》读书班《真诰譯注稿(一)》卷二,第605页,《东方学报京都》第1册,京都大学人文科学研究所。
② 《道藏》第25册,第52页。

掇青林华,回盖太玄庭。寝宴顾绿房,飞步秀玉京。提携朱景
玉,长烟乱虚营。玄归自可保,何以怨无生。四王宅谁身,变
分岂一形。欻欻推妙品,混尔至气明。①

这是以玉帝口吻来歌唱仙界生活,抒写渴求玄远永恒的神仙境界
的情致。又如《太上洞神行道授度仪》记录行道各阶段所歌唱的歌
曲多首,其中《阳歌九首》的后三首:

游浪昆蓬杪,迢迢戏绍松。零零高仙客,窈窕咏阳歌。齐
声九弦唱,息合妙音和。

明灯续长夜,玄炅照幽堂。飞梵凤林表,清风拂玉珰。阳
歌交来唱,四轩耀朱光。

烈烈广寒庭,辽辽燕仙室。玄冥唱阳歌,八景披云出。绪
沐含阳精,长梵咏太一。自非笃志贤,安能好遥逸。②

这类道教典籍里描绘游仙景象的作品,可以说是典型的道教
文学的游仙诗。它们是带有明确的宣教目的创作的,表现手法上
也多有弊病:堆砌道教的事典、辞藻,语言、韵律多有窒碍,描绘境
界也欠浑融完整,具有明显的概念化、程式化的倾向。但其写法的
特征又是很鲜明的:构思奇诡,玄想大胆,描写夸张,那些华丽的宫
阙楼阁,日月光华映照着云霞,羽人、神兽群集,仙人们在其间自由
翱翔等等,完全是玄想的产物,也颇能造成激动人心的印象。特别
是诗中使用特殊的仙语、仙事、神仙典故,对于造成神秘的意境起
到相当大的作用。作为诗歌来评价,道教经典里的这一类作品一
般固然不算优秀,但其独特的表现内容和艺术技巧所造成的影响
却也是不小的。

---

① 《道藏》第 33 册,第 770 页。
② 《道藏》第 32 册,第 640 页。

三

东晋葛洪批评民间祭祷风俗时曾说：

> 有倾越之灾，有不振之祸，而徒烹宰肥腯，沃酹醪醴，撞金伐革，讴歌踊跃，拜伏稽颡，守请虚坐，求乞福愿，冀其必得，至死不悟，不亦哀哉！①

这表明当时使用舞乐乃是祭祷的一般手段。宗教教义、宗教信仰通过这类祭祷仪式加以体现和张扬，信徒在仪式中树立和表达信心。东晋时期，道教发展过程中科仪制度不断得到丰富、完善，"步虚"就是舞乐形式的科仪之一。陈国符指出："虚声，谓无实字，虚声吟咏耳。""《步虚声》，当用于吟咏步虚辞。"②当时步虚声被普遍用于斋法。《郡斋读书志》著录："《步虚经》一卷，右太极真人传左仙公，其章皆高仙上圣朝玄都玉京，飞巡虚空之所讽咏，故曰步虚。"③所用步虚词则成为道教诗歌的一类，其中主要表现的是游仙内容。所以从一定意义说，步虚词也是特殊体裁的游仙诗。

关于步虚的起源，《续道藏》所收《洞玄灵宝玉京山步虚经》记载："太极左仙公葛真人讳玄字孝先于天台山授弟子郑思远、沙门竺法兰、释道微、吴时先主孙权。后思远于马迹山中授葛洪。"④而宋人编撰的《玉音法事》有记载说：

---

① 《抱朴子内篇校释》（增订本）卷九《道意》第 171 页，中华书局，1985 年。
② 《道乐考略稿》，《道藏源流考》下册，第 291、292 页，中华书局，
③ 《郡斋读书志》后集卷二。
④ 《道藏》第 34 册，第 628 页。

　　按《太上玉京山步虚经》云：太极左仙翁葛玄于天台山传授
弟子郑思远，思远复传仙翁从孙葛洪，号抱朴子者是也。郑君说
仙翁去世时告思远曰，所受《上清大洞道经》付吾家门弟子，世世
录传至人，勿闭天道。信知琅函秘典，贵在流通，兼经首所载诸
大圣、天尊、帝王、高仙、真人，各各持斋奉法，宗太上虚皇号，烧
香，散花，旋绕七宝玄台三周匝，诵披《空洞大歌章》，太上称善，
则歌咏步虚，其功德深妙，不可得而殚说也。①

后一段引文更为完整，应是同一部《步虚经》的异文。据敦煌写卷
P.2681 号所录陆修静《原始旧经紫微金格目》：“《升玄步虚章》一
卷，已出，卷目云：《太上说太上玄度（玉）京山经》。”可以确证这部
经乃是所谓“原始旧经”即东晋时期早出的《灵宝经》。又宋刘敬叔
《异苑》里记载有曹植传“步虚声”的传说：

　　陈思王曹植字子建，尝登鱼山，临东阿，忽闻岩岫里有诵
经声，清通深亮，远谷流响，肃然有灵气。不觉敛衿祗敬，便有
终焉之志，即效而则之。今之梵唱，皆植依拟所造。一云，陈
思王游山，忽闻空里诵经声，清远遒亮。解音者则而写之，为
神仙声。道士效之，作步虚声也。②

这当然是小说家言，不足考信。但说梵呗、步虚同传自曹植，则反
映了这些宗教宣传形式流传久远的事实。《步虚经》说到传习步虚
声的有著名沙门竺法兰等，而佛教中又有曹植制作梵呗的传说，则
透露出佛教梵呗影响的事实。

　　据王小盾、王承文考证，今存关于步虚的最早记载见于《太极
真人敷灵宝斋戒威仪诸经要诀》，该经为东晋安帝时期（397—418）

---

①《玉音法事》卷下，《道藏》第 11 册，第 140—141 页。
②《异苑》卷五，第 48 页，中华书局，1996 年。

葛巢甫所撰①。其中说：

> （十方）拜既竟，斋人以次左行，旋绕香炉三匝，毕。是时
> 亦当口咏《步虚词》，蹑《无披空洞章》。所以旋绕香者，上法玄
> 根无上玉洞之天，大罗天上太上大道君所治七宝自然之台，无
> 上诸真人持斋诵咏，旋绕太上七宝之台，今法之焉。②

这种旋绕香炉的做法，显然是模仿佛教绕佛仪式的。不过旋绕中
咏唱《步虚词》，则采取了中土祭祀传统里的舞乐形式。

发展到灵宝斋法里，吟咏《步虚词》成为重要节目。关于具体
仪式，陆修静在《洞玄灵宝斋说光烛戒罚灯祝愿仪》里有所说明：

> 大圣众及自然妙行真人，皆一日三时，旋绕上宫，稽首行
> 礼，飞虚浮空，散花烧香，手把十绝，啸咏洞章，赞九天之灵奥，
> 尊玄文之妙重也。今道士斋时所以巡绕高座，吟咏《步虚》者，
> 正是上法玄根众圣真人朝宴玉京时也。行道礼拜，皆当安徐
> 雅步，审整庠序，俯仰齐同，不得参差。巡行《步虚》皆持板当
> 心，冬月不得拱心，夏月不得把扇，唯正身前向，临目内视，存
> 见太上在高座上，注念玄真，使心形同丹合于天典。③

在同是陆修静编纂的《太上洞玄灵宝授度仪》里也说到传授"灵宝
斋法"科仪，更具体描述说：

> 次弟子跪九拜，三起三伏，奉受真文，带策执杖，礼十方一
> 拜。从北方始，东回而周迄，想见太上真形如天尊象矣。毕，

---

①参阅王小盾《道教〈步虚舞〉——兼论道教歌舞和巫舞在宗教功能上的联系
和区别》，《道佛儒思想与中国传统文化》，上海人民出版社，1994 年；王承文
《敦煌古灵宝经与晋唐道教》第三章《古灵宝经的"三洞"思想与东晋南朝之
际道教的整合》，中华书局，2002 年。

②《道藏》第 9 册，第 86—869 页。

③《道藏》第 9 册，第 824 页。

次师起巡行，咏《步虚》，其辞曰：

稽首礼太上，烧香归虚无。流明追我回，法轮亦三周。玄
愿四大兴，灵庆及王侯。七祖升天堂，煌煌曜景敷。啸歌观大
漠，天乐适我娱。齐馨无上德，下仙不与俦。妙想朗玄觉，诜
诜乘虚游。①

这里所录《步虚词》就是《太上玉京山步虚经》里所录通称《灵宝步虚》
即《升玄步虚章》十首中的第一首。这表明，当初《步虚词》就是
这固定的十首。这些《步虚词》都采取五言诗形式。就是说，当初
创作《步虚词》借鉴了当时流行的诗歌形式。

其第二、三两首是：

旋行蹑云纲，乘虚步玄纪。吟咏帝一尊，百关自调理。伏
命八海童，仰携高仙子。诸天散香花，翛然灵风起。宿愿定命
根，故致高标拟。欢乐太上前，万劫犹未始。

嵯峨玄都山，十方宗皇一。岩岩天宝台，光明焰流日。炜
烨玉林华，蕡粲耀朱实。常念餐元精，炼液固形质。金光散紫
微，窈窕大乘逸。

从这些作品可以看出早期步虚词的大致风格。

这样，在灵宝斋仪里，道士按八卦、九宫方位，绕香案徐步而歌，
歌唱时配合以特殊的经韵曲调即所谓"步虚声"，而所吟咏的就是《步
虚词》。这种仪式象征众仙在玄都玉京斋会的情景。《步虚词》的内
容就是描写、渲染这神仙世界的景象。旋绕香案而游行的仪式，是以
虚拟的行为来表现上升天界的宗教玄想，具有祈祷祝愿的意义。

又据陈国符："至唐代，据见存张万福杜光庭斋醮仪，道乐曲调
之确实可考者，亦仅《华夏赞》及《步虚词》二种。"②唐宋以后，步虚

①《道藏》第 9 册，第 852—853 页。
②《道乐考略稿》，《道藏源流考》下册，第 294 页。

被广泛应用在道教仪式之中。虽然古代"步虚声"的具体曲调如今已不得而知,但从文献记载里可以知道其优美动人及广为流行的情形。唐代著名道士张万福描述说:

> 七宝玉宫皆元始天尊所居,诸天众圣朝时皆旋行,诵歌《洞章》,即《升玄步虚章》或《悬空歌章》、《大梵无量洞章》之流也。密咒毕,都讲唱《步虚》,旋绕以次左行,绕经三周。其第一首但平立面经像作,第二首即旋行,至第十首须各复位。竟之,每称善,各回身向中,散花,礼一拜,法十方朝玄都也。①

这里说的应是唐时制度。当时歌唱的《步虚词》十首,应当还是《玉京山步虚经》里的十首。

上面所说的《灵宝步虚》十首是一般仪式里所使用的。六朝道经如《太上洞渊神咒经》《太上大道玉清经》《上清无上金元玉清金真飞元步虚玉章》《洞真太上神虎隐文》等经典里录有更多的《步虚词》。这些作品四、五、七言不一,长短不等。如《太上洞渊神咒经》卷十五《步虚解考品》所录二十五首里的第二首:

> 南方炎帝君,八表号阎浮。飞轩驾云舆,卜真二人游。玉女乘霄唱,金光溢丹丘。今日转法轮,梵响震九峰。天帝敕魔兵,风举自然休。晃晃三光耀,百邪没九幽。若有干试者,力士斩其头。诸天帝王子,杀鬼岂敢留。故有强梁者,镬汤煮其躯。千千悉斩首,万万不容留。兴斋摄鬼精,魍魉值即收。大道威严重,神风扫邪妖。疫鬼即消尽,万民无灾忧。②

这部经典的作者更说明步虚的宗教功能:

> 汝等众生宿缘罪报,不能觉悟,吾今幸当救民之任,不忍见汝众生受斯苦病,灾厄常萦。吾今专遣明罗真人持经行化

---

① 《无上黄箓大斋立成仪》卷三四,《道藏》第9册,第579页。
② 《道藏》第6册,第56页。

天下，为诸众生拔度五苦，解灾却患，济厄扶危，治病救疾，消诸祸源。若有国民造罹众疾，官府狱讼，系闭经年，水旱虫蝗，兵革疫瘴，诸医不愈者，但请高行三洞法师，洁置灵坛，转经诵咒，奏表呈章，建斋设醮，祠谢五帝神仙，步虚赞咏，旋绕太上自然至尊，释会天兵，功德无量，众罪消散，鬼兵灭亡，疫病痊除，家眷清泰，人口祯吉，国府和平，水旱不兴，田蚕倍胜，孳牲盘党。①

这里详细解释了步虚"解考"即消除一切灾殃的宗教作用。值得注意的是，前引那一首诗里用了许多佛教词语，显然也是对佛典有所借鉴。

《太上大道玉清经》里众仙真所咏《步虚词》：

吉光腾紫气，霄辂逸丹天。翻扬香风转，盖动起浮烟。道中还复道，玄中已复玄。真光不识际，大象竟无形。法轮常自转，希音不可听。空闲侍三宝，虚中闻洞经。七变游魂反，万气驻颓龄。香风翻羽盖，游气转飙车。泠泠上云路，窈窈入长虚。顾愍埃尘子，应运演灵书。妙果谐今日，冥契自然符。②

这里是把道教教理融入游仙的描写中，显然又受到玄言诗的影响。

用于道教仪式中的《步虚词》后来仍陆续被创作出来。如唐代著名道士吴筠作有十首。其第十首曰：

二气播万有，化机无停轮。而我操其端，乃能出陶钧。寥寥升大上，所遇皆清真。澄莹含元和，气同自相亲。绛树结丹实，紫霞流碧津。以兹保童婴，永用超形神。③

吴筠在道士中是能文善艺者，留有文集。权德舆评论他的作

---

① 《道藏》第 6 册，第 55 页。
② 《道藏》第 33 册，第 319 页。
③ 《全唐诗》卷八五三，第 9648 页。

品说："故属词之中，尤工比兴。观其《自古王化诗》与《大雅吟》、《步虚词》《游仙》《杂感》之作，或遐想理古，以哀世道，或磅礴万象，用冥环枢，稽性命之纪，达人事之变，大率以啬神挫锐为本；至于奇采逸响，琅琅然若夏云璀而凌倒景，昆阆松乔，森然在目。近古游方外而言六义者，先生实主盟焉。"①但他的这类作品作为诗来读，多说理谈玄，所谓"奇采逸响"，只是夸饰之词，实际很少文学情趣，加之不脱固有的程式，读起来更让人感到索然无味。后来宋太宗、宋真宗、宋徽宗均作有步虚词。其中宋徽宗的十首编入道教乐谱集《玉音法事》，一直流传沿用至今。如第五、六两首：

> 绿鬓巍云髻，青霞络羽衣。晨趋阳德馆，夜造月华扉。抟弄周天火，韬潜起陆机。玉房留不住，却向九霄飞。

> 昔在延恩殿，中霄降九皇。六真分左右，黄雾绕轩廊。广内尊神御，仙兵护道场。孝孙今继志，咫尺对灵光。②

这样的作品就内容看，也还不出传统《步虚词》的范围。由于作者具有较高的艺术修养和文字技巧，遣词用语相当典雅精粹，又能注意创造意境，作品也就达到了较高的艺术水平，在步虚词创作中也算是不可多得的了。

四

郭茂倩《乐府诗集》引唐吴兢《乐府解题》，谓"步虚词，道家曲也，备言众仙飘渺轻举之美"③。这表明在唐代，《步虚词》已被当成

---

①《唐故中岳宗元先生吴尊师集序》，《权载之文集》卷三三。
②《金箓斋三洞赞咏仪》卷下，《道藏》第5册，第771页。
③《乐府诗集》卷七八。

乐府诗的一体来对待了。而现存《步虚词》最早的作者是北周的庾
信，他有《道士步虚词》十首，从内容看显然并不是为宗教仪式创作
的。文人的《步虚词》风格多样，有些表现了对神仙世界的向往，有
些则另表其他寓意。下面是庾信所作十首中的第一、六、七三首：

> 浑成空教立，元始正图开。赤玉灵文下，朱灵真气来。中
> 天九龙馆，倒景八风台。云度弦歌响，星移空殿回。青衣上少
> 室，童子向蓬莱。逍遥闻四会，倏忽度三灾。

> 东明九芝盖，北烛五云车。飘飘入倒景，出没上烟霞。春
> 泉下玉霤，青鸟向金华。汉武看桃核，齐侯问枣花。上元应送
> 酒，来向蔡经家。

> 归心游太极，回向入无名。五香芬紫府，千灯照赤城。凤
> 林采珠实，龙山种玉荣。夏簧三舌响，春钟九乳鸣。绛河应别
> 远，黄鹄来相迎。①

这样的作品出自艺术修养有素的文人之手，巧妙地借鉴了道
教《步虚词》的语言、意象，文字典雅，音韵和谐，使典用事严整精
确，意境创造相当鲜明。与道教典籍里那些作品比起来，显现出脱
胎换骨的功夫。

隋炀帝杨广善文辞，有《步虚词》二首，第二首曰：

> 总辔行无极，相推凌太虚。翠霞承凤辇，碧雾翼龙舆。轻
> 举金台上，高会玉林墟。朝游度圆海，夕宴下方诸。②

炀帝善宫体，这样的诗不过是用神仙境界来影写帝王享乐生活，反
映了自身的神仙幻想。

在唐代，道教斋醮里的步虚声韵是特别受到人们欣赏的部分。
在道观里，步虚是道士的日常活动。诗人们描写道观生活，步虚成

---

① 《先秦汉魏晋南北朝诗·北周诗》卷二，下册，第 2349—2350 页。
② 《先秦汉魏晋南北朝诗·隋诗》卷三，下册，第 2662—2663 页。

为具有象征意义的情景。如钱起诗说"鸣磬爱山静,步虚宜夜凉"①,刘长卿诗说"萝月延步虚,松花醉闲宴"②等等。而另一方面,步虚词又相当广泛地流行于道观之外。这一事实也标志着它已经演变为一般的艺术形式。如《唐诗纪事》记载:"(李)行言,陇西人,兼文学干事,《函谷关》诗为时所许。中宗时为给事中,能唱《步虚歌》。帝七月七日御两仪殿会宴,帝命为之。行言于御前长跪,作三洞道士音词歌数曲,貌伟声畅,上频叹美。"③史料又记载,唐天宝十年"四月,帝(唐玄宗)于内道场亲教诸道士步虚声韵,道士玄辨等谢曰:'……陛下亲教步虚之声赞,以至明之独览,断历代之传疑……'"④唐玄宗身为帝王,亲自更定《步虚声》的声韵和腔调,并宣示中外;而《唐会要》记载有天宝十三年在太乐府供奉曲:"林钟宫:时号道调、道曲,《垂拱乐》、《万国欢》、《九仙步虚》……"⑤这样,《步虚声》已被纳入朝廷的燕乐系统之中,即作为一种乐调而流行。值得注意的是,在唐代,道调不只《步虚》一种。《唐会要》记载的供奉曲中还有《承天》《顺天》《景云》等,南卓《羯鼓录》著录《诸宫曲》"太簇宫"里又有《景云》《承天乐》《顺天乐》,《诸佛曲调》里有《九仙道曲》《御制三元道曲》等。步虚声和道教乐曲流行于民间,扩大了影响,也推动了自身的发展。从这些资料可见唐时这种宗教艺术形式的流行。诗人殷尧藩有《中元日观诸道士步虚》诗曰:

> 玄都开密箓,白石礼先生。上界秋光净,中元夜气清。星辰朝帝处,鸾鹤步虚声。玉洞花长发,珠宫月最明。扫坛天地肃,投简鬼神惊。傥赐刀圭药,还留不死名。⑥

①《夕游覆釜山道士观因登玄元庙》,《钱考功集》卷七。
②《自紫阳观至华阳洞宿侯尊师草堂简同游李延年》,《刘随州文集》卷六。
③《唐诗纪事》卷一一。
④《册府元龟》卷五四,第 604 页,中华书局,一九六〇年。
⑤《唐会要》卷三三《诸乐》。
⑥《全唐诗》卷四九二,第 5566 页;此诗又作殷尧恭诗,见《全唐诗》卷四七二。

这是诗人参与"步虚"观礼,引发他的神仙幻想和对长生的向往。张仲素也有《上元日听太清宫步虚》诗:

> 仙客开金录,元辰会玉京。灵歌宾紫府,雅韵出层城。磬杂音徐彻,风飘响更清。纤余空外尽,断续听中生。舞鹤纷将集,流云住未行。谁知九陌上,尘俗仰遗声。①

这样,道观里传出悠扬的"步虚声",乃是长安城宗教生活的迷人景象之一。

白居易有诗说:"大江深处月明时,一夜吟君小律诗。应有水仙潜出听,翻将唱作步虚词。"②"云间鹤背上,故情若相思。时时摘一句,唱作步虚辞。"③这都反映出步虚词已与诗人一般创作体裁并无二致了。在唐代,从帝王到一般的文人,颇有些人对这一诗体创作表现出浓厚兴趣,如顾况、韦渠牟、陈羽、刘禹锡、陈陶、司空图、苏郁、高骈、徐铉等都留有这一题目的作品。当然失传的也会不少。如白居易有《送萧炼师步虚词十首卷后以二绝继之》诗,表明他也写有这种作品,但不见于文集。创作这类作品的人有些是虔诚的神仙信仰者,他们的作品自然有更浓厚的宗教意味。如顾况晚年好道,归隐茅山,他的《步虚词》题下有注曰"太清宫作":

> 回步游三洞,清心礼七真。飞符超羽翼,焚火醮星辰。残药沾鸡犬,灵香出凤麟。壶中无窄处,愿得一容身。④

太清宫是朝廷御用道观,诗人参与斋醮,引发对于出世的向往。又如韦渠牟早年学道,做过道士,对道教经典和斋醮科礼当然十分熟

①《全唐诗》卷三六七,第 4135 页。
②《江上吟元八绝句》,朱金城《白居易集笺校》卷一五,第 2 册,第 940 页,上海古籍出版社,1988 年。
③《同微之赠别郭虚舟炼师五十韵》,《白居易集笺校》卷二一,第 3 册,第 1499 页。
④《全唐诗》卷二六六,第 2951 页。

悉。他有《步虚词十九首》，从降神仪式写到仙界景象，广泛地反映了当时的道教生活和信仰实态，如其十四、十五两首：

> 珠佩紫霞缨，夫人会八灵。太霄犹有观，绝宅岂无形。暮雨裴回降，仙歌宛转听。谁逢玉妃辈，应检九真经。
>
> 西海辞金母，东方拜木公。云行疑带雨，星步欲凌风。羽袖挥丹凤，霞巾曳彩虹。飘飘九霄外，下视望仙宫。①

作者在诗中利用传统神仙故事提供的材料，描写出幻想中神仙交往的情景，注意形象的完整和细节的生动，描摹出比较清晰的意境。这样的作品不仅已不同于吴筠的典实偏枯，与当年庾信作品那样刻意模仿仙歌也大不相同。特别是他生动地描绘了女真的歌舞伎乐，从侧面反映了当时道观里女冠的生活实态。

顾况、韦渠牟的《步虚词》都是近体五律，下面刘禹锡等人的则是七绝。这更进一步表明文人的这类作品已和宗教仪式中使用的作品有很大差异：

> 阿母种桃云海际，花落子成二千岁。海风吹折最繁枝，跪捧琼盘献天帝。
>
> 华表千年一鹤归，凝丹为顶雪为衣。星星仙语人听尽，却向五云翻翅飞。②

这只是敷衍神仙传说中的典故，来描绘幻想的神仙境界。而如陈羽《步虚词二首》之一：

> 汉武清斋读鼎书，太官扶上画云车。坛上月明宫殿闭，仰看星斗礼空虚。③

这则是利用"步虚"的题目来表现对帝王求仙的讽刺了。又如苏郁

---

① 《全唐诗》卷三一四，第 3532 页。
② 卞孝萱校订《刘禹锡集》卷二六，下册，第 345 页，中华书局，1980 年。
③ 《全唐诗》卷三四八，第 3896 页。

的《步虚词》：

　　　　十二楼藏玉蝶中,凤凰双宿碧芙蓉。流霞浅酌谁同醉,今
　　夜笙歌第几重。①

这则像是一首华艳的情诗。这些都是把唐代诗歌的一般技法用于
步虚题材了。

　　宋代以后的情况也一样。在宋代,雍熙四年(987)"直史馆翰
林学士苏易简进乾明节内道场《步虚词》二十章,上览而嘉之,依韵
属和,以赐易简"②。

　　范成大有《白玉楼步虚词六首》,是观赵从善所示《玉楼图》,
"此画运思超绝,必梦游帝所者仿佛得之,非世间俗史意匠可到。
明窗净几,尽卷展玩,恍然便觉身在九霄三景之上,奇事不可以不
识。简斋有《水府法驾导引歌词》,乃倚其体作步虚词六章,以遗从
善羽人有不俗者,使歌之于清风明月之下,虽未得仙,亦足以豪
矣"。这就完全是怀抱艺术创作的态度来写作《步虚词》了。其中
两首：

　　　　琳霄境,却似化人宫。梵气弥罗融万象,玉楼十二倚清
　　空,一片宝光中。
　　　　浮黎路,依约太微间,雪色宝阶千万丈,人间遥作白虹看,
　　幢节度高寒。③

又陆游的《步虚》四首之一：

　　　　曩者过洛阳,宫阙侵云起。今者过洛阳,萧然但荒垒。铜
　　驼卧深棘,使我恻怆多。可怜陌上人,亦复笑且歌。世事茫茫

---

①《全唐诗》卷四七二,第5362页。
②钱若水《太宗皇帝实录》卷四二。
③《石湖居士诗集》卷三二。

几成坏，万人看花身独在。北邙秋风吹野蒿，古冢渐平新
冢高。①

这样的描写已全然与神仙无关，只是诗人对于沦陷故都的感伤。
元好问的三首《步虚词》可以说是文人步虚词的后劲：

闾苑仙人白锦袍，海上宫阙醉蟠桃。三更月底鸾声急，万
里风头鹤背高。

万神朝罢出通明，和气欢声满玉京。见说人间有新异，绿
章封事谢升平。

琪树明霞碧落宫，歌音袅袅度泠风。人间听得《霓裳》惯，
犹恐钧天是梦中。②

这里以华丽语言描绘幻想的仙境，构想新颖，作品中点缀以鲜明生
动的细节，描摹出几个鲜活的画面。元代的袁桷、虞集，明代的王
恭，清代的刘基等人都有《步虚词》传世，但多是应酬之作，没有多
少文学意味。

五

本来是在道教仪式里运用的步虚词，无论是内容还是形式都受
到很大的限制，给发挥艺术独创性留出的空间是相当狭小的。因此
就这个体裁的创作自身说，取得的成就是有限的。倒是一般的游仙
题材给作者提供了发挥艺术想象和表现手段的广阔天地，因而也成
为历代众多诗人乐意利用的体裁。这是因为游仙题材本来并不是道

①《精选陆放翁诗集》后集卷二。
②《遗山先生集》卷一一。

教的创造,它有着骚赋以来更悠久的传统可以借鉴。当然,道教推动了游仙诗写作,赋予它特殊的内容和作用也是不容忽视的。这其中也包括纯道教作品的步虚词与游仙诗之间的相互影响和借鉴。

现在可以考见最早使用《游仙》题目作诗的是曹植和曹丕[①]。接着,嵇康、张华、张协、陆云[②]、成公绥、何劭、庾阐等都写过《游仙诗》。在《文选》李善注里,还保留有邹润甫、王彪之的《游仙诗》断句[③]。可见,"游仙"这个题目在魏晋时期是众多作者所热衷的。其中可以前面提到的郭璞为代表。郭璞的《游仙诗》不仅千古以来传诵不绝,更以此确立了他在文学史上的不朽地位。其原因除了他这一题目的作品较多,在艺术上具有更鲜明的特色,给世世代代的读者以启示和感动之外,更由于他在这些作品里发挥了独特的"仙隐"主题,从新的角度、新的侧面生动地展现了当时知识阶层精神世界的矛盾与追求,体现了在中国思想史和宗教史上影响深远的神仙观念的新发展。

郭璞以后,特别是由于《文选》列"游仙"为诗歌一类后,"游仙"成为诗歌创作的重要题目。就具体内容划分,按许地山的看法,游仙诗大体可分为表达宗教的和别有寄托的两类。表现宗教内容的,如唐道士吴筠写有《游仙二十四首》,是借描写仙界景象和神仙生活来宣扬道教的神仙信仰和神仙追求的。如其第一、三两首:

> 启册观往载,摇怀考今情。终古已寂寂,举世何营营。悟彼众仙妙,超然含至精。凝神契冲玄,化服凌太清。心同宇宙广,体合云霞轻。翔风吹羽盖,庆霄拂霓旌。龙驾朝紫微,后天保令名。岂如寰中士,轩冕矜暂荣。

①《乐府诗集》所收曹丕《折杨柳行》在《艺文类聚》里题为《游仙诗》。
②陆云诗已佚,见《陆士龙集》卷八《与平原书》。
③分别见于《文选》卷二一郭璞《游仙诗》注和卷二二谢灵运《从游京口北固应诏诗》注。

　　鸾凤栖瑶林，雕鹗集平楚。饮啄本殊好，翱翔终异所。吾方遗喧嚣，立节慕高举。解兹区中恋，结彼霄外侣。谁谓天路遐，感通自无阻。①

　　这类作品只是利用诗的形式说教，但是使用了幻想的神仙意象和特殊的仙语仙典，比起佛教的偈颂来，还不是完全没有诗的意味。吴筠又活动在诗歌繁荣的盛唐时代，和大诗人李白有过交往，文学修养较高，其创作格调比较自然平顺，也较少使用拗口的宗教概念，作品不是那么艰涩隔碍。属于使用游仙题材而别有寄托的，又可以分为两类，如清人陈鸿寿所说："诗家游仙一体，自唐人以来，多为绝句，或别有寄托，或近香奁艳情之作，而出以迷离惝恍之辞，要无无谓而作者。"②就是说，利用游仙题材，一种是借以抒发一般的感慨，另一种是表达难以言传的艳情。厉鹗前后作过《游仙百咏》二百首，有序说："参军调逸，爰咏《升天》之篇；子建才高，遂有《步虚》之作。至于宏农之始倡，实为屈子之余波。事虽寄于游仙，情则等于感遇。后有作者，咸步趋焉……诚可谓挥斥八极，逍遥九垓者矣。"③白居易也曾有诗说："朝咏游仙诗，暮歌采薇曲。"④朱熹则有诗说："长吟游仙诗，乱以招隐章。"⑤这都清楚地表明一种观念，即游仙诗是用以寄托隐逸之情的。元人虞集作过游仙诗五首，题目是《客有好仙者持唐人小游仙诗求余书之恶其淫鄙别为赋五首》⑥。这里所谓"唐人小游仙诗"指的是下面将讨论的曹唐的作品，所谓"恶其淫鄙"，则显然指诗是表男女之情的。

　　唐人直接用"游仙"题目写诗的人不多，只有王绩、武则天、窦

①《全唐诗》卷八五三，第 9641 页。
②《樊榭山房集集外诗序》，《樊榭山房文集》卷首。
③《樊榭山房集·文》卷四。
④《出山吟》，《白居易集笺校》卷七，第 1 册，第 375 页。
⑤《秘阁张丈简寂之篇韵高难和别赋五字以谢来贶》，《晦庵朱先生文集》卷七。
⑥《道园学古录》卷三〇。

巩、刘复、贾岛、张祜、曹唐等可数的一些人,但利用这一题材写诗的作者却不少,而以曹唐作品数量最多,最有代表性,成就也最大。他初为道士,曾困于举场,长庆至大中年间为诸府从事,"平生之志激昂,至于薄宦,颇自郁悒"①。他既有道教生活的亲切体验,又有人生坎坷的经历,所以他能够把修道的精神感受和人世间的真情实感融会无间地结合起来;他又善于使用唐代诗歌创作高度发展的艺术技巧,在游仙题材的写作中开拓出新生面。相传他有《大游仙诗》五十首,现存这一题材的七律十七首,当有佚失;又有七绝《小游仙诗》九十八首。《大游仙诗》里有些篇章内容是相连贯的,当初显然是作为组诗构思的;《小游仙诗》结构上没有什么联系,大概是后来(或后人)结集在一起的。曹唐的游仙诗使用的是古代神仙传说的传统题材,但他把这些古老的故事重新加以演绎,发挥高超的艺术想象力,演化出仙人和仙境美好而生动的情景,从而赋予这些已在道教经典和一般传说中渐被程式化的"人物"和故事以新的生机,描绘出仙人与仙界的新鲜、生动的艺术形象,给人以强烈的美感和生动的印象。曹唐利用七律来表现诗人构想的仙人或仙、凡交往故事,有着纵的生动情节;而七绝则描写仙界的一个个具体情境,抒写的是横的片段。《大游仙诗》所表现的内容包括西王母降临汉武帝,刘晨、阮肇天台遇仙女,杜兰香下降张硕以及王远会麻姑,周穆王游昆仑会见西王母,牵牛织女,箫史携弄玉升仙,萼绿华会许真人等。虽然篇章有佚失,但从现存明显具有连续情节的几组作品,仍能大致揣测原来组诗的轮廓。诗人在利用这些古老传说中的人物、故事时,充分发挥了艺术想象力,构思出原来故事根本没有的场面和细节,再用唐人的诗语加以抒写,从而创造出全新的仙人形象和仙界情景。其中最完整的是描写刘、阮传说的五篇,即《刘晨阮肇游天台》《刘阮洞中遇仙子》《仙子送刘阮出

---

① 傅璇琮主编《唐才子传校笺》卷八,第4册,第493页,中华书局,1990年。

洞》《仙子洞中有怀刘阮》《刘阮再到天台不复遇仙子》。故事仍遵照原来传说的情节展开,但每一首诗的具体细节却完全出于诗人的艺术想象。如《仙子洞中有怀刘阮》一首:

> 不将清瑟理《霓裳》,尘梦那知鹤梦长。洞里有天春寂寂,人间无路月茫茫。玉莎瑶草连溪碧,流水桃花满洞香。晓露风灯零落尽,此生无处访刘郎。[1]

这里所描写的,实际是男女之间真挚的恋情。诗人借景叙情,把仙、凡阻隔的无奈表现得缠绵悱恻,十分感人,显然有着诗人的人生实感。但他所描绘的又确是独特的仙界景象,从而发挥了游仙题材的特殊功能。《小游仙诗》九十八首,看不出其中有内在联系。其中所表现的仙人、仙境和《大游仙诗》一样,也大都出于上清派的神仙传说。唐人绝句讲究情韵丰厚,旨趣遥深,富有韵外之致。如果说《大游仙诗》重在表现"人物"冲突和构造情境,《小游仙诗》则利用有限的二十八个字来刻画、形容某位仙人或某个"仙事"的片段场景,表达诗人的具体印象和意念。在这方面,曹唐显示了他艺术概括的功力,也对发展绝句艺术技巧做出了贡献。

宋代以后写作《游仙诗》的仍代有其人。前面提到的元人虞集、陈基[2],明人贝琼[3]、罗颀[4]等都有这一题目的作品。清人写作游仙诗的更多。这类作品往往写得迷离恍惚,立意难以确指。有些承袭郭璞"诗杂仙心"的传统,抒写缥缈惝恍之思,又语带烟霞,创造出一种独特的幻想意境;另一些则别有隐微,或寄托男女情思。但这一题材的作品表现上往往程式化,模拟痕迹比较明显,这也是题材狭小,创作受到限制的缘故。

---

① 《全唐诗》卷六四〇,第 7338 页。
② 《夷白斋稿》卷八《秋日杂兴作游仙诗五首》。
③ 《清江贝先生集·诗集》卷一。
④ 见彭孙贻《茗斋集·明诗》。

　　赵执信热衷道教,作有《读〈续列仙传〉排闷作二十四绝句》,从题目就可以知道他关心神仙是为了"排闷"的。他有《游仙四绝句》,第二首是:

　　　　不识投壶日几回,人间希见电光开。遥怜玉女应千万,未必人人得笑来。

这是演绎《神异经·东荒经》故事的:"东荒山中有大石室,东王公居焉……恒与一玉女投壶,每投千二百矫。设又入不出者,天为之噫嘘;矫出而脱误不接者,天为之笑。"①这首诗当是用仙界玉女的伤感来表现人间失意的。又第三首:

　　　　天京十二杳沉沉,闻构新楼岁月深。白玉已输长吉赋,后来应遣赋黄金。②

这是借感慨唐诗人李贺的命运,寄托个人的身世之感。这首诗演绎后出神仙传说,在处理题材方面颇有新意。

　　袁枚写有《游仙曲》三首和《游仙诗》五首。其中《游仙曲》是其早年的作品,其一:

　　　　子晋骖鸾太少年,吹笙未敢望神仙。为看鸡犬飞升后,转把芙蓉笑问天。③

又《游仙诗》之二:

　　　　风引三山境寂寥,碧天吹断水精箫。关心子晋颜如玉,身隔云屏手乱招。④

这写的都是王子晋故事。在作者写作年代可考的《游仙诗》中,多

---

①陶宗仪《说郛》卷六六上。

②《饴山诗集》卷一〇《葑溪集》。

③《小仓山房诗集》卷一。

④《小仓山房诗集》卷一五。

是其年轻时期的作品。年轻人自会有更丰富的幻想,写作这类诗
也有练习笔墨的用意。像上述作品,在古代神仙传说的基础上进
一步发挥想象,构造出全新的意境,显然有炫耀写作技巧的意味。

　　洪亮吉又有诗说:"……颓垣怨雨伤春早,古屋疏梅照夜鲜。
应愧故人还未达,卖书真欲学游仙。"①显然也是以游仙来寄托个人
落拓情怀的。他有《后游仙诗》三十八首,又《猴山道中梦游仙诗》
三十二首,也是他年轻时的作品,其第六、七首:

　　　　上界仙人住杳冥,闲来紫府斗心灵。青天大似弹棋局,空
　　里时闻有落星。

　　　　裁云片片作窗纱,银汉西头织女家。天上昼闲无个事,随
　　风时唾碧桃花。②

这些诗想象极其奇特,意境相当优美,境界十分开阔,在诗人作品
里算是上乘之作。

　　龚自珍《小游仙词十五首》的三、四两首:

　　　　玉女窗中梳洗成,隔纱偷眼大分明。侍儿不敢频频报,露
　　下瑶阶湿姓名。

　　　　珠帘揭处佩环摇,亲荷天人语碧霄。别有上清诸女伴,隔
　　窗了了见文箫。③

这里描写的都是昆仑山上西王母属下的女仙。后一首里的文箫出
自唐裴铏《传奇》里一个哀婉动人的爱情故事:文箫以私欲谪降到
人世为民妻。龚自珍自述说"少年哀艳杂雄奇"④,这样的诗正是以
哀艳之笔抒写自己的幻想。

────────────

①《忆汪大莲花寺》二首之二,《卷施阁集》卷一。
②《卷施阁集》卷七。
③《龚自珍全集》第9辑,第458页,上海人民出版社,1975年。
④《己亥杂诗》,《龚自珍全集》第10辑,第523页。

　　清人如冯班、彭孙贻、汪琬、查慎行、厉鹗、孙星衍等都作有《游仙诗》。汪琬说："诗家小游仙，此白乐天所云九奏中新音、八珍中异味也。今余所作，又与唐宋以来者小异。盖欲极文字之变，以示山林之乐尔。"[①]这表明他一方面要在这类作品里"极文字之变"，即求文字的奇异华美，另一方面抒写"山林之乐"，即表达高蹈超逸之思。这大体也是后来游仙诗作者的一般追求。

六

　　闻一多论庄子的文学价值，特别称赞其"谐趣与想象两点"，说这两种素质"尤其在中国文学中，更是那样凤毛麟角似的珍贵"；他更直接引述《庄子》里对"藐姑射山""神人"的描写，称赞其健全的美，说"但看'肌肤若冰雪'一句，我们现在对于最高超也是最健全的美的观念，何尝不也是两千年前的庄子给定下的标准"[②]。事实是，谐趣和想象这两个在中国传统文学中缺乏的珍贵要素，在先秦《庄子》中，特别在其"神人"描写中被突出地体现出来。日本著名汉学家吉川幸次郎论中国文学又曾指出："抑制对神、对超自然的关心，而只把目光集中在地上的人，这种精神同样地也支配着文学。"[③]而中国文学在这方面的欠缺，恰恰也由于有了《庄子》和楚骚所开创的传统得以弥补。而以《庄子》和楚骚为滥觞的表现仙人、仙界的文学，也正在这方面显示了突出的作用和价值。随着神仙

[①]《山中小游仙诗四十首》，《尧峰文钞》卷八。
[②]《庄子》，王元化名誉主编《释中国》第 2 卷，第 922、924 页，上海文艺出版社，1998 年。
[③]《中国文学史之我见》，《我的留学记》，钱婉约译，第 168 页，光明日报出版社，1999 年。

思想和神仙信仰的发展，随着道教形成并兴盛，更给文学创作表现仙道内容源源不断地提供了素材。表现神仙世界的文学作品正以充实的谐趣和想象为特征，不断开创出文学历史的新生面，在中国文学重现实、重理性的传统中，形成一股绵延不断的、别具特色的潮流，极大地丰富了文学创作的思想内容和艺术表现。

　　至于表现神仙幻想的游仙诗和道教仪式中使用的步虚词，正是这一潮流之中特色鲜明、成就突出、具有典型意义的部分。当然如上述情况所表明的，这两种诗体的创作，除了少数作者、部分作品之外，无论是思想价值还是艺术水准都很有限。但是这两类历史悠久、数量众多的创作，其意义和影响却远远超出作品本身之外。一方面，它们积极地利用宗教素材来广泛地反映客观世界和主观情志，拓展了文学的表现领域和表现方法；另一方面，它们弥补了中国文学固有的缺乏想象、虚构的局限，而想象和虚构正是艺术创作不可或缺的重要手段。就诗歌领域而言，除了历代有不少文人写作游仙诗和步虚词，冠以"怀仙""学仙""寻仙"之类题目的作品更多，更有各种各样其他题目而实际是以歌颂神仙和神仙世界为内容的作品。这是游仙诗和步虚词直接影响的产物。历代词、曲、戏曲、小说等包含描写神仙内容的作品则更多。而更为重要的是，游仙诗和步虚词不论是在内容、意象方面，还是在思维方式、表现方法以及具体描写手法、语汇等方面，都给后人各体创作提供了丰富的借鉴。从这样的角度看，源远流长的游仙诗和步虚词创作在文学史上的价值是不可低估的。

曹植的神仙幻想和游仙诗

一

张溥论曹植说：

> 余读陈思王《责躬》、《应诏》诗，泫然悲之，以为伯奇《履霜》、崔子《渡河》之属。既读《升天》、《远游》、《仙人》、《飞龙》诸篇，又何翩然遐征，览思方外也。王初蒙宠爱，几为太子，任性章舛，中受拘挛，名为懿亲，其朝夕纵适，反不若一匹夫徒步。慷慨请试，求通亲戚，贾谊奋节于匈奴，刘胜低首于斗乐，斯人感慨，岂空云尔哉！①

这里特别提出曹植神仙题材的诗，表明这是可以代表其创作成就的部分作品。张溥精辟地指出了曹植创作这些作品的背景，从而阐明了它们的思想意义。黄节《曹子建诗注序》评论曹植诗则说：

> 陈王本《国风》之变，发乐府之奇，驱屈、宋之辞，析杨、马之赋而为诗，六代以前莫大乎陈王矣。至其闵风俗之薄，哀民

---

① 殷孟伦注《汉魏六朝百三家集题辞注》，第 71 页，人民文学出版社，1960 年。

生之艰,树人伦之式,极情于神仙而义深于朋友,则又见乎辞
之表者,虽百世可思也。①

这里高度评价了曹植在诗歌史上的地位,指出其作品见乎"辞之
表"的几方面内容,也论定它们是"极情于神仙而义深于朋友"的。
这里意思是说曹植诗中最能抒发其激情的,是那些神仙题材作品。

　　黄节的《曹子建诗注》除去"传讹者、误入者、疑存者、复增者、
断落不完者",计收诗作七十一首。其中游仙题材的十首②。《曹子
建诗注》分两卷,第一卷是《诗》,第二卷是《乐府》,这十首神仙题材
的诗全都收在乐府之中。曹植诗作被收入《诗》里的,是言事、赠答
一类现实题材作品;而收入《乐府》的,多用乐府旧题,但相当具有
个性,也更富于抒情性。这也表明曹植神仙题材的诗是最能体现
其感情底蕴的。余冠英曾指出,"有感情有个性的抒发性""乐府民
歌化"("从民间文学吸取营养")乃是建安诗歌体现其发展成就的
主要特征。他又评论曹植说:"他的古典文学修养有助于提炼诗的
语言。但他是在乐府民歌的基础上来提炼的,不是走向汉赋的'深
复典雅',而是发展乐府民歌的'清新流丽'。其成就正如黄侃《诗
品义疏》所说的'文采缤纷,而不离闾里歌谣之质'。"③由此看来,那
些神仙题材的乐府诗正是曹植创作里最具有特点、艺术成就也最
为突出的一部分。

　　但是,虽然曹植生活在佛、道正在兴盛起来的时代,他却并不
相信神仙。就是说,他的神仙幻想,他在作品里表现的神仙境界,
出于纯粹的艺术想象,是艺术创造的产物,从而其有关神仙、仙境
的表现也就成为他抒写心灵的寄托,是抒情的特殊方式。许地山

---

①《曹子建诗注序》,第1页,人民文学出版社,1957年。
②据黄节考证,同类题材的诗还有《上仙箓》、《神游》、《前缓声歌》等,皆佚。见
　《曹子建诗注》卷二《升天行》题下注,及《曹子建诗注》,第62页。
③《三曹诗选序》,第2、11、23页,作家出版社,1957年。

曾说"骚人"写作神仙题材作品，有一类人并不相信"神仙为实有"。诗人曹植也正是如此。实际上，"三曹"都热衷写神仙题材的诗，在这一点上有共同性。文学史上有许多人写作各种各样仙道题材作品，也属于同样情况。

曹植（192—231）"生于乱，长于军"。正是在他出生那一年，其父曹操攻降黄巾三十余万，形成争霸天下的实力。在少年时期，正值曹操连年征战，他也过着流徙不定的生活，亲身阅历了战乱苦难。曹操是凭借自己的实力，通过艰苦的征战逐渐夺取胜利成果的。本来，敢于向代表天命的刘氏皇权挑战，就需要有反传统、破迷信的勇气；而在征战中夺取权力的经历，最能让人体会到"人力"的重要。再则曹操所击败的"黄巾"，又正是早期民间教派道教的一支重要力量，曹氏父子对当时道教宣扬的神仙迷信当然是有清楚认识的。

在这样环境中成长起来的曹植，必然是坚定地反对神仙迷信的。他的《辨道论》后来被佛教徒用作反对道教的依据。这篇作品里一再说到"吾王""家王""太子"等，显然是其在曹丕被立为太子以后所作[1]。其开头就明确指出：

> 夫神仙之书、道家之言乃云：傅说上为辰尾宿，岁星降下为东方朔，淮南王安诛于淮南而谓之获道轻举，钩戈死于云阳而谓之尸逝柩空，其为虚妄甚矣哉！[2]

这里举出几个"升仙"的著名例子，他一概坚决地斥为"虚妄"。在后面他又指出："生之必死，君子所达，夫何喻乎！夫至神不过天地，不能使蛰虫夏潜，震雷冬发，时变则物动，气移则事应。"所以他不相信"死而复生"的臆说。本来汉末的战乱环境，给方士们的活动提供了适宜土壤，正是他们十分活跃的时候。曹操也曾积极网

---

[1] 参阅刘汝霖《汉晋学术编年》中册，第 79 页，中华书局，1987 年。
[2] 本文所引曹植诗文均据赵幼文校注《曹植集校注》，人民文学出版社，1984 年。

罗方士,《博物志》上记载"太祖……又好养性法,亦解方药,招引方术之士。庐江左慈、谯郡华佗、甘陵甘始、阳城郄俭无不毕至"①。但他有《与皇甫隆令》说:

> 闻卿年出百岁,而体力不衰,耳目聪明,颜色和悦,此盛事也。所服食、施行导引,可得闻乎? 若有可传,想可密示封内。②

可见曹操热衷网罗方士,主要是对他们的养生术感兴趣。而作为杰出而有远见,又经历过与黄巾斗争的政治家的曹操,是清楚知道方士在政治上可能起到的作用的,因而他对方士的活动又严加禁限。曹植《辨道论》里说道:

> 世有方士,吾王悉所招致。甘陵有甘始,庐江有左慈,阳城有郄俭。始能行气导引,慈晓房中之术,俭善辟谷,悉号数百岁。本所以集之于魏国者,诚恐此人之徒,接奸诡以欺众,行妖恶以惑民,故聚而禁之也。岂复欲观神仙于瀛洲,求安期于边海,释金辂而顾云舆,弃文骥而求飞龙哉! 自家王与太子及余兄弟,咸以为调笑,不信之矣。然始等知上遇之有恒,奉不过于员吏,赏不加于无功,海岛难得而游,六黻难得而佩,终不敢进虚诞之言,出非常之语。

曹植更曾亲自与方士们寝处,了解他们的骗术,认识到他们如秦皇、汉武时的徐市、栾大之徒,"奸人异代而等伪"。他更讥刺秦皇、汉武"为匹夫所罔,纳虚妄之辞,信炫惑之说,隆礼以招弗臣,倾产以供虚求,散王爵以荣之,清闲馆以居之,经年累稔,终无一验,或殁于沙丘,或崩于五柞,临时复诛其身,灭其族,纷然足为天下一笑

---

① 《太平御览》卷九三《魏太祖武皇帝》,第 1 册,第 445—446 页。
② 《全上古三代秦汉六朝文·全三国文》卷三,第 2 册,第 1068 页,中华书局,1958 年。

矣"。从而他得出结论说：

> 然寿命长短，骨体强劣，各有人焉。善养者终之，劳扰者半之，虚用者夭之，其斯之谓欤！①

这样，他对生命修短显然抱有十分理性的态度。刘勰曾批评"曹植《辨道》，体同书抄"②，主要是就文章技巧而言。这篇文章列举方士们欺世惑人的现象，而作为"论"的理论分析不够，也的确是缺点。但当时有许多方士活跃在社会上，更有许多人受其迷惑，曹植的看法相当清醒，以他的地位写这样的作品确也能够起到一定的揭露、批判作用，是值得称许的。

曹植在诗里也经常表达否定神仙的意思。例如其名作《赠白马王彪》七首中的最后一首：

> 苦辛何虑思，天命信可疑。虚无求列仙，松子久吾欺。变故在斯须，百年谁能持？离别永无会，执手将何时。王其爱玉体，俱享黄发期。收泪即长路，援笔成此辞。

这组诗是他黄初二年（221）朝会京师后，被遣还国，路上告别曹彪时所作。此前在京城任城王不明不白地死去，曹植回封国本来与曹彪同路，又被命令"道路宜异宿止"，他心怀愤恨，"愤而成篇"。皎然说："曹植《赠白马王彪》：'虚无求列仙，松子久吾欺。'……上句言仙道不可谐，次句让求之无效。"③张戒则说："曹子建云：'虚无求列仙，松子久吾欺。'此语虽甚工，而意乃怨怒。"④就是在这样极度悲愤失望的情绪中，他仍不想借神仙幻想求取安慰。

陈寅恪在论述陶渊明的思想与清谈的关系时曾指出，由魏晋

①赵幼文《曹植集校注》卷一，第 187—189 页。
②范文澜《文心雕龙注》卷四《论说》，上册，第 328 页，人民文学出版社，1961 年。
③《诗式》，何文焕辑《历代诗话》上册，第 31 页，上海古籍出版社，1980 年。
④《岁寒堂诗话》，丁福保辑《历代诗话续编》上册，第 454 页，上海古籍出版社，1980 年。

清谈演变、改创而出现的新自然说，"不似旧自然说之养此有形之
生命，或别学神仙，唯求融合精神于运化之中，即与大自然为一
体"①。曹植的生死观可以说是这种演变的先驱。了解曹植对神仙
信仰的这种理性态度，可以理解他创作神仙题材作品的动机，从而
更深入地认识其构思和写作的意图及其所取得的成就。

二

　　如上所述，曹植是不相信当时流行的方士们的神仙迂怪之说
的，但这并不等于他没有接受宗教的影响。正如陈寅恪论陶渊明
时指出的，陶渊明作形、影、神赠答三诗，表达"委运任化"的自然
观，反对"别求腾化之术"，也就是说并不信仰神仙术，但却也接受
天师道的影响②。"魏隋间长期分裂战乱及其特定的历史背景，既
从积极方面促进人们自觉趋向型和开放型文化心态，又从另一方
面为宗教鬼神崇拜型文化的发展提供了客观条件。因而魏晋南北
朝文化思想的再一个特征，是宗教神学的勃兴。"③曹植也不可避免
地被这总的历史潮流所熏染。他选取神仙为创作题材，从文学历
史继承关系看，是发扬了自屈原辞赋到汉乐府表现天界和神仙题
材的传统；但他并不是沿袭前人的创作方法。一方面，他带着真
挚、深厚的感情来写那些优美的神仙诗，把神仙幻想转化为艺术构
思，用以寄托他个人的感受和激情，这里当然体现一定的宗教情
怀。而另一方面，由于他对神仙信仰抱着清醒的理性态度，他的诗

①《陶渊明之思想与清谈之关系》，第205页，上海古籍出版社，1980年。
②《陶渊明之思想与清谈之关系》，《金明馆丛稿初编》，第197—202页。
③朱大渭《魏晋南北朝文化之基本特征》，《六朝史论》，第18页，中华书局，
　1998年。

作并没有宣扬神仙的主观用意,描写相关内容只是出于艺术构思的需要,就是说,神仙和神仙世界乃是纯粹的艺术想象的产物,这就开拓了表现这一题材的新方向。就前一方面说,曹植虽然没有确立宗教信仰,但信仰的缺失并无碍于观念、感情上的认同,神仙幻想仍成为他的精神寄托和安慰。就后一方面说,把宗教内容当作艺术题材来处理,给儒家传统培养起来的文人们提供了具有丰富想象力的创作空间。在中国这样理性传统深厚的人文环境中,他的这种表现具有相当的普遍意义。

体现曹植宗教情怀的首先是人生无常的感受。在汉末那种动乱时代里,战乱连年,人命危浅,特别容易滋生人世倏忽、生命不足依恃的感觉。而当时佛、道二教的发展,更推动了这种思想潮流。

"无常"的观念本来古已有之。《荀子》说:"趣舍无定,谓之无常。"①这还只是一般的变动不居的意思。孔子所谓"逝者如斯夫,不舍昼夜"②,则直接抒发了人世倏忽的感慨,表现的是自强不息的意志和愿望。"无常"观念随着佛教的传入不但更加普及,而且被赋予了新的内容。佛教"三法印"之一的"诸行无常",是由其基本教义"空"观导出的。《中阿含经》解释"苦谛"说:

> 云何苦圣谛？谓生苦、老苦、病苦、死苦、怨憎恚苦、爱别离苦、所求不得苦、五盛阴苦……我生此苦,从因缘生,非无因缘。云何为缘？缘苦更乐,彼观此更乐无常。③

这是原始佛教"人我空"教义的"无常"观。这种观念不只让人意识到宇宙和人生的变动不居,不可依恃,更推导出关于人生和人世虚幻的价值观。这是完全与传统儒家积极入世的人生观相对立的观

---

①《荀子集解》卷一《修身篇》,《诸子集成》本。
②《论语注疏》卷九《子罕第九》,《十三经注疏》下册,第 2491 页,中华书局,1980 年。
③《中阿含经》卷七《象迹喻经》,《大正藏》第 1 卷,第 464 页中、下。

念。由这种价值观出发,又形成极度悲观的人生态度,从而让人努力从苦难的人世轮回中解脱出来。中国本土宗教道教富于生命意识,追求"长生久视"或飞升成仙,企图使生命无限地延续。从表面看,这种意识与佛教全然不同,但如探寻意识的底蕴,却会发现其同样的超越生命"无常"的欲求。在曹植的时代,正在兴盛的佛、道二教的"无常"观有其共通性,二者形成合力,扩展了人生无常意识的影响,遂成为贯穿整个时代的一种典型情绪。从古诗中的"人生天地间,忽如远行客""人生寄一世,奄忽若飙尘"①到曹操的"对酒当歌,人生几何,譬如朝露,去日苦多"②,从陈琳的"骋哉日月逝,年命将西倾"③到刘桢的"天地无期竟,生命甚局促"④等等,这种情绪成为当时诗歌吟诵的主要内容之一,也是其最能打动人心的部分之一。以曹植的处境,对这一点的感受就更为痛切。"无常"本是对于生命意义和价值进行深入思索的感受,在一定意义上正体现了个人生命意识的自觉。它的被重新"发现"是魏晋思想史的一个进展,在精神史上有着重要意义。而对人在宇宙间的地位的认真思索,在古代科学不发达的条件下,则又成为滋生宗教意识的根源。这两方面在曹植身上都有深切的体现。

王世懋论诗歌说,"古诗,两汉以来,曹子建出而始为宏肆,多生情态,此一变也"⑤。曹植亲经战乱,切身经历让他深刻意识到人生倏忽无常,抒写这种深刻的人生体验,是造成他的诗表达"宏肆"、"情态"宛然的感情基础。他在建安末年所写的《送应氏》二首说:

---

① 逯钦立辑校《先秦汉魏晋南北朝诗·汉诗》卷一二,上册,第 329、330 页,中华书局,1982 年。
②《先秦汉魏晋南北朝诗·魏诗》卷一,上册,第 349 页。
③《诗》,《先秦汉魏晋南北朝诗·魏诗》卷三,第 368 页。
④《诗》,《先秦汉魏晋南北朝诗·魏诗》卷三,第 373 页。
⑤《艺圃撷余》,《历代诗话》下册,第 774 页。

　　　　步登北邙坂,遥望洛阳山。洛阳何寂寞,宫室尽烧焚。垣
　　墙皆顿擗,荆棘上参天。不见旧耆老,但睹新少年。侧足无行
　　径,荒畴不复田。游子久不归,不识陌与阡。中野何萧条,千
　　里无人烟。念我平生亲,气结不能言。

　　　　清时难屡得,嘉会不可常。天地无终极,人命若朝霜。愿
　　得展嬿婉,我友之朔方。亲昵并集送,置酒此河阳。中馈岂独
　　薄,宾饮不尽觞。爱至望苦深,岂不愧中肠。山川阻且远,别
　　促会日长。愿为比翼鸟,施翮起高翔。①

　　关于这两首诗的写作时间,或以为是在建安十六年(211)曹植
封平原侯,随曹操西征经洛阳时,也有其他看法②,但作于建安末年
是可以肯定的。董卓挟持汉献帝迁都长安是在初平元年(190),当
时"悉烧宫室、官府、居家,二百里内,室屋荡尽,无复鸡犬"③。至此
时,虽然已经过了二十余年,但洛阳城池破败仍如此严重,给曹植
留下了惨痛印象。值得注意的是,当时正是曹操实力迅速扩张、征
战节节胜利的时候:建安五年官渡之战,大破袁绍;十二年,平定乌
桓;虽然十三年赤壁之战失败,但曹操据邺,兴屯田,用贤才,巩固
了北方领地。曹植在这一时期又正处在权臣贵公子的优越地位
上,得到曹操的宠爱,十六岁即从征乌桓,二十岁又从征韩遂、马
超。可是他目睹洛阳的"寂寞""萧条",沉痛地发出了"人命若朝
霜"的慨叹,不能不说他的人生体验是相当深刻的。这也成为他许
多作品的感情基调。也是在建安末年,他写给友人吴质的信里说:

　　　　然日不我与,曜灵急节,面有过景之速,别有参商之阔。
　　思欲抑六龙之首,顿羲和之辔,折若木之华,闭蒙汜之谷。天

────────────

①赵幼文校注《曹植集校注》卷一,第3—4页。
②参阅《曹植集校注》,第5—6页。
③《资治通鉴》卷五九《汉纪五一》,1912页,中华书局,1956年。

路高邈，良久无缘，怀恋反侧，何如何如！①

这也直接表明了诗人对于人世倏忽无常的感伤。他又慨叹"遗余龟者，数日而死"，作赋说：

> 昼顾瞻以终日，夕抚顺而接晨。遘淫灾以陨越，命翦绝而不振。天道昧而未分，神明幽而难烛。黄氏没于空泽，松、乔化于扶木。蛇折鳞于平皋，龙脱骨于深谷。亮物类之迁化，疑斯灵之解壳。②

这里借题发挥，表明对于时光流逝、灾祸难逃的无奈，从而导致对天道难明的感慨。赋中明确指出如黄帝、王子乔、赤松子等传说中的仙人都难免死亡的命运，则与他否定神仙长生的一贯思想相一致。

曹植更有些作品直接提出"无常"的概念。如《闲居赋》中有：

> 何吾人之介特，去朋匹而无俦。出靡时以娱志，入无乐以销忧。何岁月之若骛，复民生之无常。③

《节游赋》中有．

> 念人生之不永，若春日之微霜。谅遗名之可纪，信天命之无常。④

《九愁赋》中有：

> 思孤客之可悲，愍予身之翩翔。岂天监之孔明，将时运之无常。谓内思而自策，算乃昔之愆殃。⑤

----

①《与吴季重书》，《曹植集校注》卷一，第143页。
②《神龟赋》，《曹植集校注》卷一，第96—97页。
③《曹植集校注》卷一，第130页。
④《曹植集校注》卷一，第183页。
⑤《曹植集校注》卷二，第253页。

这些"无常"概念,和前引《荀子》书中所使用在内涵上不同,显然已和佛教的"无常"观念相通。曹植的时代佛教已在贵族间较广泛地流行,如他那样博学多才、生性敏感之人,接触到佛教教义并在观念上受到影响是完全不奇怪的。感受到"民生""天命""时运"之"无常",意识到人的命运不可知、不可把握,这种观念本已具有一定的宗教意味,也容易诱发对于佛教的同情。

当然,曹植并没有确立起宗教信仰。这决定于他所受的教育,也由于前面说的他个人的具体经历。他体察到"民生期于必死"①,"死者之无知"②,从而表现出相当理性的人生态度。历史上著名的建安二十二年(217)大瘟疫,造成"家家有僵尸之痛,室室有号泣之哀",包括他的朋友徐干、陈琳、应玚、刘桢诸人都死于非命。但他认为原因在"阴阳失位,寒暑错时,是故生疫",反对"愚民悬符厌之"③。这一时期的三年之中,他又失去了金瓠、行女两个孩子,"方朝华而晚敷,比晨露而先晞"④。他的感受是"去父母之怀抱,灭微骸于粪土。天长地久,人生几时?先后无觉,从尔有期"⑤,这表达的是与宗教无缘的相当冷静、客观的认识。就是说,他不是由于意识到"无常"而如佛教教导的那样去追求解脱或如道教主张的那样追求神仙飞升,而是清醒地意识到人的命运之难以逆转,从而形成对死亡的恐惧感和对生命的虚幻感。到后来曹丕立为太子,特别是在曹丕篡汉称帝后,他长年受到严酷的猜忌、迫害,生命危在旦夕,这种意识就更为强烈。黄初四年(223)他徙封雍丘,其年朝京师,上《责躬》诗,有句云:"昊天罔极,生命不图。常惧颠沛,抱罪黄

①《九愁赋》,《曹植集校注》卷二,第253页。
②《毁印城股殿令》,《曹植集校注》,第248页。
③《说疫气》,《曹植集校注》卷一,第177页。
④《行女哀辞》,《曹植集校注》卷一,第182页。
⑤《金瓠哀辞》,《曹植集校注》卷一,第121页。

炉。"①在京师,任城王曹彰暴薨,他与白马王曹彪被遣还国时本欲同路东归,而监国使者不许,遂作《赠白马王彪》七首,其第五首云:

> 太息将何为? 天命与我违。奈何念同生,一往形不归。孤魂翔故域,灵柩寄京师。存者忽复过,亡殁身自衰。人生处一世,去若朝露晞。年在桑榆间,景响不能追。自顾非金石,咄唶令心悲。②

身受如此严酷的迫害,自然会怀抱沉重的畏惧感,他遂把一切遭遇归之于天命。这里表达的是《庄子》所谓"死生,命也;其有夜旦之常,天也"③的"天命"观念,由此更感受到生命难以久恃的无奈。

但是他的内心里仍激荡着不能消解的矛盾。如《薤露行》诗里所说:

> 天地无终极,阴阳转相因。人居一世间,忽若风吹尘。愿得展功勤,输力于明君。怀此王佐才,慷慨独不群。鳞介尊神龙,走兽宗麒麟。虫兽岂知德,何况于士人。孔氏删《诗》、《书》,王业粲已分。骋我迳寸翰,流藻垂华纷。④

这是他晚年的作品。虽然深刻地意识到命运无常,又受到排挤、打击,但他却一直不能磨灭济世立功的志愿。这就必然转化为对生的执着、留恋。以至到这一时期,他也转而倾心"长生"的"道术"了。

曹植晚年思想显然有所改变。《抱朴子内篇》转引曹植《释疑论》说:

> 初谓道术,直呼愚民诈伪空言定矣。及见武皇帝试闭左慈等,令断谷近一月,而颜色不减,气力自若,常云可五十年不

①《曹植集校注》卷二,第270页。
②《曹植集校注》卷二,第298页。
③《庄子注》卷三《大宗师》。
④《曹植诗校注》卷三,第433页。

食,正尔,复何疑哉? 又云:令甘始以药含生鱼,而煮之于沸脂中,其无药者,熟而可食,其衔药者,游戏终日,如在水中也。又以药粉桑以饲蚕,蚕乃到十月不老。又以住年药食鸡雏及新生犬子,皆止不复长。以还白药食白犬,百日毛尽黑。乃至天下之事,不可尽知,而以臆断之,不可任也。但恨不能绝声色,专心以学长生之道耳。①

　　这段引文提到的方士,是曹植在《辨道论》里曾严加批评的,曹植前后的立论和态度显然是大不相同了。这里根据"天下之事,不可尽知"的道理,认为不可"臆断""道术"为虚诳了。作者自己也表明,这种看法是和当初其认为"道术"为"诈伪空言"的观念不同的。这表明了曹植晚年思想观念的变化:由于现实的压迫、自身的遭遇,他更倾心于"长生之道",因此也改变了对方士、方术的严厉否定态度。这也显示出当时道教的发展和方士们的活动对社会的潜移默化的影响。不过上述文字也清楚说明,曹植终究没有沉溺于"道术",也没有实际修习"长生之道"。

　　这样,曹植在佛、道二教正在兴盛的潮流中,基本坚持理性的批判立场,对"方术"包括神仙术取否定态度。就宗教信仰而言,他是继承了王充等人的理性主义传统的。不过如上所述,他虽然不信仰道教及其神仙术,却并不意味着他全然没有宗教观念或宗教情怀。由个人的现实体验、人生际遇所得出的"无常"观念,使他对于生命短促有更痛切的感受,并由此引发对于长生的欲求。这种观念和感情提供了与神仙思想相共鸣的条件。而在自屈原、庄周以来的文学传统中,神仙题材创作已经积累了丰富的内容,这也为曹植创作提供了借鉴。曹植从而把神仙题材当作抒写个人怀抱的主要手段之一,写出一批优美的游仙诗,成为开拓这一体诗歌创作传统的卓越的先行者。

――――――――――

① 王明《抱朴子内篇校释》(增订本)卷二《论仙》,第16页,中华书局,1985年。

三

　　从上面介绍的情况可以了解到，曹植虽然并不信仰道教，也不相信神仙，但自身遭遇和现实环境却使他怀抱有宗教情绪。特别到晚年，他对神仙和神仙世界更感兴趣，神仙观念也引起他更大的共鸣。当然，这也与时代潮流有关系。汉、魏之际，战乱连年，政治混乱，人们渴求逃避苦难现实的出路。在知识阶层中，追求超离现世而得到精神自由的思想倾向颇为显著。如汤用彤所说："故其时之思想中心不在社会而在个人，不在环境而在内心，不在形质而在精神。于是魏晋人生观之新型，其期望在超世之理想，其向往为精神之境界，其追求者为玄远之绝对，而遗滋生之相对。"[1]这在哲学上表现为玄学的兴起；在一般的意识领域，则促使宗教观念和宗教信仰迅速滋生。曹植在这种思想环境中，不能不受到这一潮流的影响。

　　如前所述，曹植并不信仰道教，因而他写神仙题材的作品，仅只是一种艺术玄想的表现，纯是抒写个人怀抱的手段。就是说，他是在有意识地创造出虚构的、想象的神仙意象和仙界情境。这样，在阅读这些作品的时候，就必须发掘作品语言背后的真实底蕴；另一方面，由于这类作品里所表现的神仙只作为一种象征出现，就更能发挥诗人的创造能力和艺术技巧。在理念上否定神仙方术，却把神仙题材作为抒发情志的艺术手段，写作出具有高度艺术水平的神仙诗，这在中国诗歌史上是有着典型意义的现象。钟嵘评论

---

[1]《魏晋玄学和文学理论》，《理学·佛学·玄学》，第 317 页，北京大学出版社，1991 年。

曹植诗"骨气奇高,词采华茂,情兼《雅》怨,体被文质"①。张戒说:
"而子建诗,微婉之情、洒落之韵、抑扬顿挫之气,故不可以优劣论
也。古今诗人推陈王及《古诗》第一,此乃不易之论。"②这些特征在
曹植神仙题材的诗里清楚地体现出来。

　　曹植表现神仙题材的作品均为黄初以后作,即是在曹丕称帝,
他被斥外放就封国、身心极度痛苦的时候。当时的情况是,"封建
侯王,皆使寄地空名,而无其实。王国使有老兵百余人,以卫其国。
虽有王侯之号,而乃侪为匹夫。县隔千里之外,无朝聘之仪,邻国
无会同之制。诸侯游猎不得过三十里。又为设防辅监国之官以伺
察之。王侯皆思为布衣而不能得"③。如上所说,曹植神仙题材的
诗,都采用乐府体。这固然表明他艺术上渊源有自,也是由于利用
乐府旧题在表达上易于达到似隐而显的目的。不过乐府体既提供
了较广阔的表现空间,固有的体式也造成了艺术上一定的限制。

　　吴兢给他的《升天行》作解题说:"《升天行》,曹植云:'日月何
时留。'鲍照云:'家世宅关辅。'曹植又有《上仙箓》与《神游》、《五
游》、《龙欲升天》等(物),皆伤人世不永,俗情险艰,当求神仙,翱翔
六合之外,与《飞升》、《仙人》、《远游篇》、《前缓声歌》同意。按《龙
欲升天》即'当墙欲高行'也。"④这里提出的作品包含一些佚诗,吴
兢明确指出它们是利用神仙题材来发抒感慨、表达寓意的。

　　曹植在这一类作品里相当生动地表达了对神仙世界的向往和
追求,如《游仙》诗:

　　　　人生不满百,岁岁少欢娱。意欲奋六翮,排雾陵紫虚。蝉
　　蜕同松、乔,翻迹登鼎湖。翱翔九天上,骋辔远行游。东观扶

---

①王叔岷《钟嵘诗品笺征稿》,第149页,台湾中央研究院中国文哲研究所,
　　1992年。
②《岁寒堂诗话》卷上,《历代诗话续编》上册,第451页。
③《三国志·魏志》卷二〇《武文世王公传》注引《袁子》,第591—592页。
④郭茂倩《乐府诗集》卷六三《杂曲歌辞》。

桑曜,西临弱水流。北极玄天渚,南翔陟丹丘。①

这是诗歌史上已知的最早以"游仙"为题的作品,开后代无数诗人使用这个题目的先河。首联由乐府诗"人生不满百,常怀千岁忧"蜕化而来,直接表明对人世苦难的痛切感受。接着设想自己生出翅膀,飞上九天,和传说里的神仙一样自由地翱翔。最后四句是设想到天地四方辽远的地方。如此用四个句子概括地表现高远境界,是把辞赋作者铺排的描写浓缩了。这种游仙诗的内容完全出自主观想象,采取的是玄想的构思方式。《升天行》二首也同样:

　　乘跷追术士,远之蓬莱山。灵液飞素波,兰桂上参天。玄豹游其下,翔鹍戏其巅。乘风忽登举,仿佛见众仙。

　　扶桑之所出,乃在朝阳溪。中心陵苍昊,布叶盖天涯。日出登东干,既夕没西枝。愿得纤阳繠,回日使东驰。②

吴兢评论曹植这类作品,"皆伤人世不永,俗情险艰,当求神仙,翱翔六合之外。其词盖出楚歌《远游篇》也"③。这两首诗篇幅虽然简短,但气魄宏伟,描写生动,气氛的渲染也相当有感染力。

比起上述以仙界幻想为内容的作品来,曹植具体描绘与仙人交游、构成一定情节的作品则更富于想象力。这类作品与只是抒写游仙愿望的篇章不同,更幻想出游历仙界的美好情景。如《五游咏》:

　　九州不足步,愿得陵云翔。逍遥八纮外,游目历遐荒。披我丹霞衣,袭我素霓裳。华盖芳晻蔼,六龙仰天骧。曜灵未移景,倏忽造昊苍。阊阖启丹扉,双阙曜朱光。徘徊文昌殿,登陟太微堂。上帝休西櫺,群后集东厢。带我琼瑶佩,漱我沆瀣

①《曹植集校注》卷二,第265页。
②《曹植集校注》卷二,第266—267页。
③《乐府古题要解》卷下,《历代诗话续编》上册,第49页。

浆。踟蹰玩灵芝，徙倚弄华芳。王子奉仙药，羡门进奇方。服食享遐纪，延寿保无疆。①

赵幼文说："五游谓四方不足游，而上游于天，故曰五游。丁晏评曰：'精深华妙，绰有仙姿，炎汉以还，允推此君独步。'按此篇曹植从古代神话传说中，吸取素材，发为篇章，藉以抒写对于长生的渴慕，这与他当时生活状况分不开的。"②在这里，广阔的"九州"对于诗人已显得狭小，他渴望到广阔的天界飞翔；同样，人间的享受已不能让诗人满足，他要穿上云霞制作的衣裳，驾起六龙，到天宫去造访天帝、群仙，希望仙人们传授长生奇方，使自己能够延年永寿。这篇诗的写法也很有特点，"两句一意"，"自然成对"，大体与《陌上桑》《古诗焦仲卿妻》《羽林郎》等乐府诗的格调相一致，"步骤虽似五言长律，其辞古气顺如此"③。又《远游篇》：

> 远游临四海，俯仰观洪波。大鱼若曲陵，乘浪相经过。灵鳌戴方丈，神岳俨嵯峨。仙人翔其隅，玉女戏其阿。琼蕊可疗饥，仰首吸朝霞。昆仑本吾宅，中州非我家。将归谒东父，一举超流沙。鼓翼舞时风，长啸激清歌。金石固易弊，日月同光华。齐年与天地，万乘安足多。④

这同样是幻想去到神仙世界：东到蓬莱仙岛，西至昆仑仙山，这是游仙表现的常见模式。而所谓"中州非我家"，与游历天地四方的设想形成对比，则已直接地表明不能容忍现世的处境；而最后的"万乘安足多"，则尖锐地表明对现实体制和权威的轻蔑。这种幻想境界的批判内涵是很明显的。《仙人篇》描绘仙界景象，表现了仙人们自由自在的生活：

----

①《曹植集校注》卷三，第 400—401 页。
②《曹植集校注》卷三，第 402 页。
③谢榛《四溟诗话》卷三，《历代诗话续编》下册，第 1192 页。
④《曹植集校注》卷三，第 402 页。

　　　　仙人揽六著,对博太山隅。湘娥拊琴瑟,秦女吹笙竽。玉
　　樽盈桂酒,何伯献神鱼。四海一何局,九州安所如? 韩终与王
　　乔,要我于天衢。万里不足步,轻举陵太虚。飞腾逾景云,高
　　风吹我躯。回驾观紫薇,与帝合灵符。阊阖正嵯峨,双阙万丈
　　余。玉树扶道生,白虎夹门枢。驱风游四海,东过王母庐。俯
　　观五岳间,人生如寄居。潜光养羽翼,进趋且徐徐。不见轩辕
　　氏,乘龙出鼎湖。徘徊九天上,与尔长相须。①

在现实世界,诗人被羁束在狭小封国里,处境类似于囚徒,但他的
精神却是自由的。这里,连广阔的"九州""四海"都让诗人自己感
到局促,"人生如寄居"的无常感更让他感到困惑,只有幻想中的神
仙世界才让他得到安慰。郭明龙云:"'四海'、'九州'二语,见天下
无可托足之地。"②因此这飞升轻举的欲求也就体现了强烈的批判
意义。

　　然而诗人是清楚意识到神仙追求之不可实现的,他的《苦思
行》说:

　　　　绿萝缘玉树,光耀璨相辉。下有两真人,举翅翻高飞。我
　　心何踊跃,思欲攀云追。郁郁西岳巅,石室青青与天连。中有
　　耆年一隐士,须发皆皓然。策杖从我游,教我要忘言。③

这是说自己本来有意追随神仙飞升高逝,无奈却是不可能的幻想,
所以只好去过隐居生活,实践老、庄"忘言"之道了。这可以说是诗
人理想破灭的悲歌,也是他描写仙人和仙界时深埋心底的真实
意识。

----

①《曹植集校注》卷二,第 263 页。
②转引黄节《曹子建诗注》卷二,第 65 页,人民文学出版社,1957 年。
③《曹植集校注》卷二,第 316 页。

四

　　从上面引述曹植作品看,他是十分熟悉神仙思想和神仙掌故的。先秦以来的方士和后来的道士们所宣扬的神仙传说,被他灵活圆熟地作为创作材料加以利用了。那些出于美妙幻想的"人物"和故事对于诗人显然具有吸引力,但他在创作中表现这些内容的时候,却有意识地把它们转化为艺术创作的素材。他诗歌里的神仙幻想的内容,强烈衬托出现实的缺欠和丑陋,而幻想的破灭更加深了其内心痛苦和失望的表露。这样,他的仙道作品不但寄寓着对现世的怨愤,其背后更掩藏着对处境不可改变的巨大哀恸。

　　纵观曹植诗赋作品,理想的抒发和幻象的描绘是一个重要内容,这也构成他的创作的主要特色之一;而这一点正突出地通过他的神仙题材作品表现出来。赵幼文指出:"曹植以他酣畅的笔触,纵情地描画想象中奇幻缥缈的仙境,衬托所遭受的残酷现实,从而表现沉重压迫之下的反抗精神。"[①]而值得称道的是,曹植虽然生活在道教正在兴盛发展的时期,却不相信道教神仙之说,而是自觉地把文学创作与神仙信仰区别开来。他也曾被幻想的神仙和仙境的魅力所吸引,并积极地把它们引入创作,但是却丝毫不留宣扬迷信的痕迹。就文学发展角度看,他如此成功地把宗教观念转化为文学意象,无论是从补充中国文学传统本来缺乏宗教内容的角度看,还是就文学创作中发挥主观想象力的角度看,都做出了独创性的贡献。而就具体创作方法而言,曹植如此把宗教玄想演化为艺术构思,也给后代类似创作提供了一种典范。这样,曹植的仙道内容

---

①《曹植文学成就及其对后代的影响》,《曹植集校注》附录,第587页。

创作不仅以其批判精神和现实意义提高了这一题材的价值,更在艺术上做出了有益的探索和开拓:这种开拓不仅体现在神仙题材本身的艺术表现方面,更作用到创作构思方式的丰富和发展方面。同时应当注意到,曹植作为建安文学成就最为突出的具有代表性的诗人,对于神仙题材的处理又体现出一定的典型性。当时的众多诗人包括曹操、曹丕,大都创作有同类作品,而无论从作品的艺术水平看,还是从独创的意义看,曹植都是最为杰出的。

总之,曹植作为对神仙信仰采取坚定的理性批判态度的诗人,在作品中创造性地表现神仙题材,抒发神仙幻想,发挥了屈原以来表现神仙隐喻题材的艺术传统,体现了秦汉方士和道教神仙观念渗透到文学创作的具体成就,这无论在宗教史上还是在文学史上都具有相当重要的意义。

嵇康的养生术和游仙诗

一

魏、晋之际,延续多年的剧烈的社会动荡伴随着思想意识领域的大动荡。政治、军事的激烈纷争,不仅使士大夫求进、求生艰难,更给他们的精神世界造成巨大冲击。而汉代集权政治的分崩离析早已结束了经学一统局面,这又给思想、学术的自由发展留下了一定的空间。《魏略》云:"从初平之元,至建安之末,天下分崩,人怀苟且,纲纪既衰,儒道尤甚。"①随着佛、道二教逐渐盛行,各种异端思想梦起。特别是在那些出于不同原因而与当权者相疏离或对抗的"名士"中间,更滋生起具有批判意义的思想潮流。这种批判贯穿于政治、思想、伦理等诸方面。知识界的这种趋势对于一代文化、文学发展的影响是十分巨大的。文学上体现这一潮流的,前有"建安七子",接着又有"竹林七贤"。"七贤"中当以嵇康、阮籍更为杰出,在文学史上则"嵇、阮"并称。但如果分析起来,二人的文学

---

① 《三国志·魏书》卷一三《王肃传》注引《魏略·儒宗传序》,第420页,中华书局标点本。

创作风格、所取得的成就却颇有差异，而思想上的差距则更为巨大。涉及神仙思想和神仙信仰方面，嵇、阮在观念上和实践上更是截然不同。

如许地山所指出，先秦以来广泛流传的神仙思想，从观念看，宗教家和辞赋家显然不同。宗教家神仙观念的核心是信仰，最终要落实到养炼之类求仙实践；辞赋家的神仙观念则体现为幻想，在文学作品里加以表现，主要是作为精神的宣泄和寄托。魏、晋文人生存在这两种潮流之间，对这两种观念各有解会，具体人在创作中所接受的影响和表现各种各样。自东汉末年，国土分崩，学风梦乱，与以前正统"名教"相对立而盛行起来的思想主要是道家、法家和名家。其中道家与神仙家，与正在兴起的道教有密切关联。嵇康在思想上基本属于道家一派，同时又研练名理，信仰神仙，提倡养生术。他把道家的外荣华、去滋味、清心寡欲、遗事坐忘等葆性全真之术当作导养以尽性命的主要手段。在他阐发这种具有独特内容的神仙思想时，又显示出对现实政治的激烈、尖锐的批判精神；而他的独特的神仙思想，更在很大程度上决定着他的整个精神状态。表现在诗文中，则成为决定其创作成就的重要因素。

嵇康的神仙思想集中反映在《养生论》等一系列论文里。李充《翰林论》说："研核名理，而论难生焉；论贵于允理，不求支离，若嵇康之论，成文美矣。"[1]嵇康议论文字的辩论技巧十分杰出，在运用逻辑思辨方法上更显示出极大的创造性，这在后面将详细说明。而具体分析他的神仙思想，要点有以下三方面：

一是他相信神仙实有。他说："夫神仙虽不目见，然记籍所载，前史所传，较而论之，其有必矣。"(《养生论》)[2]他的作品里提到的神仙，均见于《史记》等史书和《列仙传》等神仙传记。这些传记都

---

① 《太平御览》卷五九五，第 2678 页，中华书局，1985 年。
② 本文引用嵇康诗文，均据戴明扬校注《嵇康集校注》，人民文学出版社，1962 年，随文括注篇目。个别文字有校改，用括号注出；引文标点亦有改动处。

是先秦以来各类神仙传说的结晶。嵇康对有关记载坚信不疑，也是当时道教兴起所形成的神仙信仰潮流所致。

二是他认为神仙不可以学得，"似特受异气，禀之自然，非积学所能致也"。李善注："夫自然者，不知其然而然。"①后来葛洪在《抱朴子》里也主张："按仙经以为诸得仙者，皆其受命偶值神仙之气，自然所禀。"②这是一种基于"命定论"的较原始的神仙观念，实际上肯定历来没有人学而成仙，也是对求仙失败所做的一种辩解。

但嵇康对神仙思想的重要发挥在第三方面，即他虽然主张神仙不可学得，但却认为"至于导养得理，以尽性命，上获千余岁，下可数百年，可有之耳"（《养生论》）。"神仙不可以学得"本是一种相对保守的神仙说，主要是适应帝王贵族阶层精神需求的早期神仙信仰观念。嵇康肯定这一点，反映了他观念上的保守方面。但他却又主张养生可以长寿。他所举出的例证又正是当时有名的仙人，如"赤斧以炼丹赪发，涓子以术精久延，偓佺以松实方目，赤松以水玉乘烟，务光以蒲韭长耳，邛疏以石髓驻年，方回以云母变化，昌容以蓬蘽易颜，若此之类，不可详载也"（《答难养生论》）。他在《与山巨源绝交书》里也说："又闻道士遗言，饵术黄精，令人久寿，意甚信之。游山泽，观鱼鸟，心甚乐之；一行作吏，此事便废，安能舍其所乐，而从其所惧哉！"他对于养生可以久寿显然是怀抱坚定信心的。

为了理解嵇康的养生观念与神仙思想的关系，可以拿他与他之前的王充做对比。王充认为"物无不死，人安能仙？"他也否定药物可以延年，明确说："夫服食药物，清身益气，颇有其验。若夫延年度世，世无其效。"他又认为"老子之术以恬淡无欲延寿度世者，复虚也"③。很明显，嵇康这方面的观点与王充是正相反的。

①李善注《文选》卷五三。
②王明《抱朴子内篇校释》（增订本）卷一二《辩问》，第226页，中华书局，1985年。
③王充《论衡》卷七《道术篇》，第106、114、113页，上海人民出版社，1974年。

这样,稽康一方面主张神仙不可学,另一方面又认为养生可以长寿,而他作为榜样提出的又正是一些当世传诵的"仙人",观念中显然存在着矛盾。这里有两点是值得注意的。一是他强调"导养"的功用,即主张从事养炼实践,肯定它的效用;而他所提出的养炼方式、方法正是历来求仙者所使用的,也是当时正在兴起的道教所宣扬的。二是如前面已指出的,他所提出的那些养生榜样,除前面已经提到的,还有彭祖、安期、刘根、仲都等等,实际上都是传说中的仙人。稽康并不把他们当作幻想、虚构的产物,而是当作可为楷模的实在人物来看待。这显然就与道教所宣扬的"地仙"观念相通了。

"地仙"是道教发展中形成的新的神仙观念。后来的葛洪是魏、晋以来道教教理的总结者,他引仙经说:"上士举形升虚,谓之天仙。中士游于名山,谓之地仙。下士先死后蜕,谓之尸解仙。""上士得道,升为天官;中士得道,栖集昆仑;下世得道,长生世间。"①这种"地仙"形同常人,可以蓄妻子,居官职,任意所为,并可以根据自己的意志来决定是否与何时升天。稽康还没有提到"天仙""地仙"等概念,但他所说"不可学得"的,实际指的是"升虚"的天仙,如传说中的黄帝、淮南王刘安那样飞升上天;他作为榜样所追求的,则类似"中士""下士"得道而成的"地仙"。他所描绘的养生得道的理想境界,实际和后来道教所艳称的"地仙"已没有什么不同。就这一点而言,他显然是当时正在兴盛起来的新的神仙观念的接受者。

值得注意的还有稽康的"至人"观念。《庄子》一书说:"至人无己,神人无功,圣人无名。"在这几句之前,具体描绘"至人"境界是:"若夫乘天地之正,而御六气之辩,以游无穷者,彼且恶夫待哉!"②

---

①《抱朴子内篇校释》(增订本)卷二《论仙》、卷四《金丹》,第 20、76 页。
②陈鼓应注释《庄子今注今译·逍遥游》,第 14 页,中华书局,1983 年。

关于《庄子》所谓"至人""神人""圣人"等观念是否同一,历来有争论,可以置而不论。但"至人"作为理想的、超越的人格是可以肯定的。嵇康文章多处论及"至人",这也是他所理想的人格,但具体含义有种种不同。如他说:

> 及至人不存,大道凌迟,乃始作文墨,以传其意。(《难自然好学论》)
>
> 夫统之者劳,仰之者逸,至人重身,弃而不恤。(《太师箴》)

这里说的是"大朴未亏"、还淳返朴、保持"真性"的人。又如:

> 至人存诸己,隐璞乐玄虚。(《答二郭三首》)
>
> 夫至人之用心,故不存有措矣:是故伊尹不借(惜)贤于殷汤……(《释私论》)
>
> 妙音感人,犹美色惑志,耽槃荒酒,易以丧业,自非至人,孰能御之?(《声无哀乐论》)
>
> 夫元气陶烁,众生禀焉。赋受有多少,故才性有昏明。惟至人特钟纯美,兼周外内,无不必备。(《明胆论》)

这里说的是"气静神虚"、"才性"完满的"君子"。而嵇康作为养生理想的,则是"遗世坐忘,以宝性全真","顺天和以自然,以道德为师友,玩阴阳之变化,得长生之永久,任自然以托身,并天地而不朽"的"至人"(《答难养生论》)。他的《琴赋》写音乐,这音乐是可使"天吴踊跃于重渊,王乔披云而下坠。舞鸑鷟于庭阶,游女飘焉而来萃"(《琴赋》)的"仙乐",而"能尽雅琴,唯至人兮"。这也就是所谓"流俗难悟,逐物不还,至人远鉴,归之自然,万物为一,四海同宅"的"至人"。这种不同于"凡人"的"至人"已和赤松、王乔等仙人,也就是后来的所谓"地仙"等类了。所以嵇康理想的"至人",有其实际的方面,也有其幻想的方面。而这后一方面正和神仙观念相通,也正是他所追求的境界。

所以应当说,嵇康的养生思想是一种独特的神仙思想,他的养生术乃是一种独特的神仙术。从而他在观念上和实践上,对于正在兴盛起来的道教神仙信仰都做出了独特的发挥。

二

就思想渊源说,嵇康所热衷、承袭的主要是道家学说,在认识方法上充分借鉴了玄学的思辨术,在实践方面则吸收了当时正兴盛起来的道教的神仙养炼方术。正是在综合这多方面理论和实践成果的基础上,嵇康发挥出他那套独特的神仙思想和养生术。嵇康的神仙思想和养生术作为他整个思想体系的重要部分,乃是他所处时代政治、思想矛盾斗争的产物。而就其思想价值而言,更体现出鲜明的现实性和尖锐的批判精神,其意义远远超出宗教范畴。

嵇康生活在魏、晋之际,本是励志勤学、多才多艺的文人,以娶曹操曾孙女长乐亭主为妻,被卷入曹魏和司马氏政争漩涡之中。曹魏立国未久,司马氏即以勋臣谋篡窃。所谓"宣(司马懿)、景(司马师)遭多难之时,务伐英雄、诛庶桀以便事"①。嘉平二年(249),魏帝曹芳等到高平陵(今河南洛阳市南大石山)扫墓,太傅司马懿乘机诛杀曹爽和亲近曹氏的何晏等八族,开大规模诛杀异己之端。嵇康被司马昭所杀是在景元三年(262)。在这中间的十二年间,被杀的大臣有王凌(250)、夏侯玄、李丰、楚王彪(254)、毌丘俭(255)、诸葛诞(258)等人。也是在这期间,司马师废曹芳,立曹髦(254),曹髦旋即被司马昭所杀(260)。这是一种极端严酷的恐怖政治。司马氏全力打击曹魏的统治基础,为篡窃扫平道路。嵇康作为曹魏外戚,在政治上又明显

①干宝《晋纪·总论》,黄奭辑本,《黄氏逸书考》本。

地倾向曹魏,其处境之艰危可想而知。他结交友朋,遨游竹林,学养生之术,实有不得已的理由。后来他终于牵连到吕安一案,被司马昭所杀,直接的原因是因政敌钟会忌害进谮言,实则他早已不被对方所容。而他之所以为司马氏所嫉恨,政治上、联姻上的原因之外,他的诗文所表现的对权势炙手的司马氏及其追随者的敌对姿态也是重要因素。而他"学养生之术,方外荣华,去滋味,游心于寂寞"(《与山巨源绝交书》)的人生取向,他追求长生久寿、与神仙比肩的观念和实践,在在显示出他与现实统治体制相枘凿的迹象。

他所提倡的养生术的理论基础是老庄思想。他自己明确表白"老子、庄周,吾之师也"。他在诗文中也一再表示对老、庄服膺不殆。他更自觉地以老、庄来与儒家的"世教"、礼乐相抗衡,甚至直接表明自己"每非汤、武而薄周、孔"(《与山巨源绝交书》)。在这一点上,他是与如王弼、何晏等玄学家以老、庄来援饰儒家学说的态度和做法截然不同的。这也流露出他政治上鲜明的批判姿态。

嵇康的养生实践主要是"养神"。这在学理上也正是继承老、庄的,甚至他的语言也是老、庄的。张溥说:"集中大文,诸论为高,讽《养生》而达老、庄之旨……"①如他说:

> 善养生者则不然矣:清虚静泰,少私寡欲,知名位之伤德,故忽而不营,非欲而强禁也;识厚味之害性,故弃而弗顾,非贪而后抑也;外物以累心不存,神气以醇白独著,旷然无忧患,寂然无思虑,又守之以一,养之以和,和理日济,同乎大顺。(《养生论》)

这里主张的虚静、寡欲、存心、守一之道,与老、庄的人生观和认识论相一致。

"养生"这一概念本来首见于《庄子》一书。《庄子》内篇有《养

---

① 《汉魏六朝百三家集题辞注·嵇中散集》,殷孟伦注,第 92 页,人民文学出版社,1960 年。原标点"讽"字属上。

生主》一篇,庄子本人即是养生术的提倡者。可是《庄子》书里所讲的养生术与嵇康的大有不同。《庄子》里直接提到"养生"的有三处。内篇一处,即《养生主》篇在讲完"庖丁解牛"的寓言之后说:

> 吾闻庖丁之言,得养生焉。

庖丁所讲的是如何顺适自然来治理天下的道理。另两处在外篇,即《达生》篇里田子开转述祝肾的话:

> 善养生者,若牧羊然,视其后而鞭之。

又《让王》篇:

> 帝王之功,圣人之余事也,非所以完身养生也。

这讲的实际也是统治者"临人"之术,即如何顺应自然以达到"无为而治"的目的,从而保持个人生存状态的完善。《庄子》里也有一些关系养生技术的主张,如外篇《刻意》讲到"道引之士,养形之人",他们"吹呴呼吸,吐故纳新,熊经鸟申,为寿而已矣"。这即是后来大为发展的服气、导引之类方术。庄子认为这些方术是有益于寿考的。庄子也承认有"不食五谷,吸风饮露"的神人,但从他的论述看,这种神人境界显然并非通过以上养生方术所能达到。而且从根本观念看,老、庄对于人的生死、寿命问题的基本观念是遵循自然说的。老子说:

> 天地尚不能久,而况于人乎![1]

庄子则说:

> 死生,命也。其有夜旦之常,天也。[2]
> 仲尼曰:"死生存亡,穷达贫富,贤与不肖毁誉,饥渴寒暑,

---

[1]《老子》第二十章。
[2]《庄子》内篇《大宗师》。

是事之变,命之行也。"①

这样,在生死寿夭问题上,以老、庄为代表的早期道家实际是主张"命定论"的。老、庄所谓"自然",正显示了在不可知的客观规律面前人的无能为力。后期的"黄老之道"发展了养生术,如马王堆汉墓里即发现有养生方和描绘导养的图画。道教形成,更大力发展服食、金丹等方术,以它们作为求仙手段。到抱朴子,则把还丹、金液说成是"养性"之"大要"、"仙道之极"②了。

嵇康强调养生以久寿,同样重视"养形"之术,则是借鉴了方士的方术和道教的法术;但他的观点与早期道家思想不同。在前引《养生论》关于"清虚静泰"一段话后,接下来说:

> 然后蒸以灵芝,润以醴泉,晞以朝阳,绥以五弦,无为自得,体妙心玄,忘欢而后乐足,遗生而后生存。若此以往,庶可与羡门比寿,王乔争年,何为其无有哉!

这里茹灵芝、饮醴泉是服食之术,"晞以朝阳"是"导引"的呼吸吐纳,"绥以五弦"则是以音乐陶冶精神。他认为这些手段都能够达到与仙人比肩的目的。他的这种养生术显然与求仙的法术相通了。

他在《答难养生论》里也说:

> 养亲献尊,则□菊芷梁;聘享嘉会,则肴馔旨酒……岂若流泉甘醴,琼蕊玉英,金丹石菌,紫芝黄精,皆众灵舍英,独发奇生,贞香难歇,和气充盈,澡雪五脏,疏瀹开明,吮之者体轻。又练骸易气,染骨柔筋,涤垢泽秽,志凌青云。若此以往,何五谷之养哉?且螟蛉有子,果蠃负之,性之变也;橘渡江为枳,易土而变,土之异也。纳所食之气,还质易性,岂不能哉?

这段话表明,嵇康同样也相信炼丹术。他做出推理,既然客观

---

① 《庄子》内篇《德充符》。
② 《抱朴子内篇校释》(增订本)卷四《金丹》,第70页。

条件可以使某些生物的性质改变,那么依靠服食当然可以延续人的寿命。道教徒因为金石坚固不坏,就推断服用金石药可以强筋壮骨,达到长生久视的目的。稽康使用的是同样逻辑,他发出诘问说:"孰云五谷为最,而上药无益哉?"他这里提到的药物包括《抱朴子》里宣扬的从金丹到草药的各种"仙药"。当然从科学史角度说,如此迷恋"仙药",也曲折地反映了当时药物学发展的成果。稽康就这样坚信通过上述"养生"手段可以达到长生的目的。

要想证明神仙的存在,历来有一个致命的难点,就是从来没有人能够长生不死,没有人见过神仙。稽康的辩驳方式是强调具体人的存在和认识的相对性。他说:

> 即问谈者,见千岁人,何以别之?欲校之以形,则与人不异;欲验之以年,则朝菌无以知晦朔,蜉蝣无以识灵龟。然则千岁,虽在市朝,固非小年之所辨矣。彭祖七百,安期千年,则狭见者谓书籍妄记。……凡若此类,上以周、孔为关键,毕志一诚;下以嗜欲为鞭策,欲罢不能。驰骤于世教之内,争巧于荣辱之间,以多同自减,思不出位。使奇事绝于所见,妙礼(理)断于常论,以言变通达微,未之闻也。(《答难养生论》)

他在这里强调存在着为一般人常识所不及的不可知领域,从一定意义说也体现了稽康精神境界的开阔;特别是他所否定的"常论"实际是指向"以周、孔为关键"的决定论,更表现出他思想的批判特色。但他推断仙人存在的结论则显然是没有道理的,这正显示了他的神仙观念的不可克服的矛盾。

三

老、庄的人生理想是安时处顺,无为无事,浮游尘垢之外,哀乐

无累于心。庄子的理想人格名目有多种,如真人、至人、神人、圣
人、德人、大人、天人、全人等。《庄子》书里对这些人格境界做了许
多具体描述,"实际上可以分解、归纳为两方面内容:超脱和神
异"①。庄子所谓"真人"等等,是全然不同于现实人格的人。他的
描述出于幻想,在一定意义上说是艺术玄想。当然这种幻想或玄
想有其实际内涵,有其现实目的,此不具论。而嵇康却是执着现世
的人,是刚肠激烈、愤世嫉俗的人。他为严酷的现实环境所不容,
乃不得不走老、庄消极避世之路。司马师"欲辟康,康既有绝世之
言,又从子不善,避之河东",以至山涛为选曹郎,"举康自代,康答
书拒绝,因自说不堪流俗,而非薄汤、武"②,这都表明他的处境,以
及这种处境决定的政治态度。同样,他的养生思想和神仙幻想也
表现出强烈的现实内容,具有积极的批判意义。

首先,嵇康的养生观念是与"世教"全然对立的,即是所谓"越
名教而任自然"。后来颜延年的名作《五君咏》里咏嵇康说:

> 中散不偶世,本自餐霞人。形解验默仙,吐论知凝神。立
> 俗迕流议,寻山洽隐沦。鸾翮有时铩,龙性谁能驯!③

颜延之是把嵇康看成仙人的,而他特别强调嵇康"不偶世""迕流
议"的品格。嵇康本人则明确说:

> 夫称君子者,心无措乎是非,而行不违乎道者也。何以言
> 之?夫气静神虚者,心不存于矜尚;体亮心达者,情不系于所
> 欲。矜尚不存乎心,故能越名教而任自然;情不系于所欲,故
> 能审贵贱而通物情。物情顺通,故大道无违;越名任心,故是
> 非无措也。(《释私论》)

---

①崔大华《庄学研究》,第 150 页,人民出版社,1992 年。
②《三国志·魏书》卷二一《王粲传》注引《魏氏春秋》,第 606 页。
③《五君咏·嵇中散》,《先秦汉魏晋南北朝诗·宋诗》卷五,中册,第 1235 页,
　人民文学出版社,1983 年。

玄学论题中有所谓"自然好学"说,所学指的是以《六经》为主的儒家仁义道德之说。所谓"自然好学"就意味着人有先天的道德本性,这种观念显然是基于儒家伦理观念的。嵇康在批驳这种观点时明确表示否定儒家的态度。他说:

> 六经以抑引为主,人性以从欲为欢。抑引则违其愿,从欲则得自然。然则自然之得,不由抑引之六经;全性之本,不须犯情之礼律。故仁义务于理伪,非养真之要术;廉让生于争夺,非自然之所出也……今子立六经以为准,仰仁义以为主,以规矩为轩驾,以讲诲为哺乳,由其途则通,乖其路则滞,游心极视,不睹其外,终年驰骋,思不出位,聚族献议,唯学为贵。执书摘句,俯仰咨嗟,使服膺其言,以为荣华。故吾子谓六经为太阳,不学为长夜耳。(《难自然好学论》)

这再次表明嵇康主张的"自然""真性"是与儒家《六经》的仁义之说相对立的,而否定儒家"名教",提倡老庄"自然"之道的实际意义则又是对抗司马氏专政的。沈祖棻分析说:

> 晋傅玄谓:"魏武好法术而天下贵刑名,魏文慕通达而天下贱守节。"(《晋书》卷四十七《傅玄传》)所论盖犹仅得其一偏也。在此形势之下,法术之学原本以代替儒学者,乃转而与儒学结合,依然假借名教礼法,使之再度成为新统治集团控制社会之工具。而当时士大夫原本在不背儒学之前提下,以从事于时政之善意批评者,反失其依据,至不得不另觅精神上之寄托。《老》、《庄》之学,遂以此进为时代思潮之主流。①

嵇康发挥了老子绝圣弃智观念,更把"智"与"性"相对立。按老、庄的思路,这"智"即是儒家仁义道德之说,"性"则是自然的"真

---

①《阮嗣宗〈咏怀〉诗初论》,程千帆《古诗考索》,第 274 页,上海古籍出版社,1984 年。

性"。嵇康说：

> 夫不虑而欲，性之动也；识而后感，智之用也。性动者，遇物而当，足则无余；智用者，从感而求，倦而不已。故世之所患，祸之所由，常在于智用，不在于性动……君子识智以无恒伤生，欲以逐物害性。故智用则收之以恬，性动则纠之以和。使智上（止）于恬，性足于和，然后神以默醇，体以和成，去累除害，与彼更生。所谓不见可欲，使心不乱者也。（《答难养生论》）

这里所谓"智"乃是得自后天的知识，从滋味声色的追求到仁义道德的约束，都是"智用"的体现。"智用"促使"性动"，对于个人则使真性凋丧，对于社会则是祸乱的根由。

这样，嵇康发挥老庄思想，设计出"忘身""任心"，"志无所尚，心无所欲，达乎大道之情，动以自然，则无道以至非也"（《释私论》），"顺天和以自然，以道德为师友，玩阴阳之变化，得长生之永久，任自然以托身，并天地而不朽"（《答难养生论》）的生存理想，充分表现了他与现实体制不合作的姿态。陈寅恪精辟地指出：

> 故名教者，依魏晋人解释，以名为教，即以官长君臣之义为教，亦即入世求仕者所宜奉行者也。其主张与崇尚自然即避世不仕者适相违反，此两者之不同，明白已甚。而所以成为问题者，在当时主张自然与名教互异之士大夫中，其崇尚名教一派之首领如王祥、何曾、荀颢等三大孝，即佐司马氏欺人孤儿寡妇，而致位魏末晋初之三公者也。（参晋书贰叁王祥传何曾传、贰玖荀颢传。）其眷怀魏室不趋赴典午者，皆标榜老庄之学，以自然为宗。"七贤"之义即从论语"作者七人"而来，则"避世""避地"固其初旨也。然则当时诸人名教与自然主张之互异即是自身政治立场之不同，乃实际问题，非止玄想而已。观嵇叔夜与山巨源绝交书，声明其不仕当世，即不与司马氏合作之宗旨，宜其为司马氏以其党于不孝之吕安，即坐以违反名

教之大罪杀之也。"七贤"之中应推稽康为第一人,即积极反抗司马氏者。①

这样,稽康讲老、庄"天理自然"之道并以此为"道德",其政治意义是相当明显的。而且还应当注意到,在魏、晋以来名士间崇尚"自然"的潮流中,不同人群的具体"自然"观,特别是落实到实践上,情况又有所不同。在司马氏当政的酷烈政治环境中,有一些名士已在不同程度上消磨了斗争锐气,遁入拒斥世务、委顺放荡一途,有些人更韬晦沉冥以求自保。一些人这样做的依据,同样是老、庄"自然"之道,不过强调的是适性、纵欲的一面,即以满足情欲为"自然";落实到人生方式上,则放浪形骸,蔑弃礼法,弃绝世务,纵欲任情。作为典型代表的可以举出阮籍。拿稽康和阮籍相比较,无论是观念还是实践,对老、庄"自然"之道的理解显然是完全不同的。阮籍倜傥放荡,佯狂沉醉,口不臧否人物,自有其不得已的苦衷;他在现实斗争中也表现出深刻的思想矛盾,行动上也有相当积极的一面。但他对"自然"的理解显然是以"适性"为根本的。稽康的认识则全然不同。他是反对"役身以物,丧志于欲"的。他说:

> 夫渴者唯水之是见,酌者唯酒之是求,人皆知生生之有疾也。今若以从欲为得性,则渴酌者非病,淫湎者非过,桀跖之徒皆得自然,非本论所以明至理之意也。(《答难养生论》)

为了深入理解稽康这一论点的意义,可以拿后来东晋末年关于《庄子》"逍遥"义的一次论争做参考。《世说新语·文学》篇记载:"《庄子·逍遥》篇,旧是难处,诸名贤所可钻味,而不能拔理于郭、向之外。支道林在白马寺中,将冯太常共语,因及《逍遥》。支卓然标新理于二家之表,立异义于众贤之外,皆是诸名贤寻味之所

---

① 《陶渊明之思想与清谈之关系》,《金明馆丛稿初编》,第182—183页,上海古籍出版社,1980年。

不得。后遂用支理。"①刘义庆注引录郭、向义谓：

> 夫大鹏之上九万，尺鷃之起榆枋，小大虽差，各任其性。苟当其分，逍遥一也。然物之芸芸，同资有待；得其所待，然后逍遥耳。唯圣人与物冥而循大变，为能无待而常通，岂独自通而已。又从有待者不失其所待；不失，则同于大通矣。

这段话见于今本郭象《庄子注》，是分别对《逍遥游》题目和"夫列御寇御风而行"一节的注释。其对于"逍遥"理解的核心在"当其性""任其性"，是"有待者不失所待"。这实际是要求在承认等级差异的基础上任性逍遥，放纵自恣。而支遁的《逍遥论》则作另一种理解：

> 夫逍遥者，明至人之心也。庄生建言人道，而寄指鹏、鷃。鹏以营生之路旷，故失适于体外；鷃以在近而笑远，有矜伐于心内。至人乘天正而高兴，游无穷于放浪；物物而不物于物，则遥然不我得；玄感不为，不疾而速，则逍然靡不适。此所以为逍遥也。若夫有欲当其所足，足于所足，快然有似天真。犹饥者一饱，渴者一盈，岂忘蒸尝于糗粮，绝觞爵于醪醴哉？苟非至足，岂所以逍遥乎！②

支遁不同意向、郭的看法。他认为依向、郭的主张，仍是肯定"有待""有欲"的，因而也就不免"失适于体外"或"矜伐于心内"，即内心仍受到外物的束缚而未达到真正的逍遥。《高僧传》里又记载："遁尝在白马寺，与刘系之等谈《庄子·逍遥》篇，云各适性以为逍遥。遁曰：'不然。夫桀、跖以残害为性，若适性为得者，彼亦逍遥也。'"③支遁的观点显然是与嵇康一致的。两人都以"至人"为理

---

①余嘉锡《世说新语笺疏》，第220页，中华书局，1983年。
②《世说新语笺疏》，第220—221页。
③《高僧传》卷四《剡沃州支道林传》。

想，都反对以"适性"为"逍遥"，都举出桀、跖为例证。支遁本是"玄学化"的"名僧"，他反对任性纵欲，是出于佛教修持的要求，终极的目标当然是与嵇康相异的。但他要求"含光内观，凝神复朴，栖心于玄冥之崖，含气于莫大之涘"的高蹈、超越的境界，不为物累，不为欲障，思路与嵇康又有一致的一面。支遁与向、郭间关于"自然"义之争，可以帮助理解嵇、阮间人生态度的不同。嵇康极力超越现实体制，去追求一种高蹈、超然境界；阮籍则企图放浪混世，以避祸患。就这一点而言，嵇康显示出更坚定、更富于斗志的人格。后人拿阮籍和嵇康做比较，袁宏说：

> 阮公瑰杰之量，不移于俗，然获免者，岂不以虚中莘节，动无过则乎！中散遣外之情，最为高绝，不免世祸。将举体秀异，直致自高，故伤之者也。[1]

沈约则说：

> 嵇生是上智之人，值无妄之日，神才高杰，故为世道所莫容。风逸挺特，荫映于天下，言理吐论，一时所莫能参。属马氏执国，欲以智计倾皇祚，诛锄胜己，靡或有遗。玄伯（陈泰）、太初（夏侯玄）之徒，并出嵇生之流，咸已就戮。嵇审于此时非自免之运。若登朝进仕，映迈当时，则受祸之速，过于旋踵。自非霓裳羽带，无用自全。故始以饵术黄精，终于假途托化。阮公才器宏广，亦非衰世所容，但容貌风神，不及叔夜，求免世难，如为有途。若率其恒仪，同物俯仰，迈群独秀，亦不为二马所安。故毁行废礼，以秽其德，崎岖人世，仅然后全。[2]

如这样的评论，在人物品格上都认为嵇康高于阮籍，理由是嵇康更

---

[1]《七贤序》，《太平御览》卷四四七，第 2058 页。
[2]《七贤论》，《全上古三代秦汉三国六朝文·全梁文》卷二九，第 3117 页，中华书局，1960 年。

坚定地保持与现实体制相对抗的原则,而其表现就是不委顺求全。后来颜之推说:

> 夫老、庄之书,盖全真养性,不肯以物累己也。故藏名柱史,终蹈流沙;匿迹漆园,卒辞楚相,此任纵之徒耳……嵇叔夜排俗取祸,岂和光同尘之流也?[①]

这更直接指出了嵇康所理解和遵循的道家"自然"之道与老、庄本来面貌的不同。王维曾批评嵇康,他说:

> 降及嵇康亦云:"顿缨狂顾,愈思长林而忆丰草。""顿缨狂顾",岂与俛受维絷有异乎?"长林丰草",岂与官署门阑有异乎?异见起而正性隐,色事碍而慧用微,岂等同虚空、无所不遍、光明遍照、知见独存之旨耶?……孔宣父云:"我则异于是,无可无不可。"可者适意,不可者不适意也。君子以布仁施义、活国济人为适意,纵其道不行,亦无意为不适意也。苟身心相离,理事俱如,则何往而不适。[②]

王维信仰禅宗,中年以后又是调和儒、释的亦官亦隐人物,他以孔子之说相标榜,而所述则是禅宗的人生观念。禅宗也是吸取老、庄之旨的。他主张任运随缘,立处即真,泯没是非,无所作为。从他的角度看,嵇康显然是有累于世事,不合老、庄无可无不可的宗旨。

对现实满怀激愤,不能"适意",这是嵇康精神世界的另一面,因而其不能安于平庸。尽管他认为神仙不可以学得,却一再表现自己对神仙的向往,希望高蹈出世:

> 凌扶摇兮憩瀛洲,要列子兮为好仇。餐沆瀣兮带朝霞,眇翩翩兮薄天游。齐万物兮超自得,委性命兮任去留。激清响以赴会,何弦歌之绸缪。(《琴赋》)

---

① 王利器《颜氏家训集解》卷三《勉学》,第 178 页,上海古籍出版社,1980 年。
② 《与魏居士书》,赵殿成《王右丞集笺注》卷一八。

因为他相信通过养生可以延年益寿到八百、一千岁，实际也就承认人能够等同于神仙而逍遥自得了。

再进一步，稽康的养生术更直接关联到现实政治。作为统治者，如何治理天下同样也关系到养生。他针对司马氏提倡的名教礼法，提出取法自然的无为无事的政治理想。他说：

> 为天下而尊君位，不为一人而重富贵也……圣人不得已而临天下，以万物为心，在宥群生，由身以道，与天下同于自得。穆然以无事为业，坦尔以天下为公。虽居君位，饷万国，恬若素士接宾客也。虽建龙旒，服华衮，忽若布衣之在身。故君臣相忘于上，蒸民家足于下，岂劝百姓之尊己，割天下以自私，以富贵为崇高，心欲之而不已哉？（《答难养生论》）

他主张遵循老子还淳返朴的主张，以古代的君王为榜样：

> 古之王者，承天理物，必崇简易之教，御无为之治。君静于上，臣顺于下，玄化潜通，天人交泰。枯槁之类，浸育灵液；六合之内，沐浴鸿流，荡涤尘垢；群生安逸，自求多福；默然从道，怀忠抱义，而不觉其所以然也。（《声无哀乐论》）

他所描绘的理想境界，恰恰与现实中的纷争劫夺、司马氏的严酷统治相对照。也正是在这个意义上，稽康"非汤、武而薄周、孔"，即把儒家理想的古代圣贤否定了。稽康思想中的这种政治内涵，成为他后来致祸的主要原因。鲁迅说：

> 但最引起许多人的注意，而且于生命有危险的，是《与山巨源绝交书》中的"非汤武而薄周孔"。司马懿因这篇文章，就将稽康杀了。非薄了汤武周孔，在现时代是不要紧的，但在当时却关系非小。汤武是以武定天下的；周公是辅成王的；孔子是祖述尧舜，而尧舜是禅让天下的。稽康都说不好，那么，教司马懿篡位的时候，怎么办才是好呢？没有办法。在这一点

上,嵇康于司马氏的办事上有了直接的影响,因此就非死不可了。①

这一段分析,把嵇康思想的政治意义阐述得十分清楚。正因为嵇康对养生的看法是他的现实处境所决定的,由此形成的他的立身行事原则,也表现出十分鲜明的政治倾向。

值得注意的是,嵇康的养生思想所体现的强烈的生命意识,又出于他对人的能力的强固信心。他主张"寿夭之来,生于用身;性命之遂,得于善求。然则夭短者,何得不谓之愚? 寿延者,何得不谓之智? 苟寿夭成于愚智,则自然之命,不可求之论,奚为措之?"(《难宅无吉凶摄生论》)这种观点与老、庄对于生死寿夭得自命定的观念是全然相反的。

嵇康曾参与关于住宅有无吉凶的辩论,主张住宅有吉凶,从科学角度看,他的观点显然是错误的。他所主张的实际是堪舆说关于相地、看风水的迷信。但对方的观点则是命定论,即所谓"夫命者,所禀之分也;信顺者,成命之理也。故曰:'君子修身以俟命。''知命者不立于岩墙之下。'何者? 是夭遂之宝(实)也"(《释难宅无吉凶摄生论》)。这是基于命运不可改变的观点,得出宅无吉凶的结论。嵇康批驳说:"天地广远,品物多方,智之所知,未若所不知者众也。"(《难宅无吉凶摄生论》)这种看法显然有"不可知论"的意味,他用流行的卜相之术来揭露对方的矛盾,也并不能击中要害,但他说:

> 今信征祥,则弃人理之所宜;守卜相,则绝阴阳之吉凶;持知力,则忘天道之所存,此何异识时雨之生物,因垂拱而望嘉谷乎?(《难宅无吉凶摄生论》)

---

① 《魏晋风度及文章与药及酒之关系》,《鲁迅全集》第 3 卷,第 512 页,人民文学出版社,1981 年。

他如此肯定征祥、卜相,推理前提当然是有问题的,但他的结论是有道理的:即在承认客观规律的条件下,不可否定人的主观努力。他肯定养生的功效,基本依据也在这里。在这方面,嵇康发挥了道教生命观中积极的、有价值的成分。

这样,嵇康对道教神仙说和养生术加以独特的理解和发挥,一方面以此作为他个人因应苦难现实的生存根据,另一方面又用以作为对抗、批判现实政治的思想武器。他在这方面的思想从而也就发挥出特殊的光彩。它们是嵇康许多议论文字的内容,又成为他创造更大文学成就的资料。

四

嵇康在"竹林七贤"里,创作上具有突出特色。他诗、文、赋各体兼擅,多有优秀作品传世。而他的作品在思想内容方面所显示的特殊的尖锐和深刻,艺术上创造出的独特的境界和风格,则与他的整个思想境界有直接关系。这其中,他的养生术和神仙思想也是重要的、决定性的因素。

建安、正始文学的重要成就即在变"两汉作家'王、扬、枚、马'所代表的以歌颂帝王功德为目的,以讽喻鉴戒为幌子的文学"为"情文兼具,文质相称的文学",即"有感情有个性的抒发性的文学"[1]。就诗歌创作而言,三曹、"建安七子"等人的创作"志深而笔长,故梗概而多气"[2],"以情纬文,以文被质"[3],从根本上改变了汉

---

①余冠英《三曹诗选序》,第 2 页,人民文学出版社,1957 年。
②范文澜《文心雕龙注》卷九《时序》,下册,第 674 页,人民文学出版社,1961 年。
③《宋书》卷六七《谢灵运传论》,第 1778 页,中华书局标点本。

代诗坛内容主要是歌功颂德,艺术表现则"质木无文"的总趋势①。
而嵇康活动在他所生存的上述具体环境中,内心自会有感慨、不
平,更接受了流行方术包括正在兴起的道教里的神仙术、养生说,
从而把感情提升、凝聚为宗教情怀,他对所了解的养生术更积极地
身体而力行之。这些表现在文学创作里,就成为前所未见的新内
容,从而做出了开拓性的成绩。他的创作的优长和局限都和他的
这种独特的思想境界相关联。

嵇康的议论文字以思想新鲜、词锋尖锐著称。当时玄学论辩
有三大主题:"自然好学""声无哀乐""言不尽意"。针对前两个问
题,他均成为辩论一方的代表;还有《管蔡论》《明胆论》等文章,也
极富新意。正如鲁迅所说:

> 嵇康的论文,比阮籍更好,思想新颖,往往与古时旧说反
> 对。孔子说:"学而时习之,不亦说乎?"嵇康做的《难自然好学
> 论》,却道,人是并不好学的,假如一个人可以不做事而又有饭
> 吃,就随便闲游不喜欢读书了,所以现在人之好学,是由于习
> 惯和不得已。还有管叔蔡叔,是疑心周公,率殷民叛,因而被
> 诛,一向公认为坏人的。而嵇康做的《管蔡论》,就也反对历代
> 传下来的意思,说这两个人是忠臣,他们的怀疑周公,是因为
> 地方相距太远,消息不灵通。②

在玄学大盛的名理思辨潮流中,嵇康又是运用严密的逻辑进
行辨理析义最为杰出的一位。他善于把事实(例证)归纳和演绎
推理结合起来,破解对方论点和论证过程中的矛盾。虽然他的议
论有时有破绽,甚至显然是在诡辩,但却总是表现出高屋建瓴的

---

① 钟嵘《诗品序》:"自王、扬、枚、马之徒,词赋竞爽,而吟咏靡闻。东京二百载
  中,唯有班固《咏史》,质木无文。"陈延杰注《诗品注·总论》,第1页,人民文
  学出版社,1980年。
②《魏晋风度及文章与药及酒之关系》,《鲁迅全集》第3卷,第511—512页。

气势。这一点突出表现在他关于养生、神仙的论述里。就具体内容而言，他这方面的基本观点是有问题的：人确实有可能通过养生延续生命，但是有限度；特别是在当时的一般生活和医药学条件下，所受到的限制更大；断定人能够如传说中的彭祖那样活到八百岁，纯属是幻想。他的论述中这类纰漏、矛盾之处不少。更重大的矛盾是他一方面否定神仙可以学得，另一方面又处处以神仙为养生的榜样和标的。然而尽管有这些矛盾或缺陷，由于他的文章的鲜明的现实性，也由于作者在论述中表现出强烈的激情并能娴熟地使用逻辑推理，仍使他的滔滔论辩显得气势雄伟，观点似乎牢不可破。

嵇康的赋在魏晋众多辞赋名家里成就不算突出，作品只留有两篇。《卜疑集》的构思规仿《远游》和《卜居》，《琴赋》则属于咏物之作，艺术上都没有多少创造性。神仙内容却是它们的特色。《卜疑集》设为宏达先生到太史贞父之庐卜疑，他本是不求闻达、居心淡泊的好道之士，慨叹于人情万端，动则多累，发出疑问，中有云：

> 宁与王乔、赤松为侣乎？将进伊挚而友尚父乎？宁隐鳞藏彩，若渊中之龙乎？将舒翼扬声，若云间之鸿乎？宁外化其形、内隐起情、屈身随时、陆沉无名，虽在人间，实处冥冥乎？将激昂为清、锐思为精、行与世异、心与俗并，所在必闻，恒营营乎？宁寥落闲放、无所矜尚、彼我为一、不争不让、游心皓素、忽然坐忘、追羲农而不及、行中路而惆怅乎？将慷慨以为壮、感慨以为亮、上干万乘、下凌将相、尊严其容、高自矫抗、常如失职怀恨怏怏乎。

这里显然是赞扬老、庄的游心于淡、遗世独立的风格，对功名利禄的追求表示鄙弃。而这种人生理想又具体体现为对神仙世界的向往。值得注意的是，文中有一段老、庄的对比，说：

> 宁如老聃之清净微妙、守玄抱一乎？将如庄周之齐物变

化、洞达而放逸乎？

这里老子与庄周的人生态度相对待，正和前面提到的他对"自然"的理解相一致：他反对那种混世齐俗、适意逍遥的生存方式。

刘勰说："正始明道，诗杂仙心，何晏之徒，率皆浮浅。唯嵇志清峻，阮旨遥深，故能标焉。"①正始诗坛最有代表性的诗人就是嵇康和阮籍，其艺术表现上的重要特点之一如刘勰所说就是抒写"仙心"，即较多地表现神仙内容。他们"飘忽俊佚，言无端涯"②的风格，也正和这种内容有关。如上所述，嵇康相信神仙的存在，并认为普通人可以通过养生与神仙比寿。这不仅使得他在践履中极其热衷养生实践，更对仙人和神仙世界满怀热情和憧憬。他把神仙幻想化为诗思，同样流露出特殊的热忱和激情。嵇康所存作品数量较阮籍为少，与阮籍诗风亦有所不同。从褒扬角度说，嵇诗的特点在"高邈"③、"标举"④；如从批评角度说，则嵇康"诗少涉矜持，更不如嗣宗"⑤，略嫌"一举殆尽"⑥。而无论是称赞为兴会标举，还是讥刺为千篇一律，都与他对神仙题材的处理有关系。

一般以为嵇康《兄秀才公穆入军赠诗十九首》非一时所作。这十九首诗题材、主题、表达的情绪不同，实际也正表现了诗人思想的矛盾和斗争历程，真实地抒写了他不得不逃世高蹈的原因及其对超越的神仙世界的向往。其第七首说：

> 人生寿促，天地长久。百年之期，孰云其寿？思欲登仙，

---

①《文心雕龙注》卷二《明诗》，上册，第 67 页。
②刘师培《南北文学不同论》，舒芜等编选《中国近代文论选》下册，第 574 页，人民文学出版社，1981 年。
③遍照金刚《文镜秘府论·南》，第 142 页，人民文学出版社，1980 年。
④王世贞《艺苑卮言》卷三，丁福保辑《历代诗话续编》中册，第 989 页，中华书局，1983 年。
⑤陆时雍《古诗镜》卷一《诗境总论》。
⑥《对床夜语》卷一，《历代诗话续编》上册，第 413—414 页。

以跻不朽。揽辔踟蹰，仰顾我友。

这对于宇宙永恒和人生短暂的思索，这种现实矛盾永远不能解决所产生的悲哀，乃是滋生宗教观念的土壤。但是，嵇康的神仙向往并不仅从关于宇宙的玄学思索而来。其第十九首慨叹说：

> 流俗难悟，逐物不还。至人远鉴，归之自然……泽雉虽饥，不愿园林。安能服御，劳形苦心。身贵名贱，荣辱何在？贵得肆志，纵心无悔。

在这里，他显然对"流俗"采取势不两立的姿态，对世俗的"名""荣辱"更表示极端鄙视，从中可以了解他希望超脱世事的原因。而第十七、十八两首则说：

> 乘风高游，远登灵丘。托好松、乔，携手俱游。朝发太华，夕宿神州。弹琴咏诗，聊以忘忧。
>
> 琴诗自乐，远游可珍。含道独往，弃智遗身。寂乎无累，何求于人。常寄灵岳，怡志养神。

这里他幻想与神仙结好，托身到"灵岳"之类的仙境中去，目的是为了"忘忧"。而宁愿放弃人生享乐，离弃亲情欢爱，则更可见那"忧"之深、"累"之切。他所理想的神仙生活，又并不是繁华欢快的感官享受，而只求琴书自娱，寂寞地保养清净自性。诗人在这里用极其简洁的笔触描绘出一种高洁的人生境界。第十四首把这种理想表达得更为鲜明：

> 息徒兰圃，秣马华山。流磻平皋，垂纶长川。目送归鸿，手挥五弦。俯仰自得，游心太玄。嘉彼钓叟，得鱼忘筌。郢人逝矣，谁可尽言。

范晞文评论说："苏子卿诗：'俯视江汉流，仰视浮云翔。'……古人句法极多，有相袭者……若嵇叔夜'目送归鸿，手挥五弦。俯仰自得，游心太玄'，则运思写心，迥不同矣。"上引这首诗里描绘的那种顾盼自得的境界历来受到赞赏。诗人除了在选择细节、描摹神情上显示出高超技巧外，更让人动情的是形象里的那种超迈玄远的风神，那种淡然自得、不为物拘的气韵。这也正凸显出嵇康神仙追求的精神内涵。他在因系中所作《幽愤诗》自述生平心志，其中也说道："……爰及冠带，冯宠自放，抗心希古，任其所尚。托好老、庄，贱物贵身，志在守朴，养素全真……采薇山阿，散发岩岫，永啸长吟，颐性养寿。"他的《重作四言诗七首》的后两首也同样：

> 思与王乔，乘云游八极；思与王乔，乘云游八极。凌厉五岳，忽行万亿，授我神药，自生羽翼。呼吸太和，炼形易色，歌以言之，思行游八极。

> 徘徊钟山，息驾于层城；徘徊钟山，息驾于层城。上荫华盖，下采若英，受道王母，遂升紫庭。逍遥天衢，千载长生，歌以言之，徘徊于层城。

这七篇四言组诗的前几首表现富贵忧患，贫贱易居，劳谦寡悔，忠信久安，最后归结到对于神仙世界的向往。这显然也是面对现实而慨乎言之的。

同样，他在《答二郭三首》第二首中自述心迹时也说：

> 昔蒙父兄祚，少得离负荷。因疏遂成懒，寝迹北山阿。但愿养性命，终己靡有他。良辰不我期，当年值纷华。坎壈趣世教，常恐婴网罗。羲农邈已远，拊膺独咨嗟。朔戒贵尚容，渔父好扬波。虽逸亦已难，非余心所嘉。岂若翔区外，餐琼漱朝霞。遗物弃鄙累，逍遥游太和。结友集灵岳，弹琴登清歌。有能从此者，古人何足多！

这表明他是以老、庄还淳返朴、保素全真为志愿，实际是幻想能过一种超然世外的生活。这种对于超脱境界的向往，显然也是内含着对于"世教"坎坷和"世网"羁束的不满和激愤的。

嵇康的两首《述志诗》把自己的内心底蕴表现得更清楚,第一首里说:

> 耕耨感宁越,马席激张仪。逝将离群侣,伏策追洪崖。焦鹏振六翮,罗者安所羁。浮游太清中,更求新相知。比翼翔云汉,饮露餐琼枝。多念世间人,夙驾咸驱驰。冲静得自然,荣华安足为。

第二首里说:

> 往事即已谬,来者犹可追。何为人世间,自令心不夷?慷慨思古人,梦想见容辉。愿与知己遇,舒愤启其微。岩穴多隐逸,轻举求吾师。晨登箕山巅,日夕不知饥。玄居养营魄,千载长自绥。

他是有感于宁越出身的艰辛,张仪所受的屈辱,不愿在"世间""驱驰"奔走,也不留恋人世的"荣华",因而要离群隐逸。他这样把隐逸、养生、求仙三者结合起来,把神仙境界现实化了,又把人生境界神仙化了。在这类诗的构思里,神仙和神仙世界不再是邈不可及的玄想,而变成真实的现实情景了。

自屈原以来,游仙的构想已是诗歌中常见的题材。在现存资料里,嵇康是曹植、曹丕之后最早以《游仙》为题写诗的人。"游仙诗"一般以表现仙界景象、抒写追随仙人遨游的幻想为内容,往往把神仙世界表现为超然玄想的境界。而嵇康出于自己的神仙、养生观念,却把幻想转化为现实情境,描绘的则是理想的人生境界。他的《游仙诗》说:

> 遥望山上松,隆谷郁青葱。自遇一何高,独立迥无双。愿想游其下,蹊路绝不通。王乔弃我去,乘云驾六龙。飘飖戏玄圃,黄、老路相逢。授我自然道,旷若发童蒙。采药钟山隅,服食改姿容。蝉蜕弃秽累,结友家板桐。临觞奏《九韶》,雅歌何

邕邕。长与俗人别,谁能睹其踪!

这里描绘的显然并不是天上的仙境,所遇到的也不是所谓"天仙"一类"人物"。这是山林隐居的情景,交游的是地上的仙人,所传授的是黄、老自然之道,所实践的则是养生之术。这就创造出一种"仙隐"境界,也是遗世独立的人生境界。

这样,嵇康诗中的"仙心"是把现实的养生、隐逸和神仙世界的幻想结合起来,抒写自己的人生追求,其中隐含着深刻的现实意义。这种构思方式开创了后来郭璞等人的"仙隐"传统,推动文学中的神仙题材更加"人生化""现实化",也使神仙表现更加"艺术化"了。当然如前所说,嵇康诗这方面的表现有些单调,语言、写法都显得少变化,但他在发展诗歌的神仙题材的表现方面,贡献是突出的。

还值得注意的是,嵇康写诗主要利用四言体。东汉以后五言诗开始盛行,四言诗已经较少有人创作。四言诗这种体裁句式局促,格调单纯,难以发挥抒情效果,其没落趋势是必然的。曹操等也写过相当优秀的四言诗,但汉代以后主要利用这一体裁并取得较大成就的只有嵇康。他的四言诗的艺术成就不是这里探讨的问题。和本章课题相关的有一点,就是他对诗体的选择显然有不附流俗、特立独行的意味;特殊的诗体更适于表现特别的神仙题材。

这样,嵇康的养生思想作为道家、道教思想的发挥,具有独特的价值和意义;和养生思想相关联的他的独特的神仙观念,也具有深刻的理论和现实意义;而在他的创作中,这两个方面又被化为文情和诗思表现出来,在文学史上创造出独具特色的艺术成就,作为宝贵遗产留给后人,造成了长远的影响。

郭璞和他的《游仙诗》

一

钟嵘《诗品》评论郭璞说：

> 宪章潘岳，文体相辉，彪炳可玩。始变永嘉平淡之体，故称中兴第一。《翰林》以为诗首。但《游仙》之作，词多慷慨，乖远玄宗。其云："奈何虎豹姿。"又云："戢翼栖榛梗。"乃是坎壈咏怀，非列仙之趣也。①

他还特别提出"景纯咏仙"是"五言之警策"②。这里又提出李充的《翰林论》认为郭璞作品可谓"诗首"的评论（不见今存《翰林论》佚文），李充曾为王导僚属，应与郭璞相识，这应是当时人的一般看法。又关于郭璞《游仙诗》的地位，刘勰说：

> 江左篇制，溺乎玄风，嗤笑徇务之志，崇盛亡机之谈，袁、孙已下，虽各有雕采，而辞趣一揆，莫与争雄。所以景纯仙篇，

---

① 陈延杰注《诗品注》，第38—39页，人民文学出版社，1980年。
② 《诗品序》，陈延杰注《诗品注》，第5页。

　　挺拔而为俊矣。①

这大体是古往今来文学史上对郭璞及其《游仙诗》的一般看法。
刘勰这段话，接下来就说到宋初"《庄》、《老》告退，而山水方滋"，
这是中国诗歌史上的重大转变。对造成这一转变，郭璞有先导
之功。

　　以《游仙》题目作诗，郭璞不是第一个人。文学作品里表现游
仙内容，更有自屈原以来的悠久传统。现可考见最早使用《游仙》
题目作诗的是曹植和曹丕②，接着嵇康、张华、张协、成公绥、何
劭、庾阐等都写过《游仙诗》。在《文选》李善注里，还保留有邹润
甫、王彪之《游仙诗》的断句③。就是说，《游仙》这个题目在魏晋
时期是众多作者所热衷的。但郭璞的《游仙诗》不仅千古以来传
诵不绝，更以此确立了他在文学史上的不朽地位。究其原因，除
了他利用这一题目的作品较多，在艺术上具有更鲜明的特色，从
而给后世代代读者以启示和感动之外，更由于在这些作品里他创
造性地表现了独特的"仙隐"主题，从新的角度、新的侧面生动地
抒写了当时知识阶层精神世界的矛盾与追求，显示了在中国思想
史和宗教史上影响深远的神仙观念的新发展。

　　郭璞《游仙诗》体现的是一种典型的许地山所谓"骚人派"神仙
思想。他本身就是典型的"骚人"。不过，他在这些诗里把屈原以
后"骚人"的神仙思想发展了，在艺术表现上加以开拓了。就神仙
信仰层面来说，作为骚人，如果说"不必信其为必有"，另一方面也
就意味着"不必以为其必无"。写作神仙题材的众多诗人，内心信
仰的真挚程度和具体状态会是各种各样，可以具体分析；但这些作

---

①范文澜《文心雕龙注》卷二《明诗》，上册，第67页，人民文学出版社，1961年。
②《乐府诗集》所收曹丕《折杨柳行》，在《艺文类聚》里题为《游仙诗》。
③分别见于《文选》卷二一郭璞《游仙诗》注和卷二二谢灵运《从游京口北固
　应诏诗》注。

品确实体现着神仙信仰发展的一定形态并具体反映了其对于文人精神世界的影响。而又正如许地山所指出的，骚人的神仙思想和道家相接近，他们的相关作品从而对于道家与道教的进一步发展又造成一定影响。这样，以郭璞作品为代表的"游仙"题材的诗歌创作流行，无论是在文学史上，还是在道教史上，都是值得注意的现象。

二

　　钟嵘称赞郭璞的作品为"中兴第一"，是从"文体"即"始变永嘉平淡之体"的角度讲的。魏晋以后正是所谓"自觉的文学观念"形成的时候，对作品的评论往往着眼于"文体"。如果从更广阔的视野看，郭璞又是两晋之际文坛凋零、东晋立国以后仍活跃在文坛上的第一人。他生存时代的严酷环境，他的独特经历和地位，对于他的思想和创作起到决定性的作用。

　　郭璞出生于晋武帝咸宁二年（276）。西晋灭亡、东晋建立的晋元帝建武元年（317），他四十二岁。他经历了短命的西晋政权在腐朽的门阀政治和统治集团的贪婪与屠戮中灭亡的全过程。西晋一朝的文坛承袭建安、正始文学的余辉，活跃着一批有才华的文人。但这正是门阀士族专政形成的时候，这一时期的文人们大都依附于权贵、外戚而生存。特别是到太康年间，外戚贾谧专政，"开阁延宾，海内辐凑"[1]，集合所谓"二十四友"，陆机、陆云、潘岳、左思、石崇、欧阳建、挚虞、刘琨等皆预其数。到西晋末年，朝廷内外聚集的矛盾总爆发，"八王之乱"，匈奴内侵，石勒兴兵，加之连年灾荒饥

---

①《晋书》卷四〇《贾充传》附《贾谧传》，第1173页。

馑,文人们在战乱中相继凋谢,其中有许多人死于非命。先是惠帝永康元年(300)赵王司马伦矫诏废贾后,张华、裴頠等同时遇害;同一年,赵王伦辅政,潘岳、欧阳建被诬谋奉淮南王允、齐王冏为乱,被诛,夷三族,"岳母及兄侍御史释、弟燕令豹、司徒掾据、据弟诜、兄弟之子,已出之女,无长幼,一时被害"[1];贾谧被杀的时候,左思避居洛阳宜春里,太安二年(303)河间王颙部将张方纵暴洛阳,他避居冀州,不久病逝;也是在太安元年,成都王颖、河间王颙起兵讨长沙王乂,一批文士如刘殷、张翰、江统、陆机、陆云等又集聚在他的门下。陆机本曾不满于齐王冏"矜功自伐,受爵不让",作《豪士赋》以讽,但这时却又委身于成都王司马颖,被迫将兵,结果战败被谮,颖收斩之,同样夷三族;他的弟弟陆云任前锋将军,还有另一个弟弟陆耽,也同时遇害。大将军参军孙惠给淮南内史朱诞的信里曾经感慨说:"不意三陆相携暗朝,一旦湮灭,道业沦丧,痛酷之深,荼毒难言。"[2]永兴元年(304),洛阳禁军在东海王司马越统帅下,拥戴惠帝讨伐司马颖,荡阴一役兵败,嵇康的儿子嵇绍以身体捍蔽被乱兵攻击的惠帝,血溅御服,死于帝侧;大体在同一时期,嵇含被命为广州刺史,未发遇害;永嘉初,张协被征为黄门侍郎,托疾不就,终于家;而在永嘉五年(311)的洛阳荒乱中,"人饥相食,(挚)虞素清贫,遂以馁卒"[3];也是在洛阳变乱中,潘尼携家东出成皋,欲还乡里,道遇贼,病卒于坞壁;东晋立国的建武二年(318),在北方坚持抗击石勒的将领,也是作品具有特色的诗人刘琨,被害身亡,等等。郭璞之避地东南,大概是在永嘉初,此后即进入他创作的成熟期。查看与他同时期的较活跃的文人,较著名的仅能找到《搜神记》编纂者,同时也是他的朋友的干宝(?—337),以及热衷于道教的葛

---

①《晋书》卷五五《潘岳传》,第 1507 页。
②《晋书》卷五四《陆云传》,第 1486 页。
③《晋书》卷五一《挚虞传》,第 1426—1427 页。

洪（283—343）①等有限的几个人。如果从诗歌创作角度看，郭璞可以说是当时存世的唯一一位有成就、有影响的诗人。在中国历史上，乱世出诗人，愤怒出诗人，许多动乱的时代正是诗人辈出的时候。而郭璞处境之孤独和寂寞，在历史上是很少见到的。这样，除了经受长期动乱的磨难之外，同辈文人大量凋亡的惨剧给郭璞心灵造成的创伤必定是十分深重的。乱世中人命如此之危浅，人的生死存亡是如此地难以预测，特别是在握有权力的权贵和军阀的混斗中文人是如此的软弱无力，这种忧惧和失落感自然会引导郭璞倾心神秘和宗教。这就是郭璞创作的外部环境。

另一方面，动乱的时代更为宗教意识的滋长提供了土壤。两晋之际正是佛、道二教大发展的时期。与郭璞大体活动在同一时期的葛洪所著《抱朴子内篇》，体现了当时民间教派道教"贵族化"即向社会上层发展的趋势。而早期道教中占有重要地位的"巫筮道"及其众多方术，作为信仰的实践方面，则在乱世中更受到欢迎，广泛流行于社会上下层中，具有相当大的势力。葛洪曾批评"张角、柳根、王歆、李申之徒""假托小术"，"诳眩黎庶"，并说当时有"诸妖道百余种"②，正表明当时社会上巫筮方术广泛流行的情形。这些方术包括更具宗教性的降神、禁厌、符咒等，也有更富群众性的疗病、预卜、解梦、星占、祈雨以及房中术等。葛洪等新一代贵族阶层的道教徒对这些方术是取批判态度的，但它们作为群众的信仰实践却受到广泛欢迎，一直兴盛不衰。在如两晋之际那样的动乱时代，人们的心态本来更容易倾向神秘和怪异，更热衷于寻求超越的力量以为精神寄托和安慰。郭璞也身处这种信仰潮流中。

---

①考见大渊忍尔《初期の道教—道教史の研究》后篇第一章《葛洪傳》，第521—522页，创文社，1991年。
②王明《抱朴子内篇校释》（增订本）卷九《道意》，第173页，中华书局，1985年。

　　葛洪在《抱朴子内篇》里作为批判对象,曾举出几个以方术惑人、"似是而非"的"故事"。其中之一说"兴古太守马氏在官,有亲故人投之求恤焉,马乃令此人出外住,诈云是神人道士,治病无不手下立愈。又令辨士游行,为之虚声,云能令盲者登视,躄者即行。于是四方云集,趋之如市,而钱帛固已山积矣"①。这即是当时众多的方术惑人事例中的一例。翻检《晋书》的《五行志》,更可以看到许许多多、各种各样的妖异灾祥事件,同样体现了当时的社会气氛。葛洪提倡"贵族化"的金丹神仙道教,对世俗间"喜信妖邪鬼怪,令人鼓舞祈祀"的"道术方技"取否定态度。但在部分文人间,对这些"道术方技"的信仰却颇为流行。例如活动时期较郭璞稍早的张华就"朗赡多通,图纬方技之书莫不详览"②;他所著《博物志》一书,记载许多奇异怪诞之说,包括不少神话传说和方术故事。而和郭璞为知交的干宝,作《搜神记》,更有意识地要"发明神道之不诬",所记不外"古今怪异非常之事"③,其中有大量的卜筮、预言、方术、符箓、妖异、变化之类传说。这些书中的故事,都是当作事实传闻来记录的。此后志怪小说流行,实际也是当时社会心态的一种反映。值得注意的是,当时的文人如张华、郭璞、干宝等,本人又都成了志怪小说里的人物。例如围绕郭璞的许多神奇怪异的传说,即被《搜神记》所记录,后来又被唐人当作编撰《晋书》的材料。这也都清楚地反映了当时文人的精神倾向和他们生存环境的气氛。

　　这样,长期的社会动乱使人们时刻处在危殆之中;在这样的环境中,宗教意识勃兴,神秘怪异之说盛行。郭璞就是在这样的社会和思想气氛中步入仕途和文坛的。

---

①《抱朴子内篇校释》(增订本),第176页。
②《晋书》卷三六《张华传》,第1068页。
③《搜神记序》。

三

读《晋书》的《郭璞传》，会发现其中描绘的郭璞很像是巫卜类型人物。对于《晋书》的写作，自刘知几以下，往往讥其杂采小说，体例不纯。《郭璞传》的写法正可作为典型，书中的记述多取材于《搜神记》等志怪小说。但梁启超就这一问题说过，"使各史而皆如陈寿之《三国志》，字字精严，笔笔锤炼……吾侪将失去许多史料矣"①。就是说，那些"杂采小说"之中往往看似荒诞不经的故事，正包含着珍贵史实成分，或是历史真实状况的某种曲折反映。例如史书所记郭璞在庐江太守胡孟康家"撒豆为兵"骗得一婢，在宣城太守殷祐处以法术制服驴山君鼠，在王导处卜卦预告寝处柏树将有震灾等等，在今天看来是荒唐的，但它们却不仅反映了郭璞作为历史人物的面貌的某些方面，更表明了当时社会上方术流行的实况和人们对待方术的一般状态。

郭璞字景纯，河东闻喜人②。他的父亲郭瑗，曾任尚书都令史，是尚书杜预部下，以方正著称，终于建平太守。在当时的九品官人法之中，令史为八、九品。日本学者宫崎市定在其名著《九品官人法の研究》里即以郭璞为例，把他看作是从庶民为官的"寒士"的一种典型人物③。在贵族专政、门第森严的社会里，如郭璞这种"寒门"出身的人一般是注定要"仕途多蹇"的。而只有把握特殊的技能、杰出的文才，这类人才有可能得到显露头角、飞黄腾达的机会。

在文才方面，郭璞是十分杰出的。他被誉赞"词赋为中兴之

---

① 《清代学术概论》，梁启超《史学论著四种》，第153页，岳麓书社，1998年。
② 见《晋书》卷七二《郭璞传》。以下出于本传文字不另注出。
③ 《九品官人法の研究——科举前史》，第156、195、268页，中央公论社，1997年。

冠",这有他众多的文章可以证明。《世说新语·文学》篇注引《璞别传》说:"璞奇博多通,文藻粲丽,才学赏预,足参上流"①。就"文藻"讲,《诗品》上又说他"宪章潘岳"。有的评论或以为郭非潘比,则是出于后人贬抑潘岳的看法。《世说》曾记载"孙兴公云:'潘文烂若披锦,无处不善……'"②如前面说到,当时人往往从文体上论文章,因而是给予潘岳高度评价的。所以肯定郭璞与他的渊源关系乃是一种赞词。就"奇博"方面看,郭璞"好古文奇字",曾注释过《周易》《山海经》《尔雅》《方言》和《楚辞》等。他在这方面的兴趣又和他倾心神秘、崇尚怪异的心态有关。这种心态也促使他热衷并锻炼了相关技能,成为他应世的重要手段。

郭璞年轻时曾从精于卜筮的郭公受业,受《青囊中书》九卷,由是洞晓五行、天文、卜筮之术。他不但耳闻目睹了西晋末年诸王混战,而且他的故乡又正是匈奴族(前赵刘渊是平阳即今临汾人)和羯族(后赵石勒是上党人)活动的地区,对于少数民族兴兵造成的威胁也有切身体会。至惠、怀之际,河东乱起,他潜结亲交数十家避地东南。"时海内大乱,独江东差安,中国士民避乱者多南渡江。镇东司马王导说琅邪王睿,收其贤俊,与之共事"③,这些"贤俊"后来构成东晋政权的重要社会基础,郭璞就是其中的一分子。他本有用世之志,南来后即积极参与政治活动,先后在宣城太守殷祐和时为丹阳太守的王导幕下为参军。时在愍帝建兴三年(315),他四十岁的时候。这样的机缘使他和裔叶贵盛的琅邪王氏结下了因缘,这对他后半生的命运造成了决定性的影响。

琅邪王氏自王祥之后,到其族孙王衍,一直是中朝冠冕盛门。西晋末年,王澄(衍弟)、王敦(衍族弟)分任江南重镇荆、扬二州刺史,后来琅邪王司马睿(即东晋元帝)移镇建业,他们成为其主要的

---

①余嘉锡《世说新语笺疏》,第257页,中华书局,1983年。
②《世说新语笺疏》,第261页。
③《资治通鉴》卷八七《晋纪九》,第2766页,中华书局,1956年。

倚重力量。东晋王朝统治集团是北方门阀和南方大族的联合体，王氏代表了北方世家巨族的势力。时有所谓"王与马，共天下"之谚，正表明了王氏权势之巨大。郭璞投靠王导，显然是怀抱着依附权要以为世用的期望的。他赠王导诗，歌颂对方"化扬东夏，熏格宇宙"，鼓励对方"方恢神邑，天衢再廓"①，由此可以窥知他的政治态度。元帝即位后，他入朝为著作佐郎，迁尚书郎，后来又入王敦幕府为记室参军。不料，他后来终于为劝阻王敦谋反而被杀。

《晋书》本传用相当多的篇幅记述他卜筮、占验、预言的方术，突出描绘他神奇的技艺；而道教徒更干脆把他列入《神仙传》，当作仙人来描写。在两晋之际动乱频仍、人命危浅、极度动荡不安的时代，人们普遍地热衷神仙方术，郭璞是把他这方面的技能当作实现政治抱负的手段的。例如东晋末年家乡河东肇乱，他"筮之，投策而叹曰：'嗟乎！黔黎将湮于异类，桑梓其翦为龙荒乎！'"他预告大乱将临，从而动员亲友逃奔南方。又如后来王敦谋逆时，他替欲劝朝廷兴兵讨伐的温峤、庾亮卜筮，得"大吉"，而为王敦卜筮，得"无成"，如此之类，显然也是企图借用卜筮的预言来影响政治决策，也显示了他个人的政治态度。

但当时的当权者如王导、王敦等人主要看重他这方面技能，则非他的本愿。当年司马迁在《报任安书》里已经说过："文史星历，近乎卜祝之间，固主上所戏弄，倡优畜之，流俗之所轻也。"②唐代史臣也评论郭璞说："夫语怪征神，伎成则贱，前修贻训，鄙乎兹道。景纯之探策定数，考往知来，迈京、管于前图，轶梓灶于遐篆，而宦微于世，礼薄于时，区区然寄《客傲》以申怀，斯亦伎成之累也。"③对于怀抱匡国大志的郭璞来说，不得已而靠卜筮、方术进身，内心里

---

①《与王使君诗》。本文引用郭璞诗、文分别据严可均校辑《全上古三代秦汉三国六朝文》和逯钦立校辑《先秦汉魏晋南北朝诗》，不另注出卷次页码。
②《汉书》卷六二《司马迁传》，第 2732 页。
③《晋书》卷七二《郭璞葛洪传论》，第 1913 页。

不能没有矛盾。《晋书》本传上说"璞即好卜筮,缙绅多笑之。又自以才高位卑,乃著《客傲》。"在这篇《客傲》的最后,郭璞说:

> 若乃庄周偃蹇于漆园,老莱婆娑于林窟,严平澄漠于尘肆,梅真隐沦乎市卒,梁生吟啸而矫迹,焦先混沌而槁杌,阮公昏酣而卖傲,翟叟遁形以倏忽,吾不能几韵于数贤,故寂然玩此员策与智骨。[1]

他在这里表面是说不能追随从庄周、老莱子直到阮籍等先贤的超尘高蹈的榜样,实际是作反语,表示自信并自负有着与这些人相同的志向和品格。而这些人都是才高命蹇、不谐于世,不得已而寄迹隐沦的人物。这表明他自己也是在现实环境压迫之下,不得不把生涯寄托在"员策与智骨"之上了。这也造成他内心难以摆脱的矛盾和悲哀。

有一件事是深可玩味的:元帝时有一个叫任谷的人,自说被羽衣人所淫,刀穿阴下,产一蛇子,遂成宦者,诣阙上书,自称有道术。以方术进身的郭璞却上奏章揭露其"妖异",其中有云:"国以礼正,不闻以奇邪。所听惟人,故神降之吉。"他更指出,任谷是"妖诡怪人之甚者",不能让他"尘点日月,秽乱天听"。从整篇文章看,他的出发点倒并不是否定方术。他说如果任谷是妖蛊诈妄者,就应加以处罚;如果他是代表神祇施行谴告,则应克己修礼以弭其妖,而不应把他放在宫廷里。他这样从经世的角度批评妖异,正显示了他的根本的立场。《晋书》本传里史臣评论所说"夫语怪征神,伎成则贱……斯亦技成之累",可说是诛心之论。郭璞本来见重于元帝,数上章疏,多所匡益;明帝在东宫,他与温峤、庾亮并结布衣之好,可是后来温、庾二人皆位高权重,为中兴名臣,而他自己却偃蹇下僚,只能以卜筮数术骄人,并借以安身立命,这显然非他的本愿,

---

[1] 严可均《全上古三代秦汉南北朝文·全晋文》卷一二一,第 2152 页,中华书局,1958 年。

甚至是他本心所轻贱的。可以推测,他写《游仙诗》,到神仙幻想中
求得安慰和寄托,正是他内心矛盾、痛苦的一种表露。

四

　　如上所说,在任谷事件里郭璞反对滥用方术,但他对当时正在
流行起来的道教的方术、神仙等又怀抱着浓厚兴趣。如果和葛洪
相比较,他显然更热衷于道术里的巫筮成分。葛洪所大力提倡的
金丹大道,则是他所批判的。就是说,郭璞更多地接受了道教的方
术实践方面。这也是因为在人命危浅、朝不保夕的动乱时代,道教
的神仙、方术对人们有着更强大的吸引力。陈寅恪的《天师道与滨
海地域的关系》一文,详细论述了两晋南北朝道教在东南滨海地
区,特别是在贵族间流传的情形。其中说到"八王之乱"肇乱者赵
王伦的"谋主为孙秀,大将为张林",都是"五斗米道中人,即赵王伦
亦奉天师道者"①。史称当成都王颖等三王起兵讨伐赵王伦时,
"伦、秀日夜祈祷,厌胜以求福;使巫筮选战日;又使人于嵩山著羽
衣,诈称仙人王乔,作书述伦祚长久,欲以惑众"②。这是当时贵族
间道术信仰状况的一例。

　　郭璞对神秘、奇异事物的热衷是一贯的。现仅存断章的《巫咸
山赋》《登百尺楼赋》《盐池赋》应是他早年在河东时期的作品。据
《汉书·地理志》,巫咸山在河东郡安邑南,郭赋序说巫咸"实以鸿
术为帝尧医,生为上公,死为贵臣"。《史记》上有"伊陟赞巫咸"之

---

①《天师道与滨海地域之关系》,《金明馆丛稿初编》,第3页,上海古籍出版社,
　　1980年。
②《资治通鉴》卷八四《晋纪六》,第2657—2658页。

说,司马贞《索隐》认为"盖太史以巫咸为殷臣,以巫接神事"①。郭璞描写的则是有关巫咸的另一种传说。他的《登百尺楼赋》说:

> 瞻禹台之隆崛,奇巫咸之孤峙。美盐池之混汙,察紫氛而霞起。异博岩之幽人,神介山之伯子。揖首阳之二老,招鬼谷之隐士。

可知百尺楼即在巫咸山附近,登楼也使作者联想起古代传说中那些神仙、隐士。《盐池赋》虽是一篇咏物之作,主要表现的却是盐池的灵异。后来郭璞到江南所写《江赋》,是为新建立的东晋王朝做鼓吹的,其最后一段也是写围绕长江的神仙传说:

> 及其谲变倏怳,符祥非一,动应无方,感事而出。经纪天地,错综人术,妙不可尽之于言,事不可穷之于笔。若乃岷精垂曜于东井,阳侯遁形乎大波,奇相得道而宅神,乃协灵爽于湘娥。骇黄龙之负舟,识伯禹之仰嗟,壮荆飞之擒蛟,终成气乎大阿。悍要离之图庆,在中流而推戈,悲灵均之任石,叹渔父之櫂歌。想周穆之济师,驱八骏于鼋鼍,感交甫之丧佩,愍神使之婴罗。焕大块之流形,混万尽于一科,保不亏而永固,禀元气于灵和。考川渎之妙观,实莫著于江河。

在这里,诗人也是以神仙妖怪来增饰江水的神奇不凡的。以上举出的这些作品都清楚地表明郭璞自早年起即培养起倾心神秘的精神倾向。

如上所说,他反对把任谷那样的迂怪术士置之庙堂,但并不否认方术本身,在其所上奏章里是肯定"阴阳陶蒸,变化万端"的。他在《客傲》里又表白对事物的认识说:

> 玄悟不以应机,洞鉴不以昭旷。不物物我我,不是是非

---

① 《史记》卷二八《封禅书》,第 1356—1357 页。

非。忘意非我意，意得非我怀。寄群籁乎无象，域万殊于一归。不寿觞子，不夭彭涓。不壮秋毫，不小太山。蚊蚩与天地齐流，蜉蝣与大椿齿年。然一阖一开，两仪之迹；一冲一溢，玄象之节。

就是说，人的认识、"玄悟""洞鉴"都是有限的，一切事物都是相对的存在；天地开阖，两仪变化，其间存在着不可知的神秘。正是出于这样的认识，他肯定常识之外的一切神奇怪异事物的存在。这在认识史上也曲折地反映了社会发展使得人的视野更加扩展的事实。

正是在这样的认识基础上，他注释《山海经》。他是把那些神秘的神仙传说和奇异的事物当作事实来加以解释的。这里只举出有关神明的几条材料，如《西山经》的《华山》：

华岳灵峻，削成四方。爰有神女，是挹玉浆。其谁游之，龙驾云裳。

《神英招》：

槐江之山，英招是土。巡游四海，抚翼云儛。实为帝囿，有谓玄圃。

《西王母》：

天帝之女，蓬发虎颜。穆王执贽，赋诗交欢。韵外之事，难以具言。

《北山经》的《精卫》：

炎帝之女，化为精卫。沉形东海，灵爽西迈。乃衔木石，以填攸害。

《中山经》的《神武罗》：

有神武罗，细腰白齿。声如鸣珮，以镮贯耳。司帝密都，

　　　　是宜女子。

《神泰逢》：

　　　　神号泰逢，好游山阳。濯足九州，出入流光。天气是动，
　　孔甲迷惶。

《神耕父》：

　　　　清泠之水，在于山顶。耕父是游，流光洒景。黔首祀禜，
　　以弭灾眚。①

　　这样，他所礼赞的神仙有远古神话里的神明如西王母，又有古代传说中的圣王如夏后启，有自然神如山神、水神、火神祝融等，也有后出传说里的神灵如刑天，如此等等。从对这些神明的礼赞中，可以看出他信仰的热忱。与之相关联，对于"羽民国""不死国"等神奇国度和传说里的奇异事物，他同样是当作事实来描述的。这也都反映了他倾心神秘、超越的心态。而且如《山海经》那样参以物怪来记叙异域山水，本身即具有浓厚的宗教意味。因为所记述的地方正是适于神明居住的神秘处所，了解相关的一切自然现象也就成为方士的专学。郭璞对《山海经》的注释也是他的心态的鲜明反映。

　　秦、汉时期，燕、秦方士的神仙术流行一时，如上所述，这些神仙书主要是为帝王显贵服务的求仙技术，帝王显贵们幻想借助海外仙药而飞升成仙。但是，事实是秦皇、汉武虽然以帝王之尊，倾尽了人力物力，也没能达到目的，只留下"服食求神仙，多为药所误"②的遗恨。随着社会的发展，神仙思想必须加以改造和补充，从而出现了新的"地仙"观念，神仙信仰也发展到一个新的阶段。这种新神仙思想不但绝对肯定成仙的前途，还允诺那些留恋人间享

――――――――――

①《山海经图赞》上、下。
②《古诗十九首·驱车上东门》，沈德潜《古诗源》卷四。

乐的人随意保持现世的富贵安乐生活,并任意选择是留在人间还是飞升成仙两条道路、两种人生方式。魏晋以来流传世间的被记录在《列仙传》《神仙传》里的多数仙人,正是这样的地仙。这种"地仙"观念作为道教神仙思想发展的产物,显然受到当时传入中土的大乘佛教所持众生可以成佛、现世可以成佛的观念的影响。神仙观念的这种"世俗化"的表现在思想史上具有重大意义,这里无暇细述。出身于"寒门",具有政能文才又有志于经世的郭璞,其神仙观念必然带有浓厚的现实品格。他正是接受了道教神仙思想的这种新潮流,创作出反映新的神仙信仰的《游仙诗》。刘勰说:"正始明道,诗杂仙心,何晏之徒,率多浮浅。唯嵇志清俊,阮旨遥深,故能标焉。"①这是说魏晋以来神仙题材已被诗人们广泛重视。而钟嵘又强调"郭景纯用隽上之才,变创其体"②。这里所谓"变创",主要即表现在其将对于神仙思想的新的理解运用到其诗歌创作之中。

五

　　郭璞留下来的作品不多,但仅从现存有限作品看,其创作成就却是十分突出的。在辞赋创作方面,除了前面提到的仅存断篇的《巫咸山赋》《百尺楼赋》《盐池赋》等之外,他渡江后写有《南郊赋》,曾见赏于晋元帝;更为杰出的则是一篇《江赋》,这是可以和木华《海赋》并称的有晋一代咏江海大赋的代表作。这两篇作品同样写得气势浩瀚、壮丽多姿,把大胆的艺术想象和逼真的描写结合起

①《文心雕龙注》卷六《明诗》,上册,第67页。
②《诗品注》,第2页。

来,造成了鲜明生动的艺术印象;而《江赋》写在东晋立国之初,透过对川渎之美丽壮观的描绘,体现歌颂新朝、鼓舞人心的意味,更有思想意义。有了这一篇作品,就确立了郭璞在辞赋史上的地位。

郭璞更以《游仙诗》著名。现存完篇十首,并不是郭璞这一体创作的全部,《诗品序》所引断句("奈何虎豹姿""戢翼栖榛梗")就不见今存十篇之内。逯钦立《先秦汉魏晋南北朝诗》收十九首,除完整十首外,另有九首断句。这些《游仙诗》的具体创作时间已不可确考。陈沆据诗中写到的"青溪"地名见于庾仲雍《荆州记》,而王敦曾镇荆州,推断这些诗作于郭璞晚年在荆州时,可备一说①。有人推测"游仙"题下的诗应是不同时期所作结集起来的,当更接近事实。

如上所述,游仙内容的作品本来古已有之,以《游仙》为题目作诗也不自郭璞始。但仅从郭璞的这有数的作品,却以其思想内容和艺术表现的全面创新取得了杰出成就,从而开创出这一体创作的新生面,奠定了他在诗歌史上的地位。

钟嵘《诗品》评论郭璞《游仙诗》是"坎壈咏怀",历来认为这道出了郭璞《游仙诗》内容的主旨。明人张溥说:"景纯才学,见重明帝,坏于温峤、庾亮。余谓其抗节王敦,赞成大事,匡国之志,峤可庶几,亮安敢班哉……阮嗣宗厌苦司马,以狂自晦,彼亦无可如何,不得已而逃为酒人;景纯则非无术以处敦者也。令桓彝不窥裸袒,生命不尽日中,勤王之师,义当先驱,其取敦也,犹庐江主人家婢尔。"②这样肯定郭璞的现实才能和用世精神,无疑是有见地的。但如果认为他的《游仙诗》与阮籍《咏怀》一样,纯属"寄托之词,如以'列仙之趣'求之,非其本旨矣"③,则不免流于偏颇了。就"咏怀"角

---

①参阅《诗比兴笺》卷二。
②《汉魏六朝百三名家集题辞注》,第 147 页,人民文学出版社,1960 年。
③陈祚明《古诗评选》。

度说,他的游仙诗确是有为而发,是抒写自己怀抱的,即所谓"有托而言"①。它们写出了乱世中历经坎坷的"寒门"之士的抱负与失意、愤慨和悲哀。在这一方面,郭璞是继承和发扬了自屈原到阮籍以诗歌"咏怀"的传统的。如清人何焯评论说:"景纯游仙即屈子之《远游》也。"②方东树也说,"郭璞《游仙诗》本屈子《远游》之旨而拟其辞,遂成佳制"③。陈沆的《诗比兴笺》专以寄托解诗,其中收郭璞《游仙诗》九首,正是把它们看作单纯地比喻寄托、抒写胸臆之作。刘熙载则说:"嵇叔夜、郭景纯皆亮节之士……《游仙诗》假栖遁之言,而激烈悲愤,自在言外,乃知识曲宜听其真也。"④这也指出了郭璞《游仙》继承前人优良传统、富于现实精神的一面。

而钟嵘又指出其表现"非列仙之趣",则从一定意义上说明了郭璞诗与前人以游仙为题材的作品的不同。郭璞的创意在反映正流行起来的新的神仙观念的影响,把隐逸和求仙结合起来,创造性地发展出"仙隐"主题。这是依据"地仙"观念对传统隐逸主题的发展,也是诗歌中表现仙道题材的重大创新。从这个角度看,郭璞《游仙诗》与屈原以来众多文人的游仙之作又有很大区别。也正因此,何焯论何劭的《游仙诗》时说何诗是"游仙正体,弘农其变"⑤,即何劭代表了传统游仙诗的模式,而郭璞则如钟嵘所说有所"变创"了。《文选》所选诗里"游仙"一类收何诗一首,郭璞诗七首,显然是把它们当作两类游仙诗的代表作的。何诗如下:

> 青青陵上松,亭亭高山柏。光色冬夏茂,根柢无凋落。吉士怀贞心,悟物思远托。扬志玄云际,流目瞩岩石。羡昔王子乔,友道发伊洛。迢递陵峻岳,连翩御飞鹤。抗迹遗万里,岂

①沈德潜《古诗源》卷八,第179页,文学古籍出版社,1957年。
②崔高维点校《义门读书记》卷四六,第895页,中华书局,1987年。
③汪绍楹点校《昭昧詹言》卷三《补遗》,第95页,人民文学出版社,1961年。
④《艺概》卷二《诗概》,第54页,上海古籍出版社,1987年。
⑤《义门读书记》卷四六,第895页。

恋生民乐。长怀慕仙类，眇然心绵邈。①

像这样的作品，描写的还是怀仙的志愿和游仙的幻想。这也是从"三曹"到嵇、阮以游仙为题材的诗的一般内容和表现方法。

如日本学者兴膳宏曾指出，自魏末以来隐逸思想广泛流行，《晋书·隐逸传》收录包括陶渊明等隐者三十九人。阮籍的《咏怀诗》就多表现隐逸之志，如其三"驱马舍之去，去上西山趾"，其九"下有采薇士，上有嘉树林"等等。值得注意的是，阮籍同样对游仙表示关注，如《咏怀》之十的"独有延年术，可以慰我心"，其二十四"三芝延瀛洲，远游可长生"等等。但在他的诗里，隐逸之思并没有与游仙之志结合起来。在阮籍的意识里，隐逸与游仙二者还被当作是扬弃世上矛盾和痛苦的并行的两个手段。而"到了郭璞的《游仙诗》，隐遁和游仙才被统一为一个理念，如他反复表明的，他的隐遁正证明了道教的仙化志向"②。胡国瑞则指出，郭璞《游仙诗》"所写，或因人生年命短促而想腾驾为仙，或祈求由修炼而登仙，或为想象的神仙情态，总之整个的感情趋向是对于神仙的向往，而其步骤则是希望从隐遁、修炼以达到神仙"③。

这样，郭璞的《游仙诗》就与前人的同一题材的作品有了重大区别：一方面，它们不是像前人那样主要表现仙界游行和游仙幻想，更注重抒写仙隐的志愿；另一方面，他又进一步把仙、隐结合起来，当作遗世独立的途径，从而他的作品既不同于前人所表现的"列仙之趣"，也并非只是"坎壈咏怀"的。这就使他不只赋予《游仙诗》以前所未见的新鲜内容，而诚挚的信仰心也会带来感情表现的强度和深度。正如台湾学者李丰楙所说："郭璞《游仙诗》在游仙诗

---

① 逯钦立辑校《先秦汉魏晋南北朝诗·晋诗》卷四，上册，第 649 页，中华书局，1982 年。
② 兴膳宏《詩人としての郭璞》，《中国文学报》第十九册，京都大学文学部，1968 年。
③《魏晋南北朝文学史》，第 80 页，上海文艺出版社，1980 年。

史上有一种变创的意义,不是六朝文评家所易于明察的,就是魏晋新仙说的运用,乃将当时新兴的仙隐与隐逸思想结合,成为游仙诗的新内容,开出一种新仙境说。""郭璞则将已逐渐僵化的类型诗传统转化,凭个人的才具重新变创一种典型。"①

　　现存郭璞十首《游仙诗》,按逯钦立书的顺序,只有最后两首("采药游名山""玄台冠崑岭")接近传统的内容和写法;包括《文选》所收七首的另外八首都是以仙隐为题材的。这些作品又正如李善所说:"凡游仙之篇,皆所以滓秽尘网,锱铢缨绂,餐霞倒景,饵玉玄都。而璞之制文多自叙,虽志狭中区,而辞无俗累,见非前识,良有以哉!"②就是说,他的这些作品主要不是如传统的游仙诗那样单纯表现与现实世界相对照的幻想中的仙境(即"前识"),而是包含着自己的感怀的,实际即相当明晰地表明了自己对现实世界的批判态度。程千帆分析这些作品,以为"欲明此作真谛,传世诸制,第五篇乃厥枢机"。第五篇诗曰:

> 逸翮思拂霄,迅足羡远游。清源无增澜,安得运吞舟。珪璋虽特达,明月难暗投。潜颖怨青阳,陵苕哀素秋。悲来恻丹心,零泪缘缨流。

　　程千帆引述黄侃的意见,以为"此伤暮年无知音之辞,《离骚》曰:'老冉冉其将至,恐修名之不立。'《思玄》曰:'既姱丽而鲜双,非是时之攸珍。'此物此志也"。他具体加以解释说:"逸翮、迅足,以喻才士。思拂霄、羡远游,期大用于世也。吞舟之鱼,非巨浸则不能运行;故才士不遇明主良时,自亦无由展其抱负。珪璋特达,固属可羡;明月暗投,尤为可伤。则出处所当特慎矣。潜颖结怨于青阳,谓求达之未能。陵苕兴哀于素秋,谓已达而得祸。幽潜与岗

---

①李丰懋《郭璞〈游仙诗〉变创说之提出及其意义》,《忧与游:六朝隋唐游仙诗论集》,第 105、116—117 页,学生书局,1996 年。
②《文选》卷二一。

陵，则穷通之喻。青阳与素秋，则福祸之比。才士出世，知遇难必，则进退之顷，即倚伏之机。我瞻四方，蹙蹙靡骋，又安得不恻心流涕乎？"①

　　但如仔细分析就会发现，诗人的"咏怀"又是和他的由鄙弃现世而导向神仙世界的向往与追求相一致的。如第一首：

　　　　京华游侠窟，山林隐遁栖。朱门何足荣，未若托蓬莱。临源挹清波，陵岗掇丹荑。灵溪可潜盘，安事登云梯。漆园有傲吏，莱氏有逸妻。进则保龙见，退为触藩羝。高蹈风尘外，长揖谢夷齐。

　　这首诗一开头就把"京华"和"山林"对立起来，接着直接表达对"朱门"的鄙视和对"蓬莱"的向往。值得注意的是，联系第六首结尾所说"燕昭无灵气，汉武非仙才"，这清楚地表现出他的神仙观念的批判内涵。这后一句典出《汉武帝内传》，其中描写西王母降临汉帝，但汉武帝却以"情恣体欲，淫乱过甚，杀伐非法，奢侈起性"而不能成仙，西王母侍女郭密香曾对上元夫人明确说到武帝"三尸狡乱，玄白失时，语之至道，恐非仙才"②。日本学者小南一郎在分析魏晋以来道教中的新神仙思想的时候，曾讨论了《神仙传》和《汉武帝内传》里对于汉武帝求仙的这些描写，精辟地指出在这些作品里对汉武帝求仙并没有表现出任何同情，进而揭示了从秦汉时期"把追求'永生'作为君主特权的古代神仙思想"向以"知识阶层的价值观为基础的新神仙思想"的转变。小南一郎指出，这种"新神仙思想"与古代民众神仙信仰相联系，反映了魏晋时代知识

---

①《郭景纯、曹尧宾〈游仙诗〉辨异》，《古诗考索》，第297—298页，上海古籍出版社，1984年。
②《道藏》第5册，第48、50页，文物出版社、上海书店、天津古籍出版社，1987年。

阶层的精神自信①。在上引诗里，诗人又提到庄周和老莱子：庄周
曾自比为宁在泥涂之中也不愿登上庙堂的曳尾之龟，老莱子的妻
子则宁可忍受贫困也不让他接受楚王的礼聘。诗人以这样的人物
作为自己的榜样，明确地表示了"寒士"的孤傲立场。"进则"二句，
按李善的解释，"进谓求仙也，退谓处俗也"；而沈德潜则以为："进
谓仕进，言仕进者为保全身命之计，退则类触藩之羝，孰若高蹈风
尘，从事于游仙乎！"②二解当以沈为是。到诗的最后，更直接地表
明高蹈超世的志向。这样，诗人选择仙隐之路，是为了摆脱现实的
压迫而追求精神的自由，在他对仙界的向往里显然流露出对现世
的激愤。这显示了"仙隐"主题的现实意义。

　　诗人的这种现实感慨在第四首里表现得更为清楚。这一首开
头慨叹"六龙安可顿，运流有代谢。时变感人思，已秋复愿夏"，最
后归结到"临川哀年迈，抚心独悲吒"，抒写了急于用世的紧迫心
理。这当然流露出他热心参与现实政治的隐衷。但如果只看到现
实意义的一方面，如清人陈祚明所说"景纯本以仙姿游于方内……
游仙之作，明属寄托之词"③，或以为他只是借游仙题目以抒尊隐之
怀，显然是不够的。能以卜筮牺牲身命如郭璞，又是怀抱着坚定的
信仰心的。因而他又相当真挚地抒写了通过仙隐与神仙交游的幻
想，如第三首：

　　　　翡翠戏兰苕，容色更相鲜。绿萝结高林，蒙笼盖一山。中
　　有冥寂士，静啸抚清弦。放情凌霄外，嚼蕊挹飞泉。赤松临上
　　游，驾鸿乘紫烟。左挹浮丘袖，右拍洪崖肩。借问蜉蝣辈，宁
　　知龟鹤年。

----

①小南一郎《中国的神话传说与古小说》，孙昌武译，第 195、198 页，中华书局，
　　1993 年。
②《古诗源》卷八，第 180 页。
③《采菽堂古诗选》。

兴膳宏精辟地指出："郭璞不是如《古诗十九首》的作者们那样以快乐去消解求仙不得的悲哀。他也不是如嵇康、阮籍那样在游仙中寄托形而上的意义。他相信作为神仙家的一般常识，以栖隐为阶梯可能实现仙化乃是人间的一般命题。"①正是这样，郭璞把仙隐当作求仙的手段，表露了他的诚挚的信仰心。他在诗里描写了仙隐之士与神仙遨游，俯仰自得、游心自然的境界；最后的反问，更直接表明对朝生暮死的现世人生的否定。他是真地欣羡神仙永恒的境界的。有了这一份真诚，也增强了他的作品感情的诚挚和热烈。

汤用彤论述魏晋时期思想界的形势时说：

> 汉末以后，中国政治混乱，国家衰颓，但思想则甚得自由解放。此思想之自由解放本基于人们逃避现实苦难之要求，故混乱衰颓实与自由解放具因果之关系。黄老在西汉初为君人南面之术，至此转而为个人除罪求福之方。老庄之得势，则是由经世致用至此转为个人之逍遥抱一。又其时佛之渐盛，亦见经世之转为出世。而养生在于养神者见于嵇康之论，则超形质而重精神。神仙导养之法见于葛洪之书，则弃尘世而取内心。汉代之齐家治国，期致太平，而复为魏晋之逍遥游放，期风流得意也。故其时之思想中心不在社会而在个人，不在环境而在内心，不在形质而在精神。于是魏晋人生观之新型，其期望在超世之理想，其向往为精神之境界，其追求者为玄远之绝对，而遗资生之相对。②

这种思想倾向表现在文学创作中，追求现世解脱则歌颂隐逸，追求哲理思辨则热衷玄言，追求宗教信仰则倾心佛、道。这形成了

---

① 兴膳宏《詩人としての郭璞》。
② 《魏晋玄学和文学理论》，《理学·佛学·玄学》，第317页，北京大学出版社，1991年。

诗歌创作中的三方面题材。郭璞的《游仙诗》则把这三者融合起来。特别是由于他特立独行的特殊地位和影响，其《游仙诗》创作在诗歌史上更起到承前启后的作用。而如他那样由对于现世的愤慨转向高蹈超世的追求，把社会批判与神仙信仰统合起来，更展示了特定环境下知识阶层精英人士的精神境界。后代的读者们或许不再同情、接受他的信仰，但诗人在作品里表现出来的用世热忱、内心苦闷，以及挣脱现世束缚的精神搏斗和洁身高蹈的品格，总给人以深深的感动。

六

　　郭璞的《游仙诗》，无论是就游仙这一特定题材的表现而论，还是就诗歌创作的一般风格而论，都颇具独创性。特别是就诗歌史的发展和他所处诗坛的具体环境看，所取得的成绩更显得十分杰出并具有重要意义。

　　《诗品》说郭璞"宪章潘岳，文体相辉，彪炳可玩"，特别注重他"文体"上的文采绚烂。刘勰则说"景纯艳逸，足冠中兴"①。后来王世贞也说"景纯游仙，晔晔佳丽，第少玄旨"②。如前所述，有的人对于把郭璞与潘岳相提并论提出异议。实际上，潘岳诗在当时正是以"烂若披锦"③而受人称赞的。韩国学者车柱环说："法国国立图书馆所藏敦煌唐写本《类书》（伯氏二五二四）《文笔部》舒锦条有云：'潘岳美丽，时号曰锦字文章，烂若书锦，无处不佳。'《天中记》

---

① 《文心雕龙注》卷十《才略》，下册，第 701 页。
② 《艺苑卮言》卷三，丁福保《历代诗话续编》，中册，第 993 页，中华书局，1983 年。
③ 《世说新语·文学》："孙兴公云：'潘文烂若披锦，无处不善……'"见余嘉锡《笺疏》，第 261 页。

三七引'佳'作'嘉',古字通用。"①梁元帝萧绎也评论说:"潘安仁清绮若是,而评者只称情切,故知为文之难也。"②这都肯定了潘岳诗歌词采绚丽的特征,也以此肯定他在当时诗坛上的地位。魏晋以来"文体"特别受到重视,正与"文学自觉"的潮流相关联。这也是南北朝时期文学批评中"文体论"发达的原因。王叔岷指出:

> 按左思《蜀都赋》:"符采彪炳。"(李徽教亦引此。)《抱朴子外篇·行品》:"文彪昺而备体。""昺"与"炳"同。景纯《游仙诗》多彪炳之词。如第一首中"临源挹清波,陵岗掇丹荑。灵溪可潜盘,安事登云梯。"第三首中"放情凌霄外,嚼蕊挹飞泉。赤松林(当作"临")上游,驾鸿乘紫烟。"第九首中"朱霞升东山,朝日何晃朗? 回风流曲棂,幽室发逸响。"皆显著之例也。③

这些都说明了郭璞诗词采彪炳的特点及其与潘岳诗风的联系。上面已经引述、这里又提到的第三首"翡翠戏兰苕"以下各篇,词采更为华丽。《诗品序》说:"永嘉时,贵黄、老,稍尚虚谈。于时篇什,理过其辞,淡乎寡味。爰及江表,微波尚传,孙绰、许询、桓、庾诸公诗,皆平典似《道德论》,建安风力尽矣。"④在这种情况下,郭璞的"彪炳之词"突出显示了革新文风的意义。所以刘勰说:"江左篇什,溺乎玄风……袁、孙以下,虽各有雕采,而辞趣一揆,莫与争雄。所以景纯《仙篇》,挺拔而为峻矣。"⑤而梁萧子显所撰《南齐书》则说:"江左风味,盛道家之言,郭璞举其灵变,许询极其名理……"⑥考虑到前述郭璞所处的环境,他作为"中兴第一"人,所起转变风气

---

① 转引王叔岷《钟嵘诗品笺证稿》,第181页,台湾中央研究院中国文哲研究所,1992年。
②《金楼子·立言篇》。
③ 王叔岷《钟嵘诗品笺证稿》,第248页。
④《诗品注》,第1—2页。
⑤《文心雕龙注》卷二《明诗》,第67页。
⑥《南齐书》卷五二《文学传论》,第908页。

的作用就十分明显了。

《世说新语·文学》篇记载:"郭景纯诗云:'林无静树,川无停流。'阮孚云:'泓峥萧瑟,实不可言。每读此文,辄觉神超形越。'"①这里评论的是郭璞的佚诗断句,是说他善于创造鲜明的境界,对读者形成巨大的感染力。这也是郭璞《游仙诗》的特点。他使用绚丽词采与单纯地雕饰词句不同,而是善于运用艺术想象去创造生动的情境。如第二首:

> 青溪千余仞,中有一道士。云生梁栋间,风出窗户里。借问此何谁,云是鬼谷子。翘迹企颍阳,临河思洗耳。阊阖西南来,潜波涣鳞起。灵妃顾我笑,粲然启玉齿。蹇修时不存,要之将谁使。

这首诗是直接抒写超世绝俗、追求仙道的情怀的。李善注引庾仲雍《荆州记》,以为青溪山在荆州临沮县,因此断定这一篇是郭璞初到江南时所作。"鬼谷子"是隐者的通称,这位名为鬼谷子的道士是典型的仙隐者。他以临河洗耳的许由为榜样,视权位荣利如粪土,一心追求神仙出世的超越境界。奇妙的是接着出现一位女仙灵妃,诗人用"粲然启玉齿"五个字替她传神,形象生动地描摹出她的美丽和可爱。《世说新语·文学》篇注引《续晋阳秋》说:"正始中,王弼、何晏好《庄》、《老》玄胜之谈,而世遂贵焉。至江左,李充尤盛。故郭璞五言始会合道家之言而韵之;(许)询及太原孙绰转相祖尚……"②,这指出了郭璞诗与玄学的关系。有人则据此断定郭璞是"玄言诗的导始者"③。郭璞诗确也多有"道家之言"、玄言语句,但与许询、孙绰的枯淡无味在表现上截然不同:如前面举出的一首,他确实善于用词采和想象创造出鲜明生动的境界。又例

---

①《世说新语笺疏》,第 257 页。
②《世说新语笺疏》,第 262 页。
③王瑶《中古文学风貌》,第 50 页,棠棣出版社,1953 年。

如第六首描写的仙境：

> 神仙排云出，但见金银台。陵阳挹丹溜，容成挥玉杯。姮
> 娥扬妙音，洪崖领其颐。升降随长烟，飘飘戏九垓。

这里描写云雾中显现出金银楼台，仙人们在天上自由嬉戏，陵阳子明手拿着流丹，容成子举起玉杯，姮娥在引吭高歌，洪崖在点头微笑……呈现出一派热烈欢娱的景象。又如第九首描写升天情形：

> 手顿羲和辔，足蹈闾阖开。东海犹蹄涔，昆仑蝼蚁堆。遐
> 邈冥茫中，俯视令人哀。

这里写从天上俯视人间，用了大胆想象和极度夸张笔法，给读者以极其强烈的印象。后来李白的《古风》（"西上莲花山""昔我游齐都"等）、李贺的《升天行》都直接借鉴了这种手法。唐代诗僧皎然论诗，有"跌宕格二品"，其一曰"越俗"，谓"其道如黄鹤临风，貌逸神王，杳不可羁"，首先就提出郭璞《游仙诗》"左挹浮邱袂，右排洪崖肩"做例子①。

又刘勰说到"宋初文咏，体有因革，《老》、《庄》告退，而山水方滋"②，到陶、谢，田园、山水诗大盛，遂开辟诗歌创作的新时代。而他们之前有两个人应当作为先行者给以充分评价：一位是佛教徒支遁，再一位就是郭璞。东晋以后大盛的佛、道二教均倡导隐逸山林，山居修道成为风气，热衷佛、道的人大都有放情山水的体验，这对于推动山水文学的发展起了一定作用。在支遁的《咏怀诗》《述怀诗》里，已经有对于自然风光的清新描写。而郭璞的《游仙诗》描摹山水，更多有俊逸秀美之句。《世说新语·文学》篇记载他的《幽思篇》（今佚）有句曰"林无静树，川无停流"，曾得到阮孚激赏，说是

---

① 《诗式》，何文焕编《历代诗话》，上册，第 32 页，中华书局，1982 年。
② 《文心雕龙注》卷二《明诗》，上册，第 67 页。

"泓峥萧瑟,实不可言。每读此文,辄觉神超形越"①。他在《游仙诗》里描写的是仙人与隐者遨游的山水,景物更带有特殊的神奇不凡的色彩。如"翡翠戏兰苕,容色更相鲜"的华丽,"阳谷吐灵曜,扶桑森千丈"的壮观,"琼林笼藻映,碧树疏英翘"的明艳,"云生梁栋间,风出窗户里"的超迈等等,都意境鲜活,情景相生。他不是排比铺陈,堆砌辞藻,而是以简洁的笔触描摹出鲜明的境界。其独特的遣词用语方式,其奇艳丰赡的艺术风格,给以后同一类题材的诗歌创作留下了宝贵的借鉴。元陈绎曾说郭璞诗"构思险怪而造语精圆,三谢皆出于此,杜、李精奇处皆取此"②。

这样,郭璞在两晋之际,在整个诗坛一片沉寂的局面下,特立独行,独树一帜,在诗歌史上游仙诗创作这一特殊领域,取得了巨大的艺术创获,从而确立了其在东晋初期诗坛上"中兴第一"的地位。元人刘载借用江西诗派宗、祖之说,把《诗经》《楚辞》等列为"诗之祖",而郭璞与《文选》、陶渊明等并列为"诗之宗"③。郭璞《游仙诗》所体现的一代知识阶层神仙信仰的新内容,其所反映的道教思想的新潮流,更具有普遍的精神史和宗教史的意义,同样应当给予高度评价,这则是另外的课题了。

---

①《世说新语笺疏》,第 257 页。
②《诗谱》,丁福保编《历代诗话续编》中册,第 629 页。
③《诗法家数·总论》,何文焕编《历代诗话》下册,第 735 页。

愧悔与忧惧：沈约的宗教世界

一

沈约（441—513），字休文，历仕宋、齐、梁三朝，是南朝文坛上有成就、有影响的作家，也是一代贵族文化的代表人物。他虽出身士族，但家系较低微，以政能文才跻身统治集团上层。沈约在刘宋时代出仕，为征西将军、荆州刺史蔡兴宗记室参军，入朝为尚书度支郎；入齐，为文惠太子萧长懋家令，深得宠重，又出入竟陵王萧子良门下，为"竟陵八友"之一；后出为东阳太守，入朝任五兵尚书，迁国子祭酒；齐末，他积极参与了萧衍篡齐建梁的活动；梁台建，他以功任尚书仆射，封建昌县侯，迁尚书令，领太子少傅；死后被谥曰"隐"，称"沈隐侯"。他如当时一般士族文人一样，以儒术立身，一生积极进取，有经世之志，又对佛、道二教抱有十分热烈和虔诚的信仰。

在他活动的时代，佛教传入中土已四百余年；如果从中土贵族士大夫广泛接受佛教的两晋之际算起，也已过了一百几十年。在这一时期，当初主要活动在民间的分散、粗陋的教派道教经过"清整"，已提升为经典较齐备、律仪较规范，得到贵族士大夫广泛支持和信重的"教会道教"。就佛教的具体情况而言，齐梁时期的贵族士大夫已大不同于晋宋名士们竭力融通玄理与佛说以追求精神上的沉冥、超越的"理性"姿态，已树立起更为真诚的信仰心，也更热衷于讲经、礼佛、斋僧、造寺等修道实践。这些在沈约的宗教信仰中都相当典型地表现出来。而沈约的宗教观念和宗教信仰，与他一生的立身行事有着密切关系。特别是文学创作，作为他的主观精神世界的具体体现，更深浸着来自宗教的影响。在这一方面，他同样堪称南朝贵族文人的典型。解剖沈约心灵中的宗教世界，对于了解他的为人和文学创作都是十分必要的；这进而为认识齐梁时期贵族士大夫宗教信仰的实态，也提供了一个典型个案。

《梁书》记载沈约临终前的情形说：

> 初，高祖有憾于张稷，及稷卒，因与约言之。约曰："尚书左仆射出作边州刺史，已往之事，何足复论。"帝以为婚家相为，大怒曰："卿言如此，是忠臣邪？"乃辇归内殿。约惧，不觉高祖起，犹坐如初。及还，未至床，而凭空顿于户下。因病，梦齐和帝以剑断其舌。召巫视之。巫言如梦。乃呼道士奏赤章于天，称禅代之事，不由己出。高祖遣上省医徐奘视约疾，还，具以状闻。先此，约尝侍宴，值豫州献栗，径寸半。帝奇之，问曰："栗事多少？"与约各疏所忆，少帝三事。出谓人曰："此公护前，不让，即羞死。"帝以其言不逊，欲抵其罪。徐勉固谏乃止。及闻赤章事，大怒，中使谴责者数焉。约惧，遂卒。[1]

《世说新语·德行》记载："王子敬（献之）病笃，道家上章应首过，问子敬'由来有何异同得失？'"[2]沈约的情况与之相同，也是他在临终前请道士上表天神，表示忏悔。而忏悔的内容则是齐、梁易代之际，他帮助萧衍篡夺帝位、背弃旧主事。这里写的噩梦表明他内心

①《梁书》卷一三《沈约传》，第242—243页。
②余嘉锡《世说新语笺疏·德行第一》，第40页，中华书局，1983年。

对背叛齐室有着沉重的负罪感。而他虽然算是梁朝的开国功臣，但在当时权臣们纵横捭阖、争权夺利的形势下，显然并不受萧衍信任。这段记述也表明了他和萧衍的紧张关系。引文开头提到他的"婚家"张稷，出身于吴郡张氏，也是萧衍的"佐命"功臣。但由于受到猜忌，由尚书左仆射被出为安北将军、青冀二州刺史，被州人所杀，有司奏削爵土①。从沈约和萧衍的谈论中，可以看出他对张稷的同情。结果他竟以此危惧，终至不起。而他临终"上章"的行动，显然是在自我忏悔，包括自己支持萧梁的作为，则更为萧衍所不容。至于回忆豫州献栗，与武帝相较二人对有关事典的记忆一事，同样暗示出武帝对他的猜忌。

而沈约又有《临终遗表》：

> 臣约言：臣抱疾弥留，迄今即化，形神欲离，月已十数，穷楚极毒，无言以喻。平日健时，不言若此，举刀坐剑，比此为轻。仰惟深入法门，厉兹苦节，内矜外恕，实本人情，伏愿圣心重加推厉。微臣临途，无复遗恨，虽惭也善，庶等鸣哀。谨启。②

这是临终遗言，但表现的则是真挚的佛教信仰。沈约自认已经"深入法门"，把所受病痛看作是对自己的考验；他又表白自己"厉兹苦节，内矜外恕"，已经"无复遗恨"。这实际也是为自己的生平作辩护，祈求得到宗教救济，但表露的则完全是佛教观念。

这样，沈约在临终前，对佛、道二教同样表现出相当虔诚的信仰心。即是说，他把拯救灵魂的愿望同等地寄托在佛、道二教。这应看作是他一生宗教追求的总结，也是他的宗教心的最后的集中表现。

他如此兼容佛、道二教，从教理方面看，有两个观念起决定作用。

---

① 参阅《梁书》卷一六《张稷传》。
② 《广弘明集》卷三十《归统篇》。

一是根据他所理解的"神不灭"论。他认为：

> 生既可夭，则寿可无夭；既无矣，则生不可极。形、神之别，斯既然矣。形既可养，神宁独异？神妙形粗，较然有辨。养形可至不朽，养神安得有穷？养神不穷，不生不灭，始末相校，岂无其人？自凡及圣，含灵义等，但事有精粗，故人有凡圣。圣既长存，在凡独灭？本同末异，义不经通。大圣贻训，岂惑斯哉！①

这就指出，道教"养形"，佛教"养神"，沈约认为二者都是可以达到的目标，而且是无关于凡、圣的。在这段文章里，作者显然是把"神养"放在"形养"之上了。这是因为他写作这篇文字是在其晚年，他更倾心佛教。

第二点是他认为"内圣、外圣，义均理一，而蔽理之徒，封著外教"②。这番话是他在为佛教辩护时说的，实际也表明了他对儒学与宗教关系的基本观点，即从义理上讲它们被认为是统一的。后来他参与批判范缜的《神灭论》，他又指出这不只是为了护法，而是"孔、释兼弘，于是乎在"③的，也是把儒、佛放在同样地位上。在具体论述中，他更从佛教戒律与儒家伦理的同一性立论。虽然没有直接提及道教，但按他的逻辑，道教理所当然地应包含在他所说的"义理"之中。沈约这种融合佛、道或"统合三教"的观念，决定了他一生中对于佛、道二教兼容并蓄的态度。当然二者在他生命的某一时期，具体表现畸轻畸重有所不同。通观南北朝时期，佛、道或儒、佛、道之间有斗争，有交流，在斗争中相交流。具体人对待三者的关系采取不同的立场，沈约显然是更倾向于主张三者的调和、统一的"均圣"立场。这种立场在南北朝文人中也具有相当的典型性；而从长远看，这也更体现了至唐、宋时期终于形成为意识主流

---

① 《神不灭论》，《广弘明集》卷二二《法义篇》。
② 《均圣论》，《广弘明集》卷五《辩惑篇》。
③ 《尚书令沈约答释法云难范缜〈神灭论〉》，《弘明集》卷十《并王公朝贵书》。

的"统合三教"倾向。

这样,沈约作为一代文宗,又是代表了一代文化水平的人物,对佛、道二教均怀抱有坚定、热诚的信仰。他对宗教的这种态度也体现了时代思想潮流的重要侧面;就其个人来说,更成为推动其文学创作和一般文化活动发展的重要动力之一。

二

沈约的宗教信仰有着家族传统,这种宗教传统也是六朝士族文化传统的重要组成部分。

沈约出身的吴兴沈氏本是源远流长的江东士族,有着信仰道教的悠久历史。沈约自述说:

> (沈)警(约高祖)字世明,惇笃有行业……为东南豪士,无仕进意……子穆夫,字彦和……高卧东南……初,钱唐人杜子恭,通灵有道术,东土豪家及京邑贵望,并事之为弟子,执在三之敬。警累世事道,亦敬事子恭。子恭死,门徒孙泰、泰弟子恩传其业,警复事之。隆安三年,恩于会稽作乱,自称征东将军,三吴皆响应。穆夫时在会稽,恩以为前部参军、振武将军、余姚令。其年十二月二十八日,恩为刘牢之所破,辅国将军高素于山阴回踵埭执穆夫及伪吴郡太守陆瓌之、吴兴太守丘尪,并见害,函首送京邑。事见《隆安故事》。先是,宗人沈预素无士行,为警所疾。至是,警闻穆夫预乱,逃藏将免矣。预以告官。警及穆夫、弟仲夫、任夫、预夫、佩夫并遇害,唯穆夫子渊子、云子、田子、林子、虔子获全。[1]

---

①《宋书》卷一○○《自序》,第2445—2446页。

这里是说沈约的高祖沈警敬事天师道首领杜子恭,孙恩也是杜的门徒,所以孙恩起事时沈警子穆夫被重用,孙恩失败后,穆夫及其兄弟皆被杀。陈寅恪论东南滨海地区的天师道,特举出吴兴沈氏这一例,说"据此,则休文受其家传统信仰之薰习,不言可知";"迨其临终之际,仍用道家上章首过之法。然则家世信仰之至深且固,不易湔除,有如是者。明乎此义,始可与言吾国中古文化史也"。①

　　沈约的父亲沈璞以参与刘劭等人谋反而被诛杀。自两晋以来,历朝皇室骨肉相残,诛戮成风。刘劭本是宋文帝刘义隆太子,与始兴王刘濬相善。有吴兴女巫严道育自言能辟谷服食,役使鬼物,出入东阳公主家,劭与濬均信惑之。劭、濬多过失,数为文帝诘责。他们使道育向上天祈请,敬事之,号为"天师",并为巫蛊,琢玉为文帝形象,埋在含章殿前。事情败露后,文帝拟废掉太子刘劭。而东宫势力强盛,有实甲万人,遂先发制人,太子于元嘉三十年(453)二月率兵入宫杀掉了文帝并宰相江湛等。此举得到被命为荆州刺史的刘濬的支持。时为江州刺史的武陵王刘骏(即孝武帝)起兵讨平叛逆。刘劭起兵时杀害了有积恨的宗室多人;刘骏又屠杀了刘劭、刘濬的家族。在被诛杀的叛臣中就有淮南太首沈璞,"璞累为濬参佐,守于湖,不迎义师,故诛"②。刘劭等人迷信道教。沈璞作为刘濬亲信,又有着家族传统的渊源,与他们有共同的信仰③。

----

①《天师道与滨海地域之关系》,《金明馆丛稿初编》,第33页,上海古籍出版社,1980年。
②《资治通鉴》卷一二七《宋纪九》胡注,第4004页,中华书局,1956年。
③劭、濬等兵败前"以辇迎蒋侯像置宫中,稽颡乞恩,拜为大司马,封钟山王;拜苏侯神为骠骑将军",《资治通鉴》卷一二七,第4001页。还有一个材料可以注意:王僧绰因为支持文帝废太子之议,被刘劭所杀。其弟僧虔为司徒左西属,其亲劝他逃走,他说:"吾兄奉国以忠贞,抚我以慈爱,今日之事,苦不见及耳;若得同归九泉,犹羽化也。"见《资治通鉴》卷一二七,第3993页。可见道教信仰在当时贵族间的普遍性。

　　到沈约这一代，正是上清派道教兴盛的时期。当年杜子恭的弟子孙恩起义失败以后，这一系道教仍继续发展并与上清派合流。上清派道教肇端于传说中兴宁三年(365)南岳夫人魏华存等一批仙真在茅山通过灵媒杨羲向许谧、许翙传授诰语。许翙隐化后，其子许黄民"乃收集所写经符秘箓历岁，于时亦有数卷散出在诸亲通间。今句容所得是也(这是指后来陶弘景搜集的部分——笔者)。元兴三年(404)，京畿纷乱，黄民乃奉经入剡，为东阐马朗家所供养。朗同堂弟名罕共相周给，时人咸知许先生得道，又祖父亦有名称，多加宗敬。钱唐杜道鞠，道业富盛，数相招致……元嘉六年(429)，许丞欲移归钱塘，乃封其先真经一厨子，且付马朗净室之中。语朗云：'此经并是先灵之迹，唯须我自来取。纵有书信，慎勿与之。'乃分持经传及杂书十数卷自随，来至杜家，停数月，疾患，虑恐不差……许便过世。所赍者因留杜间。即今世上诸经书悉是也"①。这样，杜道鞠在上清经传承中起了重要作用。这位杜道鞠是杜子恭的重孙。而道鞠子杜京产也是道士，有名于时，"颇涉文义，专修黄老……郡召主簿，州辟从事，称疾去；除奉朝请，不就。与同郡顾欢同契。始宁(中)，东山开舍授学……孔稚珪、周颙、谢瀹并致书以通殷勤。永明十年(492)，稚珪及光禄大夫陆澄、祠部尚书虞悰、太子右率沈约，司徒右长史张融表荐京产……不报"②。这样，杜京产当时在士大夫间广有影响，沈约是与他有密切交往的文人之一，由此可知沈约与这一系道教的密切关系。

　　齐、梁之间，上清派茅山道教兴起，其代表人物是道士陶弘景。在陶之前，有孙游岳，为陆修静弟子，后来上了茅山。永明二年(484)，为兴世馆主，"一时名士沈约、陆景真、陈宝识等咸学焉，弟

---

①《真诰》卷一九《翼真检第一·真诰序录》，《道藏》第 20 册，第 604—605 页，文物出版社、上海书店、天津古籍出版社，1980 年。
②《南齐书》卷五四《高逸传》，第 942 页。

子百余人"①。孙是东阳人,沈约至迟在出任东阳太守的时候已和
他相识。

　　沈约之被出为东阳太守,是受到朝廷政争的牵连。齐武帝萧
赜嫡长子文惠太子萧长懋先武帝死,长懋子昭业被立为皇太孙。
永明十一年(493),武帝死,昭业即位,政权旁落到高帝萧道成侄、
受诏辅政的萧鸾手中。武帝第二子竟陵王萧子良政能文才均杰
出,更广交文士如"竟陵八友"等,声望正隆,受到猜忌,次年以忧愤
卒。沈约被外放为东阳太守,显然和他与文惠太子、竟陵王萧子良
的密切交往有关系。后来萧鸾杀昭业,立昭业弟昭文,又杀昭文以
自立,是为明帝。自此以后,朝廷之中杀戮不绝。东阳本是道教兴
盛地区,沈约来到这里,正是在亲经朝廷纷争杀戮之后,本来其家
族就有道教信仰传统,这时候其信仰更为热衷是很自然的。他的
朋友、诗人谢朓写给他的《酬德赋》中说道:

　　　　闻夫君之东守,地隐蓄而怀仙。登金华以问道,得石室之
　　名篇。悟寰中之迫胁,欲轻举而舍旃。离宠辱于毁誉,去夭伐
　　于腥膻。②

这里写的就是沈约倾心道教的情形。"登金华"二句,指沈约所写
的《游金华山诗》。这是一篇抒写登山而怀仙的作品,诗曰:

　　　　远策追夙心,灵山协久要。天霓临紫阙,地道通丹窍。未
　　乘琴高鲤,且纵严陵钓。若蒙羽驾迎,得奉金书召。高驰入阊
　　阖,方睹灵妃笑。③

---

①《茅山志》卷一〇《上清品》,《道藏》第 5 册,第 599 页。
②《全上古三代秦汉三国六朝文・全齐文》卷二三,第 2919 页,中华书局,
　　1985 年。
③逯钦立辑校《先秦汉魏晋南北朝诗・梁诗》卷六,中册,第 1633—1634 页,中
　　华书局,1983 年。

金华山据传为"赤松子得道处"①，本是道教圣地。诗人来到这里，更激发起高蹈出世的愿望。最后一句用郭璞《游仙诗》典："灵妃顾我笑，粲然启玉齿。蹇修时不存，要之将谁使。"②借以抒发其游仙幻想。在东阳的三年，是沈约沉湎道教甚深的时期。

沈约于建武三年（496）还都后，又曾先后隐居于汝南和桐柏山，其所作《桐柏山金庭馆碑》说：

> 自惟凡劣，识鉴鲜方，徒抱出俗之愿，而无致远之力。早尚幽栖，屏弃情累，留爱岩壑，托分鱼鸟。途愈远而靡倦，年既老而不衰，高宗明皇帝以上圣之德，结宗玄之念，忘其菲薄，曲赐提引。未自夏汭，固乞还山。权憩汝南县境，固非息心之地。圣主缵历，复蒙絷维。永泰元年，方遂初愿。遂远出天台，定居兹岭，所憩之山，实惟桐柏。③

从这段描写里也可以窥知他这一时期的忧惧心情。在金庭馆，朝廷为置道士十人。他有《游沈道士馆诗》，又有《游沈道士金庭馆》④，都是这一时期作的。

孙游岳后来被立为上清派第八代宗师，陶弘景为第九代。初，弘景仕齐，为诸王侍读。永明十年（492）辞禄入茅山，后从学于东阳孙游岳，受符图经法。沈约为东阳守的时候，高其志节，累书要之，不至。弘景又于茅岭西立华阳上、下馆，于上馆更建层楼，永元初登楼长静，沈约有《华阳先生登楼不复下赠呈诗》。陶弘景有文名于十大夫间，作《水仙赋》，"沈约、任昉读之，叹曰：'如清秋观海，第见澶漫，宁测其深？'其心伏如此"⑤。梁台建，沈约与陶同为秉策

①《元和郡县图志》卷二六《江南道》。
②《先秦汉魏晋南北朝诗·晋诗》卷一一，中册，第865页。
③《全上古三代秦汉三国六朝文·全梁文》卷三一，第3130页，1958年。
④高似孙《剡录》卷六。
⑤贾嵩《华阳陶隐居内传》卷上，《道藏》第5册，第502页。

佐命者。天监初年,沈约作《均圣论》,陶作《难镇军沈约〈均圣论〉》,沈约继有《答陶华阳》,往复辩难。天监七年(508),陶改名氏曰王整,官称外兵,沈有《奉华阳王外兵诗》。沈约作品里与陶弘景酬赠的还有《酬华阳陶先生诗》等。"齐梁间侯王公卿从(陶)先生授业者数百人,一皆拒绝。唯徐勉、江祐、丘迟、范云、江淹、任昉、萧子云、沈约、谢瀹、谢览、谢举等,在世日早申拥篲之礼;绝迹之后,提引不已。沈约尝因疾,遂有挂冠志。疾愈,复留连簪绂。先生封前书以激其志。约启云'上不许陈乞'。先生叹曰:'此公乃尔塞薄。'"①这种情形透露出沈约与陶的密切关系和他自身的矛盾。陶弘景在道教史上的重要贡献之一,是他在茅山搜集、整理《真诰》,推动了上清派道教的进一步发展;他本人又表现出鲜明的"三教调和"倾向。在这两个方面,他在当代、对后世都造成了长远、巨大的影响。沈约也受到他的影响。

　　沈约对佛教的信仰也表现出相当的热诚。如果说他的道教信仰主要来自家族传统,那么对佛教的热衷则更多地取决于时代的思想与社会环境。东晋以来,随着佛教"中国化"的深入,名僧辈出,贵族士大夫习佛成风。一方面,出现了一批家世习佛的世家大族;另一方面,"三教调和"观念也在逐渐深入到人们的意识之中。沈约有《栖禅精舍铭》,其中说"此寺征西蔡公所立。昔厕番麾,预班经创之始;今重游践,览旧兴怀,固为此铭"②。宋泰豫元年(472)蔡兴宗为征西将军、荆州刺史,沈为其记室参军,同年八月蔡卒。这篇作品是此后三年的元(原文中作"永")徽三年(475)所作,应是现存沈约护法作品中可知年代最早的一篇。

　　对于沈约加深佛教信仰影响巨大的机缘是他进入文惠太子萧长懋和竟陵王萧子良门下。萧长懋建元元年(479)为雍州刺史,封

①《华阳陶隐居内传》卷中,《道藏》第5册,第509页。
②《全上古三代秦汉三国六朝文·全梁文》卷三〇,第3128页。

南郡王,出镇襄阳,其时沈约为征虏记室,带襄阳令,在军中曾作
《为南郡王让中军状》(建元二年,萧长懋为中军将军)。建元四年,
长懋立为太子,"引接朝士,人人自以为得意,文武士多所招集。会
稽虞炎、济阳范岫、汝南周颙、陈郡袁廓,并以学行才能,应对左
右"①。沈约时为东宫步兵校尉掌书记,更被亲重。而竟陵王萧子
良与文惠太子志趣相投,更结纳文士,于鸡笼山开西邸,起古斋,多
集古人器服以充之,讲习学术、经教。史称:

> (永明)五年(487),正位司徒,给班剑二十人,侍中如故。
> 移居鸡笼山西邸,集学士抄五经、百家,依《皇览》例为《四部要
> 略》千卷。招致名僧,讲语佛法,造经呗新声。道俗之盛,江左
> 未有也。

这里的永明五年是萧子良"正位司徒"的时间,不是起西邸的时间,
起西邸应当更早。"子良少有清尚,礼才好士,居不疑之地,倾意宾
客。天下才学皆游集焉。"其时萧衍和沈约、谢朓、王融、萧琛、范
云、任昉、陆倕等结好,后人称之为"竟陵八友"。文惠太子、竟陵王
热心结纳文士,显然有政治上的意图。武帝病重,子良侍医药,以
萧衍、范云等为帐内军主。其时王融曾矫诏立子良,因而被杀。此
事子良所起作用如何,史料阙如。后来萧嗣业立为帝,子良死,史
称"帝常虑子良有异志,及薨,甚悦"②。从中可以窥知史事的隐微。
如果说文惠太子、竟陵王广交文士有政治图谋,单从文化史角度
看,在当时统治集团争权夺利、专事仇杀的局面下,他们关注文事,
客观上对于推动文化建设是有所贡献的。

　　竟陵王与文惠太子可以说是不同于晋宋名士的新一代更注重
修道实践的佛教信徒的典型。二人甚相友悌,同好释氏,而子良敬
信尤笃。他们数于邸园营斋戒,大集朝臣众僧,讲说佛法。"其所

---

①《南史》卷四四《齐武帝诸子传》,第 1099 页。
②《南齐书》卷四〇《武十七王传》,第 698、694、701 页。

敬礼之僧尼见于《高僧传》、《比丘尼传》者极多。其最著名者有玄畅、僧柔、慧次、慧基、法安、法度、宝志、法献、僧祐、智称、道禅、法护、法宠、僧旻、智藏等。齐、梁二代之名师,罕有与其无关系者。"①武帝将死时,"子良启进沙门于殿户前诵经,世祖为感梦,见优昙钵华。子良按佛经宣旨,使御府以铜为华,插御床四角"②。从这些细节都可见其信仰之虔诚。当时统治阶层内部斗争、诛杀的严酷,给当事人的内心造成严重的忧惧感,成为其坚定佛教信仰的重要原因。南朝佛教又上承东晋以来注重辨析义理的传统,除了斋僧、造寺之外,又特别重视讲论,义学从而得以特别发达。竟陵王本人亲自讲经著论,有关著述梁时集录为十六帙百十六卷,号《净住子》。道宣赞扬它们是"崇仰释宗,深达至教,注释经论,钞略词理,掩邪道而辟正津,弘一乘而扬士众"③。文惠太子和竟陵王经常组织讲论佛法的大型法会,沈约是积极的参加者。现存的《为文惠太子解讲疏》是为建元四年(482)四月至七月"集大乘望僧于玄圃园安居"④所作;《为齐竟陵王发讲疏》则是"永明元年(483)二月八日置讲席于上邸,集名僧于帝畿"⑤时所作;还有《为齐竟陵王解讲疏》等。而他的《和王卫军解讲诗》则是和王俭的,后者于永明元年为卫军将军。沈约出为东阳太守时,曾携国师、草堂寺僧慧约同行;三年后罢郡,又一起还都。沈约对之"恭事勤肃,礼敬弥隆,文章往复,相继晷漏。以沈辞藻之盛,秀出当时,临官莅职,必同居府舍,率意往来,尝以朱门蓬户为隔。齐建武中,谓沈曰:'贫道昔为王、

①汤用彤《汉魏两晋南北朝佛教史》下册,第 329 页,中华书局,1981 年;原注史料出处略。
②《南齐书》卷四〇《武十七王传》,第 700 页。
③《统略净住子净行法门序》,《广弘明集》卷廿七《诫功篇》。
④《全上古三代秦汉三国六朝文·全梁文》卷三二,第 3137 页。
⑤《全上古三代秦汉三国六朝文·全梁文》卷三二,第 3137 页。

褚二公供养,遂居令、仆之省。檀越为之,当复入地矣。'"①这是沈约和名僧密切交往的一例。

"(梁)武帝弱年好事,先受道法。及即位,犹自上章,朝士受道者众。三吴及边海之际,信之逾甚。"②沈约与他同在"竟陵八友"之列,早年即与之相交。沈约有《和竟陵王游仙诗二首》,题下注"王融、范云同赋"③,西邸学士们大都是兼好佛、道的。武帝即位后的天监三年(504),发布舍道归佛诏书,表示"宁在正法之中长沦恶道,不乐依老子教暂得升天"④。这一行动对于朝野当然会发生重大影响。沈约晚年更倾心佛法与梁武帝崇佛当然有关系,但也决定于他个人的处境与其宗教观念自身的发展。他在《内典序》里说:"虽教有殊门,而理无异趣,故真、俗两书,递相扶奖。孔发其端,释穷其致。"⑤这里他特别提出儒、释关系,与前面引用的《均圣论》的说法相一致。就是说,在他的内圣、外圣均一的理解下,佛教被认为是终极之道,儒家仁义道德之说则被看作是经世方略。而在宗教实践上,梁武帝"归佛"后也并没有完全摒弃道法,他一直和在茅山的陶弘景保持着密切关系。同样,沈约虽然更加倾心佛法,也没有摒弃道教信仰。不过在天监年间,他确实写了更多的礼佛、舍身、忏悔等表达佛教信仰的作品,著有许多论述佛理的理论文字;特别是他积极参加了批驳"神灭论"的大论战。齐末,本来也是西邸学士的范缜著《神灭论》,沈约则著《神不灭论》,加以反驳;入梁,梁武帝又命朝臣继续论驳,沈约再作《难范缜神灭论》。他尚作有《佛知不异众生知义》《六道相续作佛义》《因缘义》《形神论》等多篇护法论著。这些作品代表了当时佛教教学的水平,也充分显示

---

①《续高僧传》卷六《梁国师草堂寺智者释慧约传》。
②《隋书》卷三五《经籍志四·道经》,第 1093 页。
③《先秦汉魏晋南北朝诗梁诗》卷六,第 1636 页。
④《舍事李老道法诏》,《广弘明集》卷四《归正篇》。
⑤《全上古三代秦汉三国六朝文·全梁文》卷三○,第 3124 页。

了其作者佛教信仰的坚定和热诚。梁武帝曾命虞阐、刘溉、周舍等编纂《佛记》三十卷，特命沈约为序，这也表明他晚年在佛教义学方面的高水准。

这样，沈约一生兼信佛、道二教；而从总的发展看，则越是到晚年，越加倾心佛说。不过道教信仰沉积在他的灵魂深处，所以又有临终上章的行动。

三

明张溥评论沈约说：

> 梁武篡齐，决策于沈休文、范彦龙，时休文年已六十余矣。抵掌革运，鼓舞作贼，惟恐人非金玉，时失河清。举手之间，大事已定，竟忘身为齐文惠家令也。佛前忏悔，省讼小过，戒及绮语，独讳言佐命，不敢播腾。及齐和入梦，赤章奏天，中使谴责，趣其病殒。回思妓师识面，君臣罢酒，又成往事。然攀附功烈于生前，龙凤猜积于生后，易名一字，犹遭夺改。若重泉有知，能无抱恨于寿光阁外哉！①

这里先是说沈约和范云对萧梁篡齐有定策功，接着说到他曾被齐皇室所亲重，不思愧悔，结果有本文开头述及的临终上章和被谴责事。“妓师识面”是指梁武帝时“尝侍宴，有妓师是齐文惠宫人。帝问：‘识座中客不？’曰：‘唯识沈家令。’约伏座流涕，帝亦悲焉，为之罢酒”。“易名”是指沈约死后，“有司谥曰‘文’，（梁武）帝曰：‘怀情不尽曰隐。’故改为‘隐’云”②。“寿光阁”是当初沈约和范

---

① 《汉魏六朝百三名家集题辞注》，第 221 页，人民文学出版社，1960 年。
② 《梁书》卷一三《沈约传》，第 242—243 页。

云计议助萧衍篡齐的场所。以上张溥的一段话,揭示了沈约易代之际所作所为的矛盾心理。他作为接受儒家传统培育出来的士族文人,背叛旧主的行为造成了沉重的负罪感。梁武帝是深探他的心曲的,所以才有他死前遭谴责和死后"易名"之事。这种负罪感当然不会是死前一时才产生的,明帝断舌的噩梦应是长期萦绕在心头的。由负罪而忏悔,是形成他宗教观念的一个重要因素。

　　张溥说到沈约的忏悔只是"省讼小过",并提到他犯绮语戒。这是指沈约的《忏悔文》而言。在这篇可供了解他的宗教观念的重要文字里,有反省自己"绮语者众,源条繁广"之语,但却未言及更重大的"佐命"事,张溥对这一点表示不满。实则这只是看到了文章的表面。如果知人论事地设想,沈约在当时的处境下,是不可能公开对"佐命"表示忏悔的。《忏悔文》表达的是他对整个人生的反省和忏悔。其中写道:

　　　　弟子沈约稽首上白诸佛众圣:约自今生已前,至于无始,罪业参差,固非词象所算。识昧往缘,莫由证举。爰始成童,有心嗜欲,不识慈悲,莫辨罪报。以为毛群鳞品,事允庖厨,无对之缘,非恻隐所及。

下面具体说到肉食及至扑灭蚊蝇,"为杀之道,事无不足,迄至于今,犹未顿免";接着又说到绮语、游乐等等罪过;然后在十方三世诸佛和众僧大众前,"誓心剋己,追自悔责,收逊前愆,洗濯今虑",祈求通过"兴此惭悔,磨昔所染……迄至道场,无复退转"[1]。像这样的十分真诚的忏悔文字,在古代文人作品中是少见的。其中列举的事实都是个人生平的具体作为,但其中概括的所谓"识昧往缘""不识慈悲"的"罪业",则是对自己的一生行事包括在统治阶级斗争中所有作为的反省。正是这种沉重的对于人生的"惭悔"心

―――――――――――――

[1]《全上古三代秦汉三国六朝文·全梁文》卷三二,第3136页。

情，造成他精神上的极度痛苦和失落，促使他祈求在宗教中得到解脱。应当指出，这样的"惭悔"心情在其他时代的文人身上是很少见到的。这是六朝文人特有的宗教虔诚心的真实表露，反映了当时人宗教信仰的实态。王鸣盛评论说：

> 《齐·和帝纪》：中兴二年，"逊位于梁，奉帝为巴陵王。梁武帝欲以南海郡为巴陵国邑而迁帝，以问范云，云未对。沈约曰：'不可慕虚名受实祸。'于是遣郑伯禽杀焉"。余谓沈约佛前忏悔文云："暑月寝卧，蚊虻嘈肤，手所歼殒，略盈万计。手因怒运，命因手倾，为杀之道，事无不足。又追寻少年，血气方壮，习累所缠，事难排豁。淇水、上宫，诚无云几，分桃、断袖，亦足称多。"约历事齐朝，年至六十余，乃为梁武画篡夺之策，又力劝帝杀其故主，其所为如此，忏悔中何不及之？乃自认扑蚊虻、淫僮女诸罪乎？梁武帝本齐明帝之谋主，代为定计，助成篡弑。后竟弑其子东昏侯宝卷，伪立其弟宝融，而又弑之篡之，并尽杀明帝之子宝源、宝修、宝嵩、宝贞，又纳东昏侯之妃吴氏、余氏以为妃，乃舍身奉佛，以面为郊庙牺牲，一何可笑！①

这里对沈约等人的行为痛加批评，所论也均是事实。但如果知人论事，也应看到，在当时政争频繁、激烈的条件下，卷入其中的人不能掌握自己的命运，行为翻覆乃是平常现象。如沈约等人，既不能用儒家传统的伦理来约束他人，也不能用来约束自己，正是这种精神的失落和空虚，成为他们倾心宗教的缘由之一。

日本学者吉川忠夫说："对于沈约来说，佛教首先作为慈悲之教来接受，是非常自然的事情……而如果承认佛教的根本教义在慈悲，那么它也就可以成为实践道德的启动力。"②应当说，沈约如此把佛教当作"慈悲之教"的理解，同样适用于道教。抱朴子已经

---

①《十七史商榷》卷五五《沈约劝杀巴陵王》。
②《六朝精神史研究》第Ⅲ部《沈約研究》，第249页，同朋舍，1986年。

说过:"欲求仙者,要当以忠孝和顺仁信为本。若德行不修,而但务方术,皆不得长生也。"①而"慈悲"当然更和儒家"仁爱"观念相通,所以"慈悲"观念也正是沈约调和"三教"的依据。

值得注意的是,沈约讲"慈悲",特别强调戒"杀"。前面已经提到他的《均圣论》,讲到"内圣外圣,义均理一",已含有相当明确的佛教"五戒"同于儒家"五常"的观念。而"五戒"正是突出"戒杀人"为第一的。这篇文章应是天监年间的作品,其时梁武帝正在提倡"断酒肉",文章即从肉食立论;不过文章的意义绝不仅在断肉食:

> 周、孔二圣,宗条稍广。见其生不忍其死,闻其声不食其肉……牛羊犬豕,无故不杀,此则戒有五支,又开其一也。逮于酣酖于酒,淫迷乎色,诡妄于人,攘滥自己,外典所禁,无待释教。四者犯人,人为含灵之首;一者害兽,兽为生品之末。上圣开宗,宜有次第,亦由佛戒杀人,为业最重也。②

这里沈约讲到为什么戒肉食,是因为五戒里杀人最重。他进而更说到"凡含灵之性,莫不乐生","好生之性,万品斯同,自然所禀,非由缘立"③。这种观念与儒家的仁爱观念相通,也与道教的强烈的生命意识相一致。梁武帝萧衍曾说"江左以来,代谢之际,必相屠灭"④。沈约的一生更不断亲历这类恐怖情形。前面说过,他的父亲因为参与宋文帝元嘉末年刘劭、刘濬的叛乱被杀,他当时十三岁,被迫"潜窜",遇赦得免。他历仕三朝,目睹了无数纷争劫杀的事实,罹害的许多是他的亲朋好友。如齐武帝死后,皇族争权,他的朋友王融即因矫诏立竟陵王而被处死。沈约写了《伤王融》诗,

---

① 王明《抱朴子内篇校释·对俗》(增订本),第53页,中华书局,1985年。
② 《均圣论》,《全上古三代秦汉三国六朝文·全梁文》卷二九,第3118页。
③ 《因缘义》,《全上古三代秦汉三国六朝文·全梁文》卷三〇,第3126页。
④ 《资治通鉴》卷一四五《梁纪一》,第4519页。

中有"折风落迅羽,流恨满青松"①之句。次年,竟陵王亦以忧愤死,沈约本人也受牵连被出为东阳太守。萧鸾(齐明帝)即位后,在位不到五年中,高帝十九子、武帝二十三子中除了高帝次子萧嶷一支外,后人全部被其杀掉。明帝死,东昏侯即位,始安王遥光叛乱,时为左卫将军的"沈约闻变,驰入西掖门,或劝戎服,约曰:'台中方扰攘,见我戎服,或者谓同遥光。'"②可见他当时的危殆处境。在这次事变里他的又一位朋友、诗人谢朓卷入被杀掉。他又作了《伤谢朓》诗,其中痛悼"岂言陵霜质,忽随人事往"③的悲剧。他的另一位朋友刘沨则因参与叛乱被杀掉,他写了《伤刘沨》诗。正是在齐皇室相互杀戮之中,萧衍篡齐称帝。沈约以佐命之功,梁室初建即荣居尚书左仆射,加领军兼侍中,但他却又受到猜忌。"范云卒,金以沈约允当枢管。帝以约轻易,不如徐勉,于是勉、(周)捨同参国政"④。这样,表面上看沈约历仕三朝,备受荣崇,居官似没有遭受大的挫折,但他耳闻目睹无数屠戮惨剧,自己也时时处在"大臣人人莫能自保"⑤的境遇中,内心不能抑制对死亡的恐怖,时时滋生起忧惧和怜悯。由现实的"杀戮"引发出的忧惧,促使沈约更倾心"慈悲"之教的佛教。所以沈约的戒杀观念,显然包含着对于当时社会中残酷厮杀、屠戮生灵的现实状况的痛切反省和批判;而理论上对生命的重视,更具有积极的伦理意义。

这样,负罪和忏悔则渴望救济,忧惧和怜悯则祈求解脱,加上有着家族的宗教传统,又身处在佛、道二教大盛的环境中,这众多的主、客观因素,促成沈约内心里的宗教信仰特别真挚、坚定。特别是他越经历更多的仕途波折,越激发其高蹈长往之想。他晚年

①《先秦汉魏晋南北朝诗·梁诗》卷七,第1653页。
②《资治通鉴》卷一四二《齐纪八》,第4449页。
③《先秦汉魏晋南北朝诗·梁诗》卷七,第1653页。
④《南史》卷三四《周捨传》,第896页。
⑤《资治通鉴》卷一四二《齐纪八》,第4452页。

所作《郊居赋》,可看作是其一生心志的总结。他述说自己"迹平生之耿介,实有心于独往。思幽人而轸念,往东皋而长想。本忘情于徇物,徒羁绁于天壤。应屡叹于牵丝,陆兴言于世网"。即是说,自己早年已有超世"独往"的志向,但受到仕途环境的羁束,不得不忘情徇物;在饱阅世情险巇之后,"观二代之茔兆,睹摧残之余燧","伤余情之颓暮,罗忧患其相溢",更使他"敬惟空路邈远,神纵遐阔,念甚惊飙,生犹聚沫。归妙轸于一乘,启玄扉于三达。欲息心以遣累,必违人而后豁",结果就立志"栖余志于净国,归余心于道场"①了。

四

　　具体分析沈约宗教信仰的内容,会清楚地看到,儒家的仁爱思想是贯穿于其中的基本观念。这既表现出他的宗教信仰的强烈的现实精神,也显示了中土固有的经学传统的作用和威力。另一方面,道家和道教的强烈的生命意识、其对于现世救济的执着和渴求,也构成他的信仰的一部分。而他的信仰的理论论证则更多地取自佛家,他的精神归宿也显然主要在佛说。这一方面是因为佛教在中土的发展中,弘扬了大乘的弘通的入世性格,发挥了普遍的"他力救济"精神,特别容易被如沈约那样的中土士大夫所接受和欢迎;另一方面,也是因为晋宋以来佛教义学大发展,在教理论证方面佛教不只远较道教为优胜,也比十分繁琐和严重教条化的儒家章句更具活力。当时的佛教义学不只在内容上更为丰富和细密,而且能够更多地提出和解答人们所关注的现实问题。

————————

① 《全上古三代秦汉三国六朝文·全梁文》卷五二,第3098—3099页。

　　就沈约的具体情况而言,其对于佛教义学的理解和发挥有以下几点是值得注意的。这成为支撑他的宗教信仰的几个基本点,也是他调和"三教"的重要依据。

　　他认为"佛者,觉也;觉者,知也。凡夫之与佛地,立善知恶,未始不同也";他又进一步提出,决定这普遍的佛性的是"知性","众生之为佛性,实在其知性常传也"①。这样,他接受了大乘佛教的普遍平等的佛性说;而大乘佛教的佛性说是对于推动中土"心性"理论发展起积极作用的、有重要价值的思想观念之一。但是,他又不是把"佛性"看作神秘的、先验的存在,而是把它等同于"知性"。这则是吸收了儒家的认识论,指出了提高"知性"以实现"佛性"的现实途径。

　　他主张因缘相续,"一念之间,众缘互起"②,"有此相续不灭,自然因果中来"③。他说,假如今生陶炼之功渐积,则来果所识之理转精,如此不断不绝,即可作佛;假如今生无明,来果所识转暗,则处于六道轮回之中不得解脱。由此他一方面肯定因果报应之理,认为"彼恶加我,皆由我昔加人,若不灭此重缘,则来恶弥遘";另一方面则指出修道前途,对成道得果表现了充分信心。具体到生命个体,他依据大乘空观,以为"寻七尺所本,八微是构(指地、水、风、火'四大'和色、香、味、触'四微'——笔者),析而离之,莫知其主。虽造业者身,身随念灭"④。他如此依据佛教的因缘观念来推导"神不灭"论,本是佛教义学里的老生常谈;但他主张一念既召众缘,众缘各随念起,因此"一念而暂忘,则是凡品;万念而都忘,则是大圣"⑤,则具有主张"顿悟"的意味了。

---

①《佛知不异众生知义》,《全梁文》卷三〇,第 3125 页。

②《因缘义》,《全梁文》卷三〇,第 3126 页。

③《六道相续作佛义》,《全梁文》卷三〇,第 3126 页。

④《忏悔文》,《全梁文》卷三二,第 3136 页。

⑤《论形神》,《全梁文》卷二九,第 3120 页。

在形、神关系上,他主张"神不灭"论。这是佛教哲学的根本命题之一,也是当时思想界争论的重大课题。他的基本论点是"生既可夭,则寿可无夭;既无夭,则生不可极。形、神之别,斯既然矣"[①]。在具体批驳范缜的《神灭论》时,他主要是根据形、神不一来肯定二者可以相分。如他所说:"总百体之质谓之形,总百体之用谓之神。"[②]这样,从体、用关系看,二者是不合一的:耳、眼不同形,而神用则一;形是渐灭的,但形病神不病,他从而得出了形灭而神存的结论。这种"神不灭"论成为他确立佛教信仰的理论基础。对于形、神关系的这种分析当然是错误的,但如此区分形、神的作用,对于认识精神的能动性质却也不是没有价值的。

这样,佛教义学对形成沈约的宗教信仰起了决定性的作用;而教理方面的体认更增进了他的信仰的虔诚程度。他的高深的义学素养与其宗教信仰实践相互促进,使他成为南朝文人中全面地体现当时士大夫阶层宗教信仰实态的典型人物。

五

南朝是所谓"门阀士族专政"时代,门阀士族操纵了政治。事实上当时的皇权不能稳固,易手频仍,正是门阀士族势力过分强大,权力不断再分配的结果。在这个过程中,文人们往往自觉不自觉地被卷入纷争之中,成为这种纷争的牺牲品。六朝的所谓世家大族大体具备三个条件:第一,那些魏、晋以来形成的门阀有长久的历史,其家族在经济、政治以及门第联姻、交谊关系中都保有着

①《神不灭论》,《全梁文》卷二九,第3120页。
②《难范缜神灭论》,《全梁文》卷二九,第3121页。

传统势力。第二，这些家族具有悠久的文化传统，主要是经学传统，此外还有文艺的传统以至道德风范上的传统，宗教信仰也是这种文化传统的重要组成部分。第三，这些家族在权势斗争中握有一定实际的政治、军事力量，这也决定了一个士族的现实地位。这三条是缺一不可的，当然对于某个具体家族，三者的形势不会平衡。譬如晋、宋时期著名的王、谢二族，到齐、梁时期势力已经衰微；萧梁则成为新兴的大族。就沈约的情况说，出身于江东土著所谓"吴姓"，而"东南则为'吴姓'，朱、张、顾、陆为大"①，就是说，沈氏不算是望族。由于家族势力单薄，他为了争取社会地位，不得不依附权势，卷入统治集团的政争是必然的。他早年被文惠太子和竟陵王所罗致，正是他自身积极投靠的结果；后来又帮助萧衍建梁，情形也是同样。值得注意的是，在齐、梁政坛上，正有一批出身"寒门"而非士族的人出掌兵权和朝廷机要。这是些在历史上往往被列入《恩幸传》的人物②。他们成为和出身士族的文人相竞争的有力对手。沈约既没有世家巨族的势力可以依恃，又没有新进"寒门"枭雄的军事、政治实力，这就决定他在政治上不可能形成大气候。他可以依恃的主要是文化传统。他也正是主要依靠这方面的才能活跃于政坛的。结果他虽然得到三朝优容，有时候并官居高位，却一直没能出掌机要。在萧齐王朝，"（齐）武帝常云：'学士辈不堪经国，唯大读书耳。经国一刘係宗足矣，沈约、王融数百人，于事何用！'"③这里提到的刘係宗明于吏事，以寒官累至勋品，正是前述被列入《恩幸传》人物的典型代表。在齐武帝看来，沈约等文人比起他来是远不足用的。入梁，沈约本是萧衍多年亲信，又是开国元勋，但虽被委以显官，"久处端揆，有志台司，论者咸谓为宜，而（梁武）帝终不用。乃求外出，又不见许。与许勉素善，遂以书陈情

①《新唐书》卷一九九《柳冲传》，第 5678 页。
②参阅王仲荦《魏晋南北朝史》上册，第 405—415 页，上海人民出版社，1981 年。
③《南史》卷七七《恩幸传》，第 1927 页。

于勉……勉为言于高祖,请三司之仪,弗许,但加鼓吹而已"①。结
果是,"约文学高一时,而贪冒荣利,用事十余年,政之得失,唯唯而
已"②。有志于经世大用的沈约始终不得大用,造成他"齿冷南朝沈
家令,一生辛苦望台司"③的悲剧命运。但正是这种不幸遭遇,却使
得他有可能把更多的精力用于多方面的文化事业,在文化史上留
下了诸多业绩。这不能不说是他始料不及的幸运。

　　沈约的著述,《梁书》本传上记载"所著《晋书》百一十卷、《宋
书》百卷、《齐纪》二十卷、《高祖纪》十四卷、《迩言》十卷、《谥例》十
卷、《宋文章志》三十卷、《文集》一百卷,皆通行于世;又撰《四声
谱》……"④而据《隋书·经籍志》,他的著作还有属于《史部·职官》
类的《新定官品》二十卷,属于《子部·杂家》类的《俗说》三卷、《杂
说》二卷、《袖中记》二卷、《袖中略记》一卷、《珠丛》一卷、《梁有子
钞》十五卷,属于《集部·总集》类的《集钞》十卷、并注《梁武联珠》
一卷等。又他曾撰次起居注;或以为撰者不详的《齐永明起居注》
二十五卷即出自他的手笔⑤。这些著作遍在经、史、子、集四部,仅
这一事实就可证明他学术、文章成就之广泛。在中国文化史上,
"百科全书"式的士大夫多出现于封建文化烂熟时期的宋代以后,
如欧阳修、苏轼、朱熹等人。在唐代以前,如沈约这样在广泛的文
化领域均有建树的文人是十分稀少的。取得如此巨大的成就,当
然取决于他的出群的才华,但也应当承认他不懈的努力起了作用。
而他之能够集中精力于文化建设,又正与他的世界观、人生观,包
括他的宗教信仰有关系。沈约作为贵族文人,生活在变乱频仍、杀

---

①《梁书》卷一三《沈约传》,第 235 页。

②《资治通鉴》卷一四七《梁纪三》,第 4595 页。

③李必恒《题初学集》,郭绍虞等编《万首论诗绝句》第 1 册,第 334 页,人民文
　学出版社,1991 年。

④《梁书》卷一三《沈约传》,第 243 页。

⑤兴膳宏、川合康三《隋書經籍志詳考》,第 323 页,汲古书院,1995 年。

戮成风的时代条件下，宗教信仰使他的精神得到某种升华，使他去追求超出世俗纷争劫夺的精神价值。另一方面，他面对自身经常深陷的残酷争斗和杀戮，内心怀抱着沉重的惭悔感和负罪感，从而对于现实的丑恶和残酷也就能够持有某种批判、否定态度。这造成了一种心灵上的觉悟，也促使他精神上得到一定程度的超越，从而能够把精力用到更有意义的文化事业中去。此外从一定意义上说，佛、道二教本身又是文化传统的载体，他接受其熏陶，也会从中吸取不少有价值的精神上和文化上的营养。当然肯定这一方面，并非要否认宗教对他曾产生过消极影响。

　　作为有成就的作家，除了才能和努力之外，还要有其他条件。沈约是精神上十分敏感的人，这从他对宗教的感受上也可以清楚地看出来；而宗教信仰本身也培养着他精神上的敏感。所以，宗教信仰与他的创作有着十分密切的关系。在中国文学史上，齐、梁时代的文学成绩不算突出，比较起前面的晋宋和后来的隋唐，显得相对地衰飒。但在当时文人中，沈约诗、文各体兼擅，确可算是相当杰出的一位。钟嵘品诗，把他列入"中品"，说"于时谢朓未遒，江淹才尽，范云名级故微，故约称独步"；又说他的诗"五言最优，详其文体，察其余论，固知宪章鲍明远也，所以不闲于经纶而长于清怨"①。清人张玉谷论诗绝句就此评论，说"驾范凌任沈隐侯，诗虽中品迈时流"②，评骘是中肯的。沈德潜则评论他"较之鲍、谢，性情声色，俱逊一格矣。然在萧梁之代，亦推大家。以边幅尚阔，词气尚厚，能存古诗一脉也"③，意思也大体同样。而他的创作正显示了佛、道二教的深刻影响。就具体表现而言，他有众多的护法、辅教的诗文，更有不少作品直接宣扬佛、道二教的思想观念。这类作品与其信仰直接相关自不待言。而他的诗如《登畅玄楼》《直学省愁卧》

---

① 陈延杰《诗品注》，第52—53页，人民文学出版社，1980年。
② 《论古诗四十首》，郭绍虞等编《万首论诗绝句》第2册，第565页。
③ 《古诗源》卷一二。

《应王中丞思远咏月》《别范安成》《游沈道士馆》等，或流露人生无常的哀愁，或抒发世事沧桑的感怀，都表现出"长于清怨"的特点，也如清人陈祚明所说："休文诗体全宗康乐，亦命意为先，以炼气为主，辞随意运，态以气流，固华而不浮，隽而不靡。"①这些作品的思致、情绪实际都体现出一种宗教情怀。而就上举诗作的艺术表现而论，能够把宗教意念融入到诗情深微处，比起晋宋人同类作品往往外加玄理说明来，表达上显然更为圆融、和谐。另外众所周知的还有他对诗歌声律建设的贡献，更与他接受佛教有密切关系。当时佛教宣教流行歌呗声赞，西邸法会即盛行所谓"经呗新声"，这启发了对于汉语文的"考文审音"，后来经过沈约、周颙等人的总结，发明了汉语的切韵和四声；把有关成果运用于诗歌，就创造出诗歌史上讲究"四声八病"的"永明体"。正是在此基础上，到唐代才发展出声律精严的近体格律诗。沈约等人这方面的工作，在语言学史和诗歌史上都是重大成绩。这也是佛教影响于中国文化史的重要成果之一。

　　客观地分析和认识沈约，应当肯定他是对于一代文化和文学建设做出巨大贡献的人物。借用鲁迅的语言，南朝政治可以说是"一塌糊涂的泥潭"，沈约则应算是在这样的"泥潭"中挣扎并显现出"光彩"的人物。而总观他的一生，佛、道二教影响于其精神世界至为巨大和复杂；其中消极的方面不容否认，但应当肯定的一点是，在当时特殊的条件下，他的信仰使得他的精神得到某种程度的升华和解脱。处身在纷争劫夺、血腥杀戮之中，他知道愧悔；在举世沉溺于逸乐、颓废的风气下，他心怀忧惧。这是大大超越当时一般贵族士大夫阶层精神水平的心灵境界。这种境界形成为道德实践的推动力，对他从事文化事业和文学创作都直接、间接地起了多方面的积极作用。

---

① 《古诗选》。

走上茅山：唐代诗人与茅山道教

一

在唐代的道教圣地中，没有一处像茅山那样得到如此众多文人的关注。道教在唐代发展到它的全盛期，形成了几个著名的活动中心，如长安附近的楼观，洛阳附近的嵩山等；而润州（治丹徒，今镇江市；辖丹徒、丹阳、金坛、延陵、上元、句容六县，茅山在延陵、句容东南方）附近的茅山发展得更为迅速，以至到中唐时期形成了"茅山为天下道学之所宗"①的局面。当时的"茅山道"成为具有代表性的道教教派，也是对文人和文学创作影响最为巨大的道派。这种影响特别集中地表现在当时具有代表性的文学样式——诗歌这一领域。本来就历史的实际状况而言，人们所艳称的唐代文化的极度繁荣，最为集中地表现在宗教和文学这两个领域。在这一现象里，清楚地体现了宗教与文学在本质上的密切关联。唐代诗歌受到茅山道教的影响，正可作为显示这种关联的一例。

---

① 颜真卿《有唐茅山元靖先生广陵李君碑铭》，《全唐文》卷三四〇，第 3446 页，中华书局，1983 年。

　　茅山道教到唐代得以兴盛,有其自身的原因。就是说,这一教派无论是教理还是养炼方式,都具有适应时代发展要求的新内容。按道教自身的传承,所谓"上清派""茅山道",本肇源于汉代。据传其时有茅盈等三兄弟("三茅真君")于句容之句曲山即茅山得道成仙,是为茅山道的祖师;但这只是后出的传说。又据传东晋时有许谧(穆)、许翙父子笃心仙道,于茅山修道,在自哀帝兴宁三年(365)以后的几年间,通过灵媒杨羲,南岳魏华存夫人等众仙真降临,向他们传授上清经法,一批上清经从而"出世";记录众真传授经诰的事迹,则形成《真诰》一书,历世传承不绝。又东晋有道士许迈,丹阳句容人,学于鲍靓,与郭璞、王羲之有交,"谓余杭悬霤山近延陵之茅山,是洞庭西门,潜通五岳,陈安世、茅季伟常所游处,于是立精舍于悬霤,而往来茅岭之洞室"[1]。可是,许迈并未见于《真诰》之中。在道教传说里,许谧是许迈之第五弟,许翙则是他的侄子。这二人是否实有其人,本已难于确考;其受众真传授经法事,也应是后来上清派形成过程中该派道士制造的传说。应当提到的是,比传说里说到的这一时期略早的著名道士葛洪(他的卒年是公元343或363年),在其名著《抱朴子内篇》里列举仙山,曾提到"地肺山",这是句曲山的另一个名称,他并未称之为"茅山",也没有提到茅盈等人。

　　对茅山道教建设起了决定作用的,是齐、梁间的著名道士陶弘景。他出身于江东名门丹阳陶氏,幼年即"读书万余卷,善琴、棋,工草、隶,未弱冠,齐高帝作相,引为诸王侍读,除奉朝请"。他自幼好神仙,辞禄位入居茅山。其时道教中已形成系统的洞天说,句曲的茅山被认为是第八洞宫,名金坛华阳之天。陶弘景在这里"立馆,自号华阳隐居,始从东阳孙游岳受符图经法,遍历名山,寻访仙药"[2]。梁武帝萧衍早年与之交游。梁台未建前,陶弘景曾献符谶,因之入梁之

①《晋书》卷八〇《许迈传》,第 2106—2107 页。
②《梁书》卷五一《处士传》,第 742 页。

后恩礼愈隆。他居于茅山，朝廷书问不绝，称"山中宰相"。是他搜集、整理了所传杨、许旧籍，增删、诠次而成今本《真诰》，并大力弘扬了上清经法。至是，《真诰》遂成为上清派的根本典籍。后来中唐时期李渤作《真系》，著录上清派传承系统，自杨羲开始，以下许翙、许翙子许黄民、陆修静、孙游岳、陶弘景、王远知、潘师正、司马承祯，到李含光。实际上这个系统是后代追叙的，反映的是唐人的看法。例如陶弘景死于公元536年，王远知生于公元530年，他们之间不可能直接相传承。但活动在隋、唐之际的王远知则确实继承、发展了陶弘景一派教法，更由于他曾支持唐王朝创建，对于推动道教和朝廷结下更密切关系起了巨大作用。他以下各代传人均得到朝廷礼重，成为唐朝廷承认的道教宗师，茅山道教遂在唐代蓬勃发展起来。

陶弘景本人乃是新一代士族知识分子道教信徒的典型。他"发挥典坟，游泳百家，穷天地星辰之文，究阴阳龟筮之术"①。在他的身上，集中了南朝士族知识阶层的高度文化教养，又表现出作为这一阶层精神特征的诚挚的信仰心。而他作为道教宗师，又接受了佛教，晚年"曾梦佛授其菩提记，名为胜力菩萨，乃诣郧县阿育王塔自誓，受五大戒"②。这样，陶弘景所代表的上清派道教一方面体现了道教与儒、佛"三教调和"的发展倾向，另一方面又综合了南北朝纷繁的道教派系的内容并加以整理和发展，使得这一派很快凌驾于其他各派系道教而上之。所以在一定意义上说，陶弘景作为卓越的宗教家，思想上适应了时代趋势，行动上则开拓了道教发展的新方向。他的观点在其所整理的《真诰》里清楚地体现出来。也正因此，到唐代，《真诰》在知识阶层中受到热烈的欢迎。白居易曾写有"七篇《真诰》论仙事，一卷《坛经》说佛心"③。这部道典被当时

---

① 贾嵩《华阳陶隐居传序》，《全唐文》卷七四二，第7924页。
②《梁书》卷五一《处士传》，第74页。
③《味道》，朱金城《白居易集笺校》卷二三，第1577页，上海古籍出版社，1988年。

人作为体现道教神仙观念真谛的经典，几乎成了文人教养的必读书。这样，上清派的兴盛大大推动了《真诰》的传播，而《真诰》又有力地弘传了上清派思想，以"茅山道"为代表的上清派道教也就在唐代文人中广泛传播开来。

《真诰》里表现的上清派教义有三个方面特别易于为唐代士大夫阶层所接受。

首先，作为道教主要内容之一的神仙思想和神仙术，是《真诰》所宣扬的上清派教理的一个主要内容。在东汉后派系纷杂的道教的发展中，神仙思想和神仙术一直是其重要部分，经历了长期的发展过程，形成复杂的体系。刘勰的《灭惑论》是从批判角度谈道教的，他概括地区分"道家立法，厥有三品：上标老子，次述神仙，下袭张陵"[1]；同样，北周道安的《二教论》也区分"一者老子无为，二者神仙服饵，三者符箓禁厌"[2]。这反映的是上清派道教兴起以后人们的普遍看法。在二人所区分的略有不同的三个品级中，"老子"本是哲学学说，道教徒把它作为教理的依据和根本，所以立为"上品"；其次"中品"即是"神仙"，显然是肯定上清派更为重视的神仙思想和神仙术，认为它是高于"符箓禁厌"之类道术的。陶弘景及其整理的《真诰》本来具有综合道教各派教理和行法的性质，他并不否定服饵、金丹、导引等传统仙术，也肯定灵宝派的符箓斋醮等法术，但却更明确地提出了"仙者心学"（《真诰》卷一八《握真辅第二》）[3]的观念，把"内观""内视""守一""存神"等心性养炼功夫当作成仙的主要途径。《真诰》里一再讲到求仙的关键在"内忘"（卷四

---

①《弘明集》卷八。

②《广弘明集》卷八。

③本文引用《真诰》，据《道藏》本（文物出版社、上海书店、天津古籍出版社影印本第20册），又参照日本京都大学人文科学研究所"六朝道教的研究"研究班《真誥》譯注稿》，《东方學報京都》第68—71册，1996—1999。随文括注，不一一注出卷次、页码。

《运象篇第四》），"归心于正一"（卷七《甄命授第三》），"心存体神""修真抱素"（卷五《甄命授》），"凝心虚形，内观洞房，抱玄念神，专守真一"（卷二《运象篇第二》）等等；反之，多劳多事，多念多端，则损神丧真，扰害明德，乃是成仙的绝大障碍。这样，即把心性养炼当作求仙修道的关键，把成仙的根据归之于个人修养心神的努力。就是说，肯定成仙主要并不是依靠或借助于外力如合炼的金丹或仙官救济。可以将其和葛洪相比较，后者一方面强调"还丹金液"是"仙道之极"，因此说"升仙之要，在神丹也"①；另一方面又主张"命之修短，实由所值，受气结胎，各有星宿……命属生星，则其人必好仙道。好仙德者，求之亦必得也"②，这则是典型的"宿命论"。这样，陶弘景的神仙思想不仅和秦、汉时期帝王的神仙术比较起来已有很大不同，比之前辈道士如葛洪以及其他教派也有很大进步。值得注意的是，《真诰》的重视心性的神仙思想和神仙术显然接受了大乘佛教的普遍的佛性说的影响，在观念和语言上更和后来所谓"北宗禅"的"修心""住心""敛心""安心"的思路相通。虽然佛、道二教信仰的终极目标和教理根据有根本的不同，但在当时的具体发展中，二者重视"心性"，强调个人"心性"修养则是一致的。这是因为它们共同体现了时代思想、学术发展的大方向，即对于"人"作为主体的自觉，具体表现则是对个人"心性"的肯定。这也正曲折地反映了新兴的庶族地主阶层的精神需求。因而在唐代，无论是上清派道教，还是禅宗，都受到这一阶层的广泛而热烈的欢迎，而且许多人对二者往往兼容并重，也就可以理解了。

　　其次，《真诰》强调宗教修习和世俗道德的一致性。这是和葛洪的思路相一致的，即努力把宗教的超越的追求和世俗伦理统一起来，使神权和世俗统治体制相协调。这也体现了强大的专制制

---

① 王明《抱朴子内篇校释》（增订本）卷四《金丹》，第70、77页，中华书局，1985年。
② 《抱朴子内篇校释》（增订本）卷七《寒难》，第136页。

度下形成或传播的宗教的世俗性格。《真诰》一方面要求世积阴德,说"云荫流后,阴功垂泽,是以今得有好尚仙真之心者,亦有由而然也"(卷一二《稽神枢》),又宣扬"宿运先世有阴德惠救者,乃时有径补仙官,或入南宫受化,不拘职位也。在世之罪福多少,乃为称量处分耳"(卷一六《阐幽微第二》),这已有与抱朴子相似的"宿命"色彩。另一方面,《真诰》又说至忠至孝之人死后为地下主,渐进得补仙官,所以要求修仙的人敛死恤穷,损己分人,有视民如子的胸怀,提出"夫欲学道慕生,上隶真人,玄心栖邈,恭诚高灵者,当得世功相及,祸恶不遭,阴德流根,仁心上逮,乃可步真索仙,度名青府耳"(卷四《运象篇第四》)。这样,世俗道德不只是仙道的内容,更是成仙的前提。如此把儒家伦理纳入到神仙思想,规定为神仙养炼的具体内容,也就进一步协调了其与世俗政权和世俗道德的关系,从而也更容易被以儒家思想为立身行事依据的士大夫阶层所接受。唐代茅山道教与朝廷密切交往,上清派道士更加积极地参与社会生活,正和这一点有关系。

再一点,当年陶弘景与朝廷保持了若即若离的关系,这也形成为一种传统。陶弘景选择茅山为隐居之处,显然是有所考虑的。那里距首都建康不远,可以便利地与朝廷通信息;而在山中静隐,又可以少受朝廷的干扰和约束。《真诰》也大力提倡隐居生活,其中说:"为道者常渊淡以独处,每栖神以游闲,安饮啄以自足,无祈眄于笼樊,哀乐所以常去,夭阏何由而臻者乎?"(卷二《运象篇第二》)如此肯定山林隐逸,有着否定世俗权势的意思。又如说"是故古之高人,览罪咎之难预知,富贵之不可享矣,遂肥遁长林,栖景名山,咀嚼和气,漱濯清川,欲远此恶迹,自求多福,超豁恒骋,保全至素者也"(卷二《运象篇第二》);"夫金玉山积,犹非我也;肤箧之担往矣,犹非己也;荣冕之盛陈矣,犹非贵也;采艳之纷华矣,犹非真也。能消而荡之,则淫咨之心亡也,鄙滞之门闭矣,尚真之觉渐也,阡陌之情见矣"(卷七《甄命授第三》)。这样的主张,则又把宗教的标准与世俗的标准明确拉开了距离。应是早出的《汉武帝内传》曾写到,汉武帝以帝王之尊,因为处身污秽之中也不能成仙,典型地表明了在当时观念里世俗权威与宗教修习的对立。《真诰》里也有类似的观念。这样,宗教就可能对世俗保持某种批判的、超越的立场。当年慧远也曾力图"抗礼万乘,高尚其事,不爵王侯,而沾其惠"①。他是僧人,隐居的地方是庐山,与《真诰》在这方面的观念上是相类的。这也反映了处身乱世的知识分子的一种人生理想。《真诰》里许多众真的仙歌是歌颂隐逸的,如右英夫人有诗说:"松柏生玄岭,郁为寒林桀。蘩葩盛严冰,未肯惧白雪。乱世幽重岫,巡生道常洁。飞此逸辔轮,投彼遐人辙。公侯可去来,何为不能绝。"(卷四《运象篇第四》)这可以看作是相当有特色的隐逸诗。《真诰》的这种观念和态度,又恰与成为士大夫传统的隐逸意识相一致。

　　以上这几方面,体现了茅山上清派道教的总的思想倾向。它显然是适应时代思想发展的趋势,更是适合知识阶层信仰上和观念上的需求的。而除了以上三点之外,上清派道教更表现出浓厚的文学性格。《真诰》在表达上具有相当高的艺术性,这也是它受到士大夫阶层欢迎的重要原因。《真诰》的主要部分写的是群仙降临传授经诰事,其中所描绘的幻想的境界笼罩在虚幻的神秘色彩之中。除了众多仙人的活动之外,《真诰》还记叙了过去和当今许多人修习仙道的传说,创造出丰富、生动的"人物"形象,描绘了茅山洞天的形胜。其中除了问答、书信、经诀外,更有大量仙歌。《真诰》从表述到语汇体现了丰富的文学性质,也为后人的文学创作提供了众多"人物"、故事、典故、语言和表现方法。即使仅仅作为文学创作上的借鉴,《真诰》也吸引了许多文人的注意。

　　这样,到中唐李渤作《真系》,追溯上清派道教自杨羲传达仙真经诰事,正表明了《真诰》在当时道教的地位。这样,在唐代道教发

―――――――――――
① 《沙门不敬王者论·求宗不顺化第三》,《弘明集》卷五。

展中形成为主流的上清派道教,可以说是《真诰》的道教,主要也就是"茅山道"。这也是具有适应时代思想、学术潮流的新内容和新形式的道教,具有鲜明文化、艺术性格的道教,其被文坛欢迎是有其必然性的[①]。

二

茅山道教在唐代之得以兴盛,除了得力于上述其自身内容、形式的发展适应时代要求之外,当然还由于得到唐代统治阶层,特别是朝廷的支持。其中李含光得到玄宗的崇敬,对茅山道教在唐中期以后的发展更起了重大作用。又"安史之乱"以后,中原地区经常处在动乱之中,经济中心南移,江南得到更积极的开发,相对安定的社会环境促进了那里文化的发达。当时茅山所在的江浙一带,又是文人集中活跃的地区。这些情况都有助于强化茅山道教与文人的联系。这样,一方面茅山道教对文人发挥出更强大的吸引力,有更多的人以各种不同方式与茅山道教发生联系;另一方面,则有大量文人热衷于宣扬茅山道教,这反过来又有力地促进了它的发展和繁荣。

但如果说茅山和茅山道教在"安史之乱"后达到了繁盛的顶峰,并吸引了更多的文人,那么造成"茅山道"在社会上重大影响的,却是唐前期的几位活动在北方的茅山派宗师和道士。除了王远知之外,主要还有远知弟子潘师正、师正弟子司马承祯以及属于

[①]关于唐代道教的派系,日本学者小林正美认为应是天师道,他的著作《中國の道教》(创文社,1998 年)、《唐代の道教天師道》(知泉书馆,2003 年)等有详细论证,并且针对笔者关于上清派传承的看法(《道教与唐代文学》,人民文学出版社,2001 年)提出商榷,值得注意。

这一派的吴筠等人。这些人都是很有能力的宗教活动家，又是相当杰出的宗教思想家。他们风格各异，但在各自的时代条件下，都能极力发挥陶弘景及其编纂的《真诰》所总结的上清派教理，并充实以适应时代的新内容。这几位道士从而也成为在文人间广有影响的人物。

王远知、潘师正、司马承祯等人在史书上一般被收入《隐逸传》①。这固然出于史家的看法，但也反映了他们身上的浓厚的"世俗"性格。他们虽然都有时间长短不同的在茅山修道的经历，但其主要活动和影响却是在当时的政治中心两京及其附近地区。这种状况也正反映了当时整个道教依附朝廷的"御用"性质及其争取统治者支持的努力。这些人被立为茅山派宗师，就教派传承说，表现了这一派道教组织宗绪的自觉；而就教理层面说，则他们确又各尽所能，把这一派教理发展推到了新的高度。这样，既得到朝廷来自上层的支持，再加上教理中又包含有富于价值的思想观念，这个教派也就能够在社会上，特别是官僚和文人间很快地扩展影响。

王远知本不是陶弘景的嫡传。把他上续为陶的弟子，当是出于其后人的"捏合"。但制造出这种法系，对于"茅山道"的进一步发展却起了巨大作用。远知出身于晋宋以来著名士族琅琊王氏，祖、父出仕于梁、陈，他本人也是典型的士族知识分子。他早年在茅山传上清经法，师事陈国师、宗道先生臧矜。入隋，他得到时为晋王（驻节扬州）的杨广的礼重；杨广即帝位，他应召北上，受到崇重。但在隋、唐易代之际，他却又向李渊密陈符命；入唐，在李世民与兄弟争夺帝位的时候，他又对其给以支持。这样，他就和唐朝廷结下了十分密切关系。这种鲜明的政治性格也成为以后茅山道教的特点。晚年，他辞谢朝廷重位，于贞观九年（635）回到茅山，朝命

①值得玩味的是，他们和另外一些以丹药、斋醮、法术等著称的道士如张果、叶法善等被列入《方伎传》形成鲜明对照；又王远知在《新唐书》里被收入《方伎传》。

为立道观,度道士,当年病故。他死后屡蒙追赠:调露二年(680),赠太中大夫,谥升真先生;嗣圣元年(684),赠金紫光禄大夫,改谥升玄先生。这也反映了茅山派势力的增长。当年陶弘景退居茅山,梁武帝勤加优礼,顾问政事,被称为"山中宰相"。陶弘景和世俗政权密切联系的传统,被王远知继承下来了。

　　隋初时王远知的茅山教团已是"山门著录,三千许人"①,可见茅山当时门庭规模之盛大。而对早期茅山建设起重要作用的还有他的弟子王轨。王轨早年曾陪侍远知,"卜居茅谷,为香瓶弟子一十六年",后随同远知北上。在入唐后远知得到唐太宗崇重居留长安时,他先期回到茅山。其地有"观,梁武皇帝於许真人旧宅为陶隐居建立,号曰朱阳。皇明启运,更以华阳为目……而旧基夷漫,余迹沦芜。先生更剪棘开场,肇兹崇构,敬造正殿三间两庑、并及讲堂坛靖,房宇门廊"②。他又于内殿造元始天尊和真人像,并搜集了上清尊法洞玄、洞神符图秘宝,从而为振兴茅山奠定了更牢固的基础。

　　潘师正于隋末度为道士,在茅山师事王远知。但他后来主要活动在嵩山,得到高宗和武后的礼重,于永淳元年(682)去世。王适作《体玄先生潘尊师碣》③,陈子昂为颂④。王文详细地记叙了潘的事迹及其所得荣宠。从文章看,他是一位修道型的人物,存有记录的俗弟子有颍川韩法昭、冯齐整等人。

　　在扩大茅山道教的影响方面起更大作用的是司马承祯。他从

---

① 江旻《唐国师升真先生王法主真人立观碑》,《全唐文》卷九二三,第 9618 页。
② 于敬之《桐柏真人茅山华阳观王先生碑铭》,《全唐文》卷一八六,第 1892—1894 页。
③《全唐文》卷二八二,第 2855 页。
④《陈子昂集》卷五,徐鹏点校,第 99—100 页,中华书局,1960 年。集中所录《续唐故中岳体玄先生潘尊师碑颂》散文的部分是王适《碣》的后一部分,应为误录,只有韵文的颂是陈子昂所作。

潘师正受"金根上经三洞秘箓、许真行事、陶公微旨"①，是王远知的再传弟子。他曾说："我自陶隐居传正一之法。"②在他死后，其从子司马纲在王屋山立庙，卫凭作《庙碣》，称陶弘景、王远知、潘师正为递传的"三真"。这也是李渤《真系》的滥觞。司马承祯出身士族，祖晟，隋亲侍都督；父仁最，唐襄、滑二州长史。他所受到的也是士族家庭的传统教养，这也为他后来与士大夫交游准备下良好条件。他早年无意仕进，二十一岁为道士，从潘师正传授经法，遍游名山；后居于天台山，自号"白云子"。这个称呼，取自《庄子·天地》篇"天下无道，则修而就闲，千岁厌世，去而上仙，乘彼白云，至于帝乡"，可窥见其心志。武后闻名，召之入都；及将还，遣麟台正字李峤等饯之于洛桥。今存李峤《送司马先生》(《全唐诗》卷六一)、宋之问《送司马道士游天台》(同上卷五三)、薛曜《送道士入天台》(同上卷八〇)等诗，就应是这次饯送的作品。景云二年(711)，睿宗再度迎请其入京，问以阴阳术数，他回答说："《道经》之旨，为道日损，损之又损，以至于无为。且心目所知见者，每损之尚未能已，岂复攻乎异端，而增其智虑哉！"又说："国犹身也。老君曰：'游心于淡，合气于漠，顺物自然而无私焉，而天下理。'《易》曰：'圣人与天地合其德。'是知天不言而信，无为而成；无为之旨，理国之道也。"③他在这里利用道家学说讲"理国之道"，明确反对阴阳术数的"异端"之说，使睿宗大为称赏，"乃赐宝琴、花帔以遣之"④。"中朝诗人赠诗者百余首"⑤，"散骑常侍徐彦伯撮其美者三十一，为制序，名曰《白云集》，见传于代"⑥。玄宗于开元九年(721)再次召请他入都，并亲

①卫凭《唐王屋山中岩台正一先生庙碣》，《全唐文》卷三〇六，第3108页。
②《旧唐书》卷一九二《隐逸传》，第5127页。
③《旧唐书》卷一九二《隐逸传》，第5127—5128页。
④钱易《南部新书》庚卷，第80页，中华书局上海编辑所，1958年。
⑤李渤《王屋山贞一司马先生传》，《全唐文》卷七二一，第7318页。
⑥刘肃《大唐新语》卷一〇《隐逸》，第163页，古典文学出版社，1957年。

受法箓。翌年,回天台,玄宗有《答司马承祯上剑镜》《王屋山送道
士司马承祯还天台》等诗。十五年,他又应召进京,诏命选王屋山
形胜之地筑观以居之,至二十三年于其地去世。玄宗赐其银青光
禄大夫、正一先生。他著有《天隐子》《坐忘论》《服气精义论》《天地
宫府图并序》《修真精义杂论》《上清侍帝晨桐柏真人真图赞》《上清
含象剑鉴图》《茅山贞白先生碑阴记》《素琴传》等多种,其中有些富
于文学性质;亦能诗,今存《答宋之问》一首(《全唐诗》卷八五二);
又善书法,自为一体,号"金剪刀书",曾用这种书体书写《道德经》,
校勘文字,成五千三百八十言的钦定本。当时朝野高官大僚、文人
词客多与之交往。今存沈佺期、崔湜、张说、张九龄等人的赠诗。
他的代表著作是阐明"修道阶次,兼其枢翼"的《坐忘论》,题目取自
《庄子·大宗师》"堕肢体,黜聪明,离形去知,同于大通,此谓'坐
忘'"。在序言里,他把修道方法"约为安心坐忘之法"①,其思想显
然受到庄、禅的影响。日本道教学者神本淑子指出:"《坐忘论》的
修道论是以道家思想为根底,吸取了隋唐佛教特别关注的安'心'
方法,而又强调了道教的独特性和优越性。这可以说是了解则天
到玄宗朝的唐代道教的绝好资料。"②像司马承祯这样的人,作为著
名道士,也热心于合炼丹药的方术③,但实际应看作是披着"神仙"
外衣的文人。他本人也成为当时沟通文人和道教交流关系的桥
梁。不只是他所阐发的教义和提倡的养炼之术等等,他的才能、个
性、风貌也都给当时的道教输入了一股新风。

　　陶弘景下第五代宗师、司马承祯弟子李含光长期居住在茅山,
对茅山作为道教中心的建设做出了新的重大贡献。他活动的时期

---

①《全唐文》卷九二四,第 9626 页。

②《司馬承禎〈坐忘論〉について——唐代道教における修養論》,《東洋文化》
　　第 62 号,第 213—242 页,1982 年。

③张玄德《丹论诀旨心鉴·明辩章第二》:"余曾嵩山见司马希夷修大丹,喜乃
　　问访之。"《道藏》第 19 册,第 341 页。

主要是玄宗在位时代。他得到朝廷更高的优崇。"安史之乱"以后，茅山道教扩大影响，如上所说和当时东南地区的发展有关系，也和李含光个人推动茅山道教的活动有关系。李含光出身于具有奉道传统的家庭，其祖父师龛隐居不仕，其父孝威与司马承祯为方外交。他在开元十七年(729)于王屋山从司马承祯传受大法，后请居茅山，纂修经法。"初，山中有上清真人许长史、杨君、陶隐居自写经法，历代传宝，时遭丧乱，散逸无遗。先生捧诏搜求，悉备其迹。"①他是陶弘景之后对《真诰》的重新整理和传承做出新贡献的重要人物。天宝年间他两度被召入京，居住在山中时也屡蒙朝廷顾问。朝命为其筑紫阳观，并屡度道士、赐民户以供香火。玄宗的道教信仰也和李含光有一定的关系。肃宗以后，茅山道教进一步得到发展，是他和他的弟子们为此奠定了稳固的基础。

这样，经过唐前期这几位茅山道教宗师的努力，十分牢固地确立起这个教派与世俗政权和社会上层的关系，强化了它的世俗性格。特别是上述几位宗师发展了上清派教理"仙为心学"的思想，使养炼的重点更侧重在心性修养方面，从而适应了时代思想发展的大势，特别合乎新兴庶族士大夫的要求。而他们所揭倡的"安心""坐忘"的"修真"之法，既与当时兴盛的佛教禅宗的行法相通，又包容了儒家、道家的伦理内容，并且在神仙追求的终极目标之下，更提供出从追求神仙飞升到一般的"安身立命"的多层次的心性修养内容。这也表明，唐代的道教在修持目标上已远远超越了传统的长生久视或飞升成仙的幻想，在养炼方式上也超出了金丹、符箓等方术或法术，从而显示了新的发展方向。这就为广大文人接受它创造了更好的条件。

从有唐一代茅山建设的整个发展状况看，还可以发现一个趋势，即天宝以前朝廷与茅山有着更为密切的联系。这一方面是因

---

① 颜真卿《有唐茅山元靖先生广陵李君碑铭》，《全唐文》卷三四〇，第3445页。

为以后再没有出现像唐玄宗那样长期、虔诚地崇道的君主,另一方面也由于后来朝廷势力大为衰微,已没有更多的能力去管理地方的宗教事务。唐前期朝廷崇重茅山道和茅山道士在两京的大肆活动,不但为茅山道和茅山的发展打下了物质基础,而且大为扩大了其在士大夫间的影响。结果,尽管"安史之乱"以后朝廷与茅山道的关系不比从前,但文人们对茅山和茅山道的同情和向往却并未降低,"茅山作为一个文人兴盛时代的活动场所"①的作用和意义反而更加突出起来。除了宗教的吸引力之外,茅山的古老、辉煌的历史和传说,茅山的自然风光和人文景观,也都给予人们巨大的感召。所以"安史之乱"以后,有更多的文人去到茅山,有更多的作品写到茅山。即使是在动乱不绝的晚唐五代,茅山仍保持着繁荣,发挥着它的持久的影响。

当然如下面将要讨论到的,文人们是依据自己的理解来亲近和接受茅山道的。

三

唐初的王远知和潘师正更多地表现出山居修道的性格,在一般士大夫间活动较少。这也和唐初士大夫阶层的势力还没得到充分发展有关系。到了高宗时期,即司马承祯活动的时代,这一派道教在士大夫间的影响逐渐显著起来,众多的文坛名流都和茅山道士结下交谊,有些人更和著名高道结成师弟子关系。形成这样的局面,道教在朝廷支持下得到大发展是一方面原因,另一方面,也

---

① 王罗杰(Roger Greatrex)《茅山道教和唐宋文人》,陈鼓应主编《道家文化研究》第 16 辑,第 386 页,生活·读书·新知三联书店,1999 年。

是因为茅山道在发展中越来越突显出鲜明的世俗性格，其思想观念更适应势力迅速上升的庶族士大夫阶层的要求。具体分析起来，道士与文人结交的具体情况各不相同——当然有信仰仙道、热衷养炼的，但更多人则主要是对茅山道的某些思想观念、所采取的人生态度、所表现的生活情趣等更"世俗"层面内容感兴趣。值得注意的是，佛教里在士大夫间广受欢迎的禅宗，对思想、学术造成深远影响的华严宗，同样在这一时期繁荣起来，并在士大夫间造成广泛深入的影响；而当时士大夫阶层中很多人又兼容佛、道，并同样对佛、道二者采取一种"自由化"的态度。

前面已经提到，司马承祯在文坛上十分活跃，和文人广有交往。他被武后和睿宗两次征召入京，还山时都有众多文人送行赋诗。当时文人和他唱和的作品至今仍保存不少，如宋之问与他有密切交谊，有《冬宵引赠司马承祯》《送司马道士游天台》《寄天台司马道士》等作品传世。前一首诗中有句曰："此情不向俗人说，爱而不见恨无穷。"[1]而司马承祯给他的诗里则说"不见其人谁与言，归坐弹琴思逾远"[2]，可见两人交情之契合无间。这些作品的年代不可确考。《寄天台司马道士》则是司马承祯应武后之召回山时的作品：

> 卧来生白发，览镜忽成丝。远愧餐霞子，童颜且自持。旧游惜疏旷，微尚日磷缁。不寄西山药，何由东海期。[3]

沈佺期有《同工部李侍郎适访司马子微》诗：

> 紫微降天仙，丹地投云藻。上言华顶事，中问长生道。华顶居最高，大壑朝阳早。长生术何妙，童颜后天老。清晨朝凤京，静夜思鸿宝。凭崖饮蕙气，过洞摘灵草。人非冢已荒，海

---

①《全唐诗》卷五一，第 629 页，中华书局，1960 年。
②《全唐诗》卷八五二，第 9636 页。
③《全唐诗》卷五二，第 636 页。

变田应燥。昔尝游此郡，三霜弄溟岛。绪言霞上开，机事尘外扫。顷来迫世务，清旷未云保。崎岖待漏恩，怵惕司言造。轩皇重斋拜，汉武爱祈祷。顺风怀崆峒，承露在丰镐。泠然委轻驭，复得散幽抱。柱下留伯阳，储闱登四皓。闻有《参同契》，何时一探讨。①

此诗作于景云二年（711）司马承祯被睿宗召请入京时。那一年李适为工部侍郎，沈佺期任中书舍人或太子詹事。两位朝廷高官同访这位应召的高道。诗的开头把司马承祯说成是从紫微天降临的仙人，赞扬他来到都城传授长生术，慨叹自身羁束于俗务，又称颂朝廷崇道重仙，最后表达了从之学道的愿望。这样的诗清楚反映了当时某些朝官与司马承祯的关系。《参同契》在唐时是被当作外丹经典的，希望和道士"探讨"《参同契》，也反映了当时炼丹术在贵族士大夫间流行的情况。

包括张说和张九龄等一代名臣在内的高官显贵，也和司马承祯有交往。张说有《寄天台司马道士》诗说：

> 世上求真客，天台去不还。传闻有仙要，梦寐在兹山。朱阙青霞断，瑶堂紫月闲。何时柱飞鹤，笙吹接人间。②

张九龄曾于开元年间奉派到南岳衡山祀祷，具体时间应是在开元十二年以后，他见到了在那里的司马承祯，写有《登南岳事毕谒司马道士》诗。其中写道：

> 诱我弃智诀，迨兹长生理。吸精反自然，炼药求不死。斯言眇霄汉，顾余婴纷滓。相去九牛毛，惭叹知何已。③

张说和张九龄都是人生态度十分积极的政治家，他们或许并不真

---

①《全唐诗》卷九五，第 1022—1023 页。
②《全唐诗》卷八七，第 955 页。
③《全唐诗》卷四七，第 566 页。

地相信司马承祯所宣扬的神仙之说；但从这些作品看，他们无例外地表示出对司马承祯的敬意，并受到他的榜样和说教的感发，因此诗作里流露出赞叹和羡慕之意。值得注意的更有司马承祯和李白的关系。李白在开元十三年（725）出三峡，游洞庭，适值司马承祯自茅山南游衡山，二人于江陵相见。后来李白回忆："余昔于江陵见天台司马子微，谓余有仙风道骨，可与神游八极之表，因著《大鹏遇稀有鸟赋》以自广。"①李白当时是游行四方以求进的青年学徒，已得到司马承祯如此器重。从李白多年以后的回忆，可知这次会面留给他多么深刻的印象。司马承祯对李白的道教信仰的形成应是产生一定影响的。

传说中又有一段司马承祯和卢藏用交往的著名逸事：

> 卢藏用始隐于终南山中，中宗朝，累居要职。有道士司马承祯者，睿宗遣至京，将还，藏用指终南山谓之曰："此中大有佳处，何必在远？"承祯徐答曰："以仆所观，乃仕宦捷径耳。"藏用有惭色。②

这个故事也从侧面反映了司马承祯在当时官僚士大夫间的影响。其中尖锐地讽刺当时有些士人隐居求道的虚伪风气。司马承祯对这种风气的讥嘲态度，体现了他高蹈的风格及见解的机智。

直到中唐时，元稹有《惭问因》诗，题下有注："蜀门夜行忆与顺之在司马炼师坛上话出处时。"可知王屋山上的司马承祯道坛到中唐时仍是文人游历驻足之处，诗曰：

> 司马子微坛上头，与君深结白云俦。尚平村落拟连买，王屋山泉为别游。各待陆浑求一尉，共资三径便同休。那知今日蜀门路，带月夜行缘问因。③

---

① 王琦注《李太白全集》卷一《大鹏赋》，中华书局，1977年。
② 刘肃《大唐新语》卷一〇，第162—163页，古典文学出版社，1957年。
③ 《元氏长庆集》卷一七。

从这篇作品看,直到中唐时期,文人间对司马承祯仍保持着真挚的崇敬之情,同时也表明后者对诗坛的影响是十分深远的。

李含光多数时间居住在茅山,所以和中朝士大夫直接交往较少。但由于他受到朝廷的特殊崇重,在文人间的影响还是很大的。他的弟子著名者有韦景昭、殷淑、韦渠牟、胡紫阳等人。李白有《送殷淑》《三山望金陵寄殷淑》诗,当是其天宝末年游金陵时所作。有可能其时殷淑已往来茅山。李白是否访问过茅山不可考,从现存资料看,也没有他和李含光相识交往的直接证据,但有可能他通过殷淑与李含光间接发生交往。韦渠牟早年曾得到李白的知遇,大历四年(769)出家到茅山师事李含光,后又转而为僧。权德舆评论他"沉冥博约,为日最久,而不名一行,不滞一方。故其曳羽衣也,则曰遗名;摄方袍也,则远尘外;被儒服也,则今之名字著焉。周流三教,出入无际,寄词诣理,必于斯文"①。他作为士大夫"周流三教"的典型,颇能代表一时风气。

反映李含光影响的间接材料不少,如皇甫冉有《送张道士归茅山谒李尊师》诗,"李尊师"即李含光:

> 向山独有一人行,近洞应逢双鹤迎。尝以素书传弟子,还因白石号先生。无穷杏树行时种,几许芝田向月耕。师事少君年岁久,欲随旄节往层城。②

秦系曾隐居茅山。他有《题茅山李尊师山居》诗,"李尊师"也是指李含光,诗云:

> 天师百岁少如童,不到山中竟不逢。洗药每临新瀑水,步虚时上最高峰。篱间五月留残雪,座右千年荫老松。此去人寰知远近,回看云壑一重重。③

---

① 《左谏议大夫韦公诗集序》,《权载之文集》卷三五。
② 《全唐诗》卷二五〇,第2831页。
③ 《全唐诗》卷二六〇,第2899页。此诗又作严维诗,题为"题茅山李尊师所居"。

据李白《唐汉东紫阳先生碑铭》："天宝初,威仪元丹丘道门龙凤,厚礼致屈,传箓于嵩山东京大唐□□宫,三请固辞……弟子元丹丘等咸思鸾凤之仪羽,想珠玉之云气,洒扫松月,载扬仙风,篆石颂德,与兹山不朽。"①则李白诗里经常出现的元丹丘是胡紫阳弟子、李含光的再传弟子。李白交往的众多道士中,元丹丘是交谊最为长久、相互影响十分巨大的一位②。所谓"投分三十载,荣枯同所欢"③,表明早在李白未出川前,二人已经相识。据魏颢《李翰林集序》,"白久居峨嵋,与丹丘因持盈法师达"④,这是说后来他们二人是一起被玉真公主荐举、应召入京的。在李白被斥出京后,两人又一起到随州寻访胡紫阳。在《冬夜于随州紫阳先生餐霞楼送烟子元演隐仙城山序》一文里李白说:"吾与霞子元丹、烟子元演气激道合,结神仙交,殊身同心,誓老云海,不可夺也。"⑤他写过许多关系元丹丘的诗。由于志气相投,相互了解,这些作品不只生动地描摹出友人的品格、形象和风神,往往也透露出诗人自己的人生理想。应是通过李白的介绍,杜甫也和元丹丘相识,并写有《玄都坛歌寄元逸人》诗。这也可以看作是受李含光的间接影响。

另一位和李白有密切关系的道士吴筠得法于冯齐整。冯是潘师正的弟子,也属于茅山一系⑥。入京前,李白曾和吴筠同隐于剡中,后来又在同一时期应召入京。与吴筠交往是李白受到茅山道教影响的另一个渠道。李白的神仙幻想和神仙追求成为其创作的

---

①《李太白全集》卷三〇,又《茅山志》卷二五。

②参阅郁贤皓《李白与元丹丘交游考》,《李白论丛》,第97—113页,陕西人民出版社,1982年。

③《秋日炼药院镊白发赠元六兄林宗》,《李太白全集》卷一〇。

④《李太白全集》附录。

⑤《李太白全集》卷二七。

⑥据《茅山志》卷一五《采真忧篇》:"吴筠,鲁中儒,入嵩山,依宗师潘师正为道士,传上清之法,苦心钻仰,乃尽通其术。开元中,南游金陵,访道茅山,久之,东游天台,尤善著述。玄宗闻其名,征之,与语甚悦……"

重要内容，与他得自茅山道教的启示是有关系的。

颜真卿是著名政治家、卓越的书法家，又是虔诚的道教徒。他的名"真卿"和字"清臣"，都具有道教意味①。他以"天宝之乱"初起时在河北起兵抵抗安、史叛军著名，在朝更忠直耿谅，恪尽职守，后在李希烈叛乱时出使叛军被杀。他在所作《有唐茅山元靖先生广陵李君碑铭》里叙述自己和李含光的关系时说：

> 真卿乾元二年，以昇州刺史充浙西节度，钦承至德，结慕元微，遂专使致书于茅山，以抒诚恳。先生特令韦炼师景昭复书于真卿，恩眷绸缪，足励超然之志。然宗师可仰，望紫府而非遥；王事不遑，寄白云而悠远。洎大历六年，真卿罢刺临川，旋舟建业，将宅心小岭，长庇高纵，而转刺吴兴，事乖宿愿。徘徊郡邑，空怀尊道之心；瞻望林峦，永负借山之记。而景昭洎郭闳等，以先生茂烈芳猷，愿铭金石，乃邀道士刘明素来托斯文。真卿与先生门人中林子殷淑、遗名子韦渠牟尝接采真之游，绪闻含一之德，敢强名于巷党，曷足辨于鸿蒙。②

这里是说早在乾元二年他做浙西节度使的时候，已经致书李含光表示仰慕之意，李命弟子韦景昭复书。这位韦景昭在玄宗朝"羽翼金箓，颉颃玉绳，藉藉京师，垂二十载"③，也是茅山道教著名道士，继承李含光为下一代宗师。颜真卿自大历三年（768）至六年治抚州三年，抚州是道教兴盛发达的地方，更是唐代女仙信仰的中心之一。这种女仙信仰与上清派道教有着直接联系。颜真卿曾说在那里"麻姑得道于名山，南真升仙于龟原，华姑鹤舞于兹岭，琼仙妙

---

① 杜光庭《墉城集仙录》卷一："食四节之隐芝者位为真卿。"又"清臣"意为"上清天"之臣僚。
② 《全唐文》卷三四〇，第3446—3447页。
③ 陆长源《华阳三洞景昭大法师碑》，《全唐文》卷五一〇，第5188页。

行，接踵而至"①，是说抚州南城县的麻姑山相传是女仙麻姑得道之处；"南真"即南岳夫人魏华存，也就是《真诰》所记述降临到许氏处的诸仙真的主角，据说她是在龟原"剑解"仙化的；而华姑是天宝年间在抚州井山"上升"的女道士；黎琼仙则是华姑的"同学弟子"，是颜真卿治抚时认识的当地仙坛观女道士。颜真卿描述在抚州接触的道士们的情况说："今女道士黎琼仙年八十而容色益少；曾妙行梦琼仙而餐花绝粒；紫阳侄男曰德诚继修香火；弟子谭仙岩法箓尊严；而史元洞左通元邹郁华，皆清虚服道，非天地气殊异，江山炳灵，则曷由纂懿流光，若斯之盛者矣！真卿幸承余烈，敢刻金石而志之。"②他有如此诚挚的女仙崇拜，正和"茅山道"神仙信仰有直接关系。他写出了著名的《抚州南城县麻姑山仙坛记》《晋紫虚元君领上真司命南岳夫人魏夫人仙坛碑铭》《抚州临川县井山华姑仙坛碑铭》等文章，其中详细记叙了三位仙真的传说，表露出慕道尚仙的真挚热情。后来颜真卿于大历七年至十二年治湖州，广征文士，结诗酒之会，写下李含光的《碑铭》。

李含光在紫阳观的弟子韦景昭有道友窦臮。据陆长源为他所作碑文，"浙江东、西节度支度判官、检校尚书兵部郎中兼侍御史扶风窦公曰臮，布武区中，栖心象外，与法师声同道韵，理契德源，追往想琴高之祠，传神著务光之传"③，可见窦臮与茅山派道教的密切关系。这位窦臮就是写作书法史上著名的《述书赋》的唐代著名书法理论家。其生平史料上记载不详，难以确考。他在浙江节度府任职，很可能和颜真卿同时，为其下属。如果这一点可以证实，则颜真卿与窦臮对于书法有着共同的兴趣，亲近茅山道教的态度二人也是一致的。在书法史上，早年天师道对于促进书法的发展曾

①颜真卿《抚州临川县井山华姑仙坛碑铭》，《全唐文》卷三四〇，第3445页。
②颜真卿《抚州南城县麻姑山仙坛记》，《全唐文》卷三三八，第3424页。
③《华阳三洞景昭大法师碑》，《全唐文》卷五一〇，第5189页。

起了相当大的作用①。陶弘景也是著名书法家,司马承祯亦善书法,前面已提到他曾为玄宗书写三体《道德经》。唐代好道的文人如贺之章、张志和均善书。直到颜真卿、窦臮,仍在发扬这一传统。这也是唐代道教与文人关系中值得注意的现象。

　　韦应物天宝年间任三卫郎,其时正是朝廷崇重李含光达到高潮的时候,他显然也接受了这种环境的影响。后来经过动乱,加上仕途坎坷,就更促使他倾心道法。他曾在诗中写道:

　　　　吾道亦自适,退身保玄虚。幸无职事牵,且览案上书。②

他又说自己"即事玩文墨,抱冲读道经"③,"怀仙阅《真诰》,贻友题幽素"④等等,直接表明他所喜读的书即包括《真诰》等上清派经典。他写有一批神仙题材的作品,多取材于《真诰》,可见他对这部经典熟悉的程度。顺便提一句,唐代许多作家如白居易、李贺、李商隐、温庭筠等,也都喜读这部书。韦应物贞元元年(785)至三年出任江州刺史⑤,在那里结交了居住在庐山的韦景昭弟子黄洞元和另一位道士刘玄和⑥,他写有《寄刘尊师》《寄黄尊师》《寄黄刘二尊师》等作品相赠。《寄黄尊师》诗曰:

　　　　结茅种杏在云端,扫雪焚香宿石坛。灵祇不许世人到,忽作风雷登岭难。⑦

①参阅陈寅恪《天师道与滨海地域之关系》八《天师道与书法之关系》,《金明馆丛稿初编》,第34—39页,上海古籍出版社,1980年。

②《寄冯著》,陶敏《韦应物集校注》卷二,第101页,上海古籍出版社,1998年。

③《县斋》,《韦应物集校注》卷八,第492页。

④《休暇东斋》,《韦应物集校注》卷八,第494页。

⑤参阅傅璇琮《韦应物系年考证》,《唐代诗人丛考》,第309—312页,中华书局,1980年。

⑥参阅砂田稔《隋唐道教思想史研究》第八章《韋應物と道教——真性・〈真誥〉・劉黄二尊師について》,第349—363页,平河出版社,1990年。

⑦《韦应物集校注》卷三,第192页。

又《寄黄刘二尊师》诗:

> 庐山两道士,各在一峰居。矫掌白云表,晞发阳和初。清夜降真侣,焚香满空虚。中有无为乐,自然与世疏。道尊不可屈,符守岂暇余。高斋遥致敬,愿示一编书。①

从诗里的描写看,黄洞元与刘玄和在庐山时名气、地位相同,韦应物对他们十分尊敬。包佶有《宿庐山赠白鹤观刘尊师》诗,也是写给刘玄和的:

> 苍苍五老雾中坛,杳杳三山洞里官。手护昆仑象牙简,心推霹雳枣枝盘。春飞雪粉如毫润,晓漱琼膏冰齿寒。渐恨流年筋力少,惟思露冕事星冠。②

他也应和黄洞元有联系。

黄洞元早年在茅山师事李含光,传法后,先住在朗州的武陵观,是在大历十年(775)来到庐山嗣韦景昭之学的。武陵桃花观在当时也是茅山道教的基地之一。据传这里即是陶渊明《桃花源记》描写过的地方,后来被说成是神仙洞窟,吸引众多文人前来游历,并用为题材写出许多作品。黄洞元在桃花观的活动大为扩展了茅山道教的影响。他在这里有一位弟子,被称为"瞿童",据传终于升仙,事迹传诵一时,引起众多文人的关注。这也是茅山道教神仙信仰影响文坛的著例。先是有符载作《黄仙师瞿童述》记其事。符载曾和杨衡、李群、李渤同隐庐山,称"山中四友"(或以为宋济、崔群、符载等隐庐山,号"山中四友")③。而"建中元年四月,洞元迁居江州庐山;贞元五年十一月,复迁居润州茅山"④。符载的文章作于贞

①《韦应物集校注》卷三,第 192 页。
②《全唐诗》卷二〇五,第 2142 页。
③参阅傅璇琮主编《唐才子传校笺》卷五,第 2 册第 598—601 页,中华书局,1989 年。
④符载《瞿童述》,《全唐文》卷三七〇,第 7529 页。

元元年,其材料应得自黄洞元。顺便指出,李渤即是记述上清派法系的《真系》的作者①,他的道教信仰也应和黄有关系。而杨衡也有《登紫宵峰赠黄仙师》诗,紫宵峰在庐山:

> 紫宵不可涉,灵峰信穹崇。下有琼树枝,上有翠发翁。鸡鸣秋汉侧,日出红霞中。璨璨真仙子,执旄为侍童。焚香杳忘言,默念合太空。世华徒熠耀,虚室自朦胧。云飞琼瑶圃,龟息芝兰丛。玉箓掩不开,天窗微微风。兹焉悟佳旨,尘境亦幽通。浩渺临广津,永用挹无穷。②

这些都透露出所谓"山中四友"在庐山与黄洞元交往的情形。这里所写的"真仙子",也是指瞿童事。后来温造于长庆元年(821)至四年来到朗州任刺史③,他又写了《瞿童述》。其中说到,他本来认为瞿童传说"怪异可惑",是不可信的,但他游历沅江,从渔人处得知桃源观道士陈景昕,遂命迎之,陈为俱辩瞿童之事,他终于"为祛后疑"④而作了这篇宣扬神仙观念的文字。而在他之前,刘禹锡于元和元年(806)"永贞革新"失败后贬为朗州司马,游历桃源,作了长篇《游桃源一百韵》纪行诗。诗的开头写游览所见,生发出对神仙世界的联想:

> 羽人顾我笑,劝我税归轭。霓裳何飘飖,童颜洁白皙。重岩是藩屏,驯鹿受羁靮,楼居迓清霄,萝茑成翠帘。仙翁遗竹杖,王母留桃核。姹女飞丹砂,青童护金液。

接着就写到瞿童事:

---

① 参阅吉冈义丰《道藏编纂史》第三章《六朝道經の傳承譜系》四《真系と道經傳授表》,《吉岡義豐著作集》,第 3 卷第 59—67 页,五月书局,1988 年。
② 《全唐诗》卷四六五,第 5284 页。
③ 参阅郁贤皓《唐刺史考·江南西道》,第 2 册,第 2202 页,上海古籍出版社,1987 年。
④ 《瞿童述》。

　　　　因话近世仙，耸然心神惕。乃言瞿氏子，骨状非凡格。往
　　事黄先生，群儿多侮剧。瞀然不屑意，元气贮肝膈。往往游不
　　归，洞中观博弈。言高未易信，犹复加诃责。一旦前致词，自
　　云仙期迫。言师有道骨，前事常被谪。如今三山上，名字在真
　　籍。悠然谢主人，后岁当来觐。言毕依庭树，如烟去无迹。观
　　者皆失次，惊追纷络绎。

这样，他细致地叙述了瞿童升仙的故事。在传述了瞿童升仙后的
灵迹以后，他又抒发感慨说：

　　　　因思人间世，前路何湫窄。瞀然此生中，善祝期满百。大
　　方播群类，秀气肖翕辟。性静本同和，物牵成阻厄。是非斗方
　　寸，荤血昏精魄。遂令多夭伤，犹希见斑白。喧喧车马驰，苒
　　苒桑榆夕。共安缇绣荣，不悟泥途适。①

这样，他把人世间和神仙世界做了对比，然后又表白自己本来"孤
贱"，以"忠信"立身，却巧言成锦，被罪贬谪，失望之余，发出了"倘
复夷平人，誓将依羽客"的志愿。这也可见茅山道教神仙思想对他
的影响。诗人中写到瞿童故事的，还有李群玉，他的《桃源》诗说：

　　　　我到瞿真上升处，山川四望使人愁。紫云白鹤去不返，唯
　　有桃花溪水流。②

　　晚唐时期的重要政治家李德裕也是道教信徒。他的妻子刘
氏，"中年于茅山燕洞宫传上清法箓"，道号致柔③；他的姜名徐盼，

---

①《刘宾客文集》卷二三。
②《全唐诗》卷五七〇，第6609页。关于瞿童传说的影响，参阅砂田稔《隋唐道
　　教思想史研究》第九章《瞿童登仙考——中晚唐の士大夫と茅山道教》，第
　　365—388页，平河出版社，1990年。
③李德裕《唐茅山燕洞宫大洞炼师彭城刘氏墓志铭》，河南省文物研究所、河南
　　省洛阳地区文管处《千唐志斋藏志》下册，第1119页，文物出版社，1984年。

大和年间他在滑州刺史任上时病逝，"疾亟入道，改名天福"①。从这些事实可见他的家庭的宗教气氛。他又"世与玄真子（张志和）有旧，早闻其名"②。长庆二年（822）至大和三年（829），他出任润州刺史、浙西观察使，茅山正是其属地。他的妻、妾入道即是在这一时期。他在长庆四年所上《奏银妆具状》中说到"昨奉五月二十一日诏书，令访茅山真隐，将欲师处谦守约之道，敦务实去华之美"③。他所访问的"茅山真隐"，就是黄洞元的弟子孙智清④。他有《三圣记》一文，又称《茅山三像记》，文曰：

> 有唐宝历二年岁次丙午八月丙申朔十五日庚戌，玉清玄都大洞三道弟子、正议大夫使持节润州诸军事守润州刺史兼御史大夫充浙西道都团练、观察、处置等使、上柱国、赞皇县开国男、食邑三百户、赐紫金鱼袋李德裕，上为九庙圣主，次为七代先灵，下为一切含识，于茅山崇玄观南敬造老君殿院，及造老君、孔子、尹真人像三躯。皆按史籍遗文，庶垂不朽。谨记。⑤

可知他曾正式受道箓并领受道号，孙智清即是传法者。他在润州，更为茅山的建设出了不少力。王栖霞《灵宝院记》说："灵宝院者，梁天监岁贞白陶先生弘景所创也……唐太和中，太尉赞皇李公每瞻遗躅，屡构遐缘，门师道士孙智清复讨前址，再建是院。"⑥又茅山有道士周息元，李德裕作为地方官曾为他修葺崇玄院加以供养。《茅山志》记载："周隐遥，字息元，唐宝历崇玄圣祖院在南洞者，即赞皇李公德裕供养先生之所。又尝居洞庭苞山，不以昼夜更动息，

---

①李德裕《滑州瑶台观女真许氏墓志铭》，周绍良《唐代墓志汇编》下册，第2114页，上海古籍出版社，1992年。

②《玄真子渔歌记》，《李卫公会昌一品集·别集》卷七。

③《李卫公会昌一品集·别集》卷五。

④参阅砂田稔《隋唐道教思想史研究》第十章《李德裕と道教》，第389—415页。

⑤《全唐文》卷七〇八，第7265—7266页。

⑥《茅山志》卷二四《录金石篇》。

不以寒暑易纤厚，不食而甚力，虽饮而无漏，唐令狐楚为之记。"①又贾悚《崇玄圣祖院碑》也说："唐宝历二年，岁直丙午，浙右连帅、御史大夫赞皇公新建圣祖院于大茅峰下、崇玄观之前。上直夫华阳洞之南门，集群仙之灵庆，资圣寿于亿万，本其经始，实感周先生出应昌运，为唐广成……矧公以济代全材，合乎休明，树风南藩，绩最天下。前岁兴建儒学，而天降膏露，显于庙庭，俗变风移，遂至于道；今之辉崇真馆，阐奉玄化，上感睿旨，下孚元元，仁声顺气，流溢四境。推是为政，大而伸之，则致君经国之用可见矣。"②

开成元年（836），李德裕除滁州刺史，赴任时路经鄱阳湖，作《望匡庐赋》，其中有"望元师于林麓"句，下注曰："余受法于茅山，元师（指陆修静）则传法祖师也。"③他后来更写了《寄茅山孙炼师》《又二首》等诗；孙智清死后，又写了《遥伤茅山县孙尊师三首》《尊师是桃源黄先生传法弟子尝见尊师称先师灵迹今重赋此诗兼寄题黄先生旧馆》诗。后一首诗曰：

> 后学方成市，吾师又上宾（原注：今茅山宫观道士并是先师弟子）。洞天应不夜，源树祇如春（原注：此并述桃源事）。棋客留童子（原注：瞿山童即先生弟子，桃源得仙人棋子，载在传记），山精避直神（原注：先生初至茅山，童子触法坐有声，先生疑山神所为，书符召至之，其灵异如此矣）。无因握石髓，及与养生人。④

从中可见他的信仰是相当坚定的。这里同样也叙述了瞿童升仙故事，亦可知该传说影响之深远。值得注意的是，李德裕热衷信仰茅山道教，但对于当时某些道士所宣扬的金丹等惑人方术并不赞同。

---

①《茅山志》卷一六《采真游篇》。
②《茅山志》卷二三《录金石篇》。
③《李卫公会昌一品集·别集》卷二。
④《李卫公会昌一品集·别集》卷四。

他有《谏敬宗探访道士疏》，其中说敬宗寻访异人，"所虑赴召者，必怪迂之士、苟合之徒，使物淖冰，以为小术，炫耀邪僻，蔽欺聪明"，因此自己"三年之内，四奉诏书，未尝以一人塞诏"①。对于周息元，他曾在山中加以供养，但并不相信他有什么异术。有资料记载，时有"浙西处士周息元入内宫之山亭院，上问以道术，言识张果、叶静能。浙西观察使上疏言息元诞妄，无异于人"②。这里的浙西观察使就是李德裕。但他在《黄冶论》里又说到黄白之术"未之学也，焉知无有""刘向、葛洪皆下学上达，极天地之际，谓之可就，必有精理"③，可知他实际上又并未从根本上否定炼丹术，只是反对当时施行骗术的"方士"。这样，他的道教信仰显然更侧重在精神生活方面，正符合茅山道教的根本倾向。李德裕是反佛的，正和他崇道有关系，这对后来武宗一朝灭佛起了重大作用。这也成为影响到晚唐历史的重大事件。

晚唐五代著名道士杜光庭，也属于茅山一系，为司马承祯五传弟子（司马承祯传薛季昌，薛传田虚应，田传冯惟良，冯传天台道士应夷节，应传杜光庭）。他为时名儒，懿宗朝应九经举，不第，遂弃儒入道。后来郑畋荐之于朝，充麟德殿文章应制，道门领袖。时人推服为"词林万叶，学海千寻，扶宗立教，天下第一"④。黄巢之乱，他随僖宗入蜀。在前蜀受到倚重，为金紫光禄大夫、左谏议大夫，封蔡国公，进号广成先生；终任传真天师、崇真馆大学士。他著述等身，是上清派教理、科仪的整理者和总结者。他与同时文人亦广有交往，今存有张令问、孙偓给他的诗。他一生虽然没有在茅山活动过，但讨论茅山道教的影响，仍应提到这位茅山派后进的作用。

以上概要地说明几代茅山派宗师与一些有地位的官僚和著名

①《李卫公会昌一品集·别集》卷五。
②《旧唐书》卷一七上《敬宗纪·宝历二年》，第521页。
③《李卫公会昌一品集·外集》卷四。
④《道门通教必用集》卷一，《道藏》第32册，第8页。

文人的关系，不但表明了茅山道教在知识阶层中的巨大影响，也显示了这一派道教自身性质上的变化。宗教解决的本应是个人的"终极关怀"问题；宗教的核心在于"信仰"，宗教的实践主要是个人养炼。但唐代茅山道教的宗师们却热衷于文事，广泛参与社会文化生活，表现出浓厚的"世俗"色彩。正是这样的发展倾向，使得茅山道教对文人产生更强烈的吸引力。在这种影响下，有众多的文人走上茅山，这到中唐时期更形成为一股潮流。这种潮流颇能体现当时士大夫阶层的具有典型意义的心态。它表面上看主要是一种宗教追求，但却又体现着远为丰富的社会意义，而其对于文学创作的影响则更超出宗教意义之外了。

四

经过唐前期几代茅山派宗师的努力，特别是玄宗时代对茅山道观、山林的整理与修葺①，茅山成为闻名遐迩的道教活动中心，同时又是风景优美的游览胜地。"安史之乱"以后，一方面变乱频仍，国是日非，处身困顿的文人自然会滋长起宗教追求，士大夫间研习佛、道二教成为风气；另一方面，包括润州在内的东南地区社会比较安定，经济相对繁荣，众多文人或流寓，或游宦，或隐居，多聚集在那里。大和年间朝廷有《大和禁山敕牒》，记载当时茅山形势：

> 润州三茅山：大茅山西面到平地路三里，内有太平观；南

---

① 据《道藏》第 5 册第 555 页《茅山志》卷一《玄宗赐李玄靖先生敕书》第一首中谓："眷兹茅山，是为洞天，瑶坛旧观，余址尚存。道要镇静，散落将尽，永言法宝，良用怃然……"则茅山当时还相当荒凉。《全唐文》卷三四五陈希烈《修造紫阳观敕牒》记载了天宝八年五月丹阳郡（即润州）太守林洋依朝命修建茅山事。

面到平地路三里,内有华阳洞南门,崇玄观道祖院;东面到平
地路四里;东北长岭,缘岭脚不断接连,并平路是界;北面连积
金岭,内有华阳洞西门及祠宇;中茅山西面到平地路三里,内
有三茅庙及祠宇;东面到平地路三里,南面连积金岭,北面连
小茅山;小茅山西面到平地路三里;西北至雷平蔡龙池、郭真
人塘、紫阳观;南面连中茅山,东面到平地三里;北面连大横
山,内有燕口洞并祠宇,北至大横山炼丹院三里。①

有如此巨大的规模,加之风光秀美,又地处江南诸多繁华都市附
近,在唐代士大夫漫游之风盛行的状况下,无论是寻求宗教安慰,
还是为了浏览风光,茅山都是值得驻足和居留之地。这样,兴盛的
道教圣地茅山对文人就有着巨大的吸引力。首先值得提起的,是
有许多人到茅山"入道"或隐居。

最早见于记录来到茅山的是唐若山,他先天中为尚书郎,开元
中为润州刺史②。茅山上有"唐若山庵,在郭干塘东。若山,唐开元
中润州刺史,弃官来山,又居太湖苞山……"③今传有他写的《登仙
遗表》,见《全唐文》卷三九五,但真伪难以确考。

唐代知名文人中"入道"并传说成仙的,归宿多在茅山。其中,
最著名的当数顾况。他本是一位颇为关心民瘼的诗人,写过一些
抒发民隐的诗,诗史上被看作是"新乐府运动"的先驱。他性不谐
俗,"词句清绝,杂之以诙谐,尤多轻薄,为著作郎,傲毁朝列,贬死
江南"④。他和李泌交好。李泌活动在肃、代、德朝,"有谠直之风,
而好谈谑神仙鬼道,或云'尝与赤松、干乔、安期、羡门等游处',坐
此为人所讥"⑤。范文澜曾说"李泌是唐中期特殊环境中产生出来

①《茅山志》卷二《唐诏诰》。
②参阅《嘉定镇江志》。
③《茅山志》卷一八《楼观部篇》。
④《唐国史补》卷中,第 34 页,古典文学出版社,1957 年。
⑤钱易《南部新书》丁卷,第 39—40 页,中华书局上海编辑所,1958 年。

的特殊人物……他处乱世的主要方法，一是不求作官，以皇帝的宾友自居……二是公开讲神仙、怪异，以世外之人自居……可称是封建时代表现非常特殊的忠臣和智士"①。李泌的行为也是当时士大夫倾心神仙的一种典型表现。顾况和他在志趣上当有相投之处。顾况性情刚直不阿，皇甫湜在给他的文集作序时说他"入佐作，不能慕顺，为众所排；为江南郡丞累岁，脱屣无复北意，起屋于茅山，意飘然若将续古三仙"②。这里的"江南郡丞"指饶州司户。可见，显然是仕途失意使他生发出世之想，到茅山受了道箓。韦夏卿《送顾况归茅山》诗说：

> 圣代为迁客，虚皇作近臣。法尊称大洞（著作已受上清毕法），学浅忝初真（夏卿初受正一）。鸾凤文章丽，烟霞翰墨新。羡君寻句曲，白鹄是三神。③

綦毋诚有和诗《同韦夏卿送顾况归茅山》说：

> 谪宦闻尝赋，游仙便作诗。白银双阙恋，青竹一龙骑。先入茅君洞，旋过葛稚陂。无然列御寇，五日有还期。④

这些作品都表明顾况是"谪宦"以后才求仙入道的。这些友人的诗也反映了他这一行动的影响。他本人的《奉酬茅山赠赐并简綦毋正字》诗说：

> 玉帝居金阙，灵山几处朝。简书犹有畏，神理讵能超。鹤庙新家近，龙门旧国遥。离怀结不断，玉洞一吹箫。⑤

---

①《中国通史简编》（修订本）第三编第一册，第137—138页，人民出版社，1965年。
②《全唐文》卷六八六，第7026页。
③《全唐诗》卷二七二，第3057—3058页。
④《全唐诗》卷二七二，第3058页。
⑤《全唐诗》卷二六六，第29553页。

这里"简书"句用《诗·小雅·出车》典:"岂不怀归,畏此简书。"毛传:"简书,戒命也。""龙门旧国"指都城,这里是暗用鲤鱼跳龙门典。诗中流露出仕途的失意和失望。顾况在茅山写了许多描写当地风景和修道生活的诗。如《山中即事》:

> 下泊降茅仙,萧闲隐洞天。杨君闲上法,司命驻流年。埯合桃花水,窗分柳谷烟。抱孙看种树,倚杖问耘田。世事休相扰,浮名任一边。由来谢安石,不解饮灵泉。①

《夜中望仙观》:

> 日暮衔花飞鸟还,月明溪上见青山。遥知玉女窗前树,不是仙人不得攀。②

他还另有许多道教题材的作品,有些不能确定是否为归茅山以后所作。这类作品表现了修道内容,使用了道教事典,但主要描绘的是静谧清幽的风景和隐居山林的自由自在的生活境界,仍是士大夫萧散高逸情趣的流露。

他又有《大茅岭东新居忆亡子从真》诗:

> 谷鸟犹呼儿,山人夕沾巾。怀哉隔生死,怅矣徒登临……悲恨自兹断,情尘讵能侵。真静一时变,坐起唯从心。③

这表明,生死的困惑也是诗人倾心道教神仙信仰的因素之一。他全家隐居茅山后,"不知所止……或闻有所遇长生秘术也"④;也有传说他已"得道解化去"⑤。这类传说正是在当时社会上普遍的神

---

① 《全唐诗》卷二六六,第 2958 页。
② 《全唐诗》卷二六七,第 2967 页。
③ 《全唐诗》卷二六四,第 2939 页。
④ 《唐摭言》卷八《入道》,第 93 页,古典文学出版社,1957 年。
⑤ 《太平广记》卷二〇二《顾况》(录自《尚书故实》),第 1527 页,中华书局,1961年。

仙信仰中形成的。

顾况之子非熊登第后，也回到茅山隐居，"不知所终。或传住茅山十余年，一旦遇异人，相随入深谷，不复出矣"①。顾非熊在文坛上也有一定名气。项斯《送顾非熊及第归茅山》诗说：

> 吟诗三十载，成此一名难。自有恩门入，全无帝里欢。湖光愁里碧，岩景梦中寒。到后松杉月，何人共晓看。②

储嗣宗有《和顾非熊先生题茅山处士闲居》诗：

> 归耕地肺绝尘喧，匣里青萍未报恩。浊酒自怜终日醉，古风时得野人言。鸟啼碧树闲临水，花满青山静掩门。唯有阶前芳草色，年年惆怅忆王孙。③

从这些作品看，顾非熊也曾热心仕进，追逐文名，和他的父亲一样是失意后入道的。而如顾氏父子这样相承入道，也反映了当时士大夫间宗教信仰的家族传统。

诗史上所谓"大历十才子"活动在盛极而衰的时代环境下，生活追求和精神世界都比较狭小，大抵倾心宗教，好与僧、道交游。戴叔伦是在晚年"入道"的，主要是因为年老消极。吉中孚则"初为道士，山阿寂寥，后还俗"④。李端有《闻吉道士还俗因而有赠》诗：

> 闻有华阳客，儒裳谒紫微。旧山连药卖，孤鹤带云归。柳市名犹在，桃源梦已稀。还乡见鸥鸟，应愧背船飞。⑤

茅山又称"华阳洞天"，所以吉中孚入道应是在茅山。卢纶又有《送吉中孚校书归楚州旧山》诗，题下注说："中孚自仙官入仕。"即是

---

① 《唐才子传校笺》卷七，第 3 册，第 355 页。
② 《全唐诗》卷五四四，第 6420 页。
③ 《全唐诗》卷五八一，第 6884 页。
④ 《唐才子传校笺》第 2 册，第 14 页。
⑤ 《全唐诗》卷二八五，第 3249 页。

说,吉中孚后来又回到家乡隐居了。诗开始有曰:

> 青袍芸阁郎,谈笑挹侯王。旧篆藏云穴,新诗满帝乡。名
> 高闲不得,到处人争识。谁知冰雪颜,已杂风尘色。此去复如
> 何,东皋歧路多。藉芳临紫陌,回首忆沧波。

接下来写到出京归楚州的一路风光,最后说:

> 寥寥行异境,过尽千峰影。露色凝古坛,泉声落寒井。仙
> 成不可期,多别自堪悲。为问桃源客,何人见乱时。①

这首诗共四十四句,或断作十一首绝句。吉中孚是众多的游移
于世间和出世间的文人之一,现实环境给他造成了这样的矛盾。卢
纶诗表现了这一矛盾。吉中孚一时入道显然是精神苦闷的结果。

权器出身士族,"忠信好学,善属文"②。据殷亮《颜鲁公行状》,
"(大历)七年九月,公拜湖州刺史……以苏州寓客、校书郎权器为
判官……委阅簿检吏接词政之务于器等,而境内晏然。"③颜真卿集
合文士们唱和,权器曾经参加。后来他也入茅山了。前面讲过,颜
真卿本人信仰茅山道教,他周围的宗教气氛相当浓厚,湖州又接近
茅山,他所集合的人和茅山多有联系。皇甫冉有《赠茅山权器》
诗说:

> 南望江南满山雪,此情惆怅将谁说。徒随群吏不曾闲,顾
> 与诸生为久别。闻君静坐转耽书,种树葺茅还旧居。终日白
> 云应自足,明年芳草又何如。人生有怀若不展,出入公门尤未
> 晚。回舟朝夕待春风,先报华阳洞深浅。④

诗人希望友人有机会重入仕途。这也反映了当时文人在世间和出

---

①《全唐诗》卷二七六,第 3124—3125 页。
②独孤及《唐故朝议大夫高平郡别驾权公神道碑铭》,《毗陵集》卷八。
③《颜鲁公文集》附录,《四部丛刊》本。
④《全唐诗》卷二五〇,第 2821 页。

世间摇摆的风气。

　　皇甫冉又有《送郑员外入茅山》《送郑二之茅山》诗，所送当是同一人。据另一首诗《送郑二员外》诗有句曰"元戎辟才彦，行子犯风烟"，可以了解这个人的大概身份和经历。前一首诗说：

　　　　但见全家去，宁知几日还。白云迎谷口，流水出人间。冠冕情遗世，神仙事满山。其中应有物，岂贵一身闲。①

又《送郑二之茅山》：

　　　　水流绝涧终日，草长深山暮春。犬吠鸡鸣几处，条桑种杏何人。②

　　这些诗都表露出潇洒超逸的情韵。他又有《又送陆潜夫往茅山赋得华阳洞》诗。潜夫名邃，据另一首《赋长道一绝送陆邃潜夫》诗序"顷者江淮征镇，屡有抡材之举，子不列焉，有司之过"③云云，这位陆邃显然也是怀才不遇才走上茅山的。皇甫冉在这篇序里说到自己是"予方耕山钓湖，避人如避寇"，可见他与这位友人颇有同病相怜之感。

　　刘商，在《续仙传》里有传。他是一位有名气的诗人和画家，《全唐诗》里存诗二卷，其中包括传世名篇《胡笳十八拍》。他进士及第，曾任合肥令，在汴州张建封属下做过观察推官，又为道士，隐居常州义兴山中（或云湖州武康山）。据传他"性耽道术，逢道士即师资之，炼丹服气，靡不勤功"，后来"以病免官，入道东游，及广陵，于城街逢一道士卖药"，道士给他一葫芦，得九粒药，依诀服之，入茅山隐居，成了"地仙"④。不过他最后是否真地如传说那样上了茅

---

①《全唐诗》卷二五〇，第 2819 页。
②《全唐诗》卷二五〇，第 2819 页。
③《全唐诗》卷二五〇，第 2818 页。
④《续仙传》卷中，《道藏》第 5 册第 87 页。

山,尚待考。如仅作为传说,他的故事亦可见茅山道教在当时的影响。从他的诗作看,多表现林泉隐逸之思,也有描写采药(如《酬睿上人采药见寄》:"玉英期共采,云领独先过。应得灵芝也,诗情一倍多。"①)和求仙(如《杂言同豆卢郎中郭南七里桥哀悼姚仓曹》:"可怜三语掾,长作九泉灰。宿昔欢游今何在,花前饮足求仙去。"②)情景的,其中还有些是与僧人唱和的。武元衡在给他的文集写序时说:"晚岁摆落尘滓,割弃亲爱,梦寐灵仙之境,逍遥元牝之门,又安知不攀附云霄,蜕迹岩壑,超然悬解,与漫汗游乎无间邪!"③则他晚年隐遁入道的事迹,确曾广传士林,因此被附会为成仙的传说。

　　前面已提到的秦系,天宝年间应举不第,遂不仕,曾先后隐居越州剡山、泉州南安九日山,号"东海钓客"。晚年徐泗濠节度使张建封辟为从事;贞元十六年建封死,入居茅山。茅山上有"秦系山房在石墨池。按《舆地记》,唐人,穴石为研,注《道德经》;又《隐逸传》,系,会稽人,工诗,权德舆云:'刘长卿自谓五言长城,系以偏师攻之,虽老益壮。'"④从前引他的《题茅山李尊师山居》诗,可见他对这位宗师的敬仰。

　　裴肃,是著名的奉佛居士裴休的父亲。"贞元十四年九月,以常州刺史裴肃为越州刺史、浙东观察使。"⑤茅山的"华阳南洞在大茅山下柏枝垄中,唐越州刺史裴肃字中明,造松子石案,用以朝真"⑥,表明他也在茅山居住过。其子裴休转而习禅,颇有心得,是临济义玄的俗弟子。家族间信仰的错杂,也显示了当时士大夫宗

①《全唐诗》卷三〇四,第3458页。
②《全唐诗》卷三〇三,第3454页。
③《刘商郎中集序》,《全唐文》卷五三一,第5389页。
④《茅山志》卷一八《楼观部篇》。
⑤《旧唐书》卷一三《德宗纪下》,第388页。
⑥《茅山志》卷六《括神区篇》。

教信仰的实态。

张祜"乐高尚，称处士"，"性爱山水，多游名寺"，曾寓居姑苏，放迹于江南山水间。他有《江南杂题三十首》，写到居住在茅山的情景，所谓"远对三茅岭，疏开一槿篱""三峰前望峻，一派上游斜"等等，描绘了当地的优美风光。

晚唐时的张贲曾为广文博士，这是国子监属下广文馆的学官。当时学馆荒废，他退居茅山，当和这种形势有关。张曾与皮日休、陆龟蒙唱和，有《偶约道流终乖文会答皮陆》《以青饂饭分送袭美鲁望因成一绝》等诗，又有与皮、陆的《寒夜文宴联句》《药名联句》等。皮、陆与他的赠答诗作留存不少。皮日休于咸通十年（869）入苏州刺史崔璞幕为从事，并荐举在苏州家乡隐居的陆龟蒙。他们三人交好并作诗唱和即开始于这一时期。

晚唐的吴融是越州山阴人，有《萧山道中》诗说"草堂旧隐终归去，寄语岩猿莫晓惊"，而其《祝风》诗又说："故隐茅山西，今来笠泽侯。"[1]则他隐居的地方也是茅山。据考时间应是在他三十岁未中进士以前[2]。清人谢启昆论诗绝句有云："旧隐茅山兼笠泽，当时国士忆西州。"[3]即是指这一段经历。

有些人的情况不可详考。如章孝标《赠茅山高拾遗蔓》：

> 人皆贪禄利，白首更营营。若见无为理，兼忘不朽名。幽禽窥饭下，好药入篱生。梦觉幽泉滴，应疑禁漏声。[4]

这位曾在朝廷为谏官的高蔓，显然也是脱卸世事而到茅山隐居的。同时的储嗣宗是储光羲的曾孙，润州丹阳人。他与顾非熊友善，

---

[1]《唐英歌诗》卷下。
[2]《唐才子传校笺》第四册，第223页。
[3]《读全唐诗仿元遗山论诗绝句一百首》，郭绍虞等编《万首论诗绝句》第2册，第474页，人民文学出版社，1991年。
[4]《全唐诗》卷五〇六，第5748页。

必然和茅山有关系;他推崇王维诗,创作上则继承家风,善于描写山水景致,同样有《和茅山高拾遗忆山中杂题五首》。其一《山泉》:

> 香味清机仙府回,萦纡乱石便流杯。春风莫泛桃花去,恐引凡人入洞来。

其二《巢鹤》:

> 千万云间丁令威,殷勤仙骨莫先飞。若逢茅氏传消息,贞白先生不久归。

另外三首是《胡山》《小楼》《山邻》①。这一组作品典型地显示了他"逐句留心,每字灼意,悠然有尘外之想"②的艺术风格。

许浑也有《赠茅山高拾遗》诗(或作李商隐诗):

> 谏猎归来绮季歌,大茅峰影满秋波。山斋留客扫红叶,野艇送僧披绿莎。长覆旧图棋势尽,遍添新品药名多。云中黄鹄日千里,自宿自飞无网罗。③

从所处时代和同为谏官的身份看,这些作品里的高拾遗应与上述章孝标所写为同一人。

方干有《茅山赠洪(一作赠高洪)拾遗》诗:

> 圣代谏臣停谏舌,求归故里傲云霞。溪头讲树缆鱼艇,箧里朝衣输酒家。但爱身闲辞禄俸,那嫌岁计在桑麻。我来幸与诸生异,问答时容近绛纱。④

这位洪姓拾遗或"高洪"不详是什么人。

同样,陆龟蒙《送人罢官归茅山》写的也是罢官后到茅山隐居的人:

---

①《全唐诗》卷五九四,第6883—6884页。
②《唐才子传校笺》第3册,第408页。
③《全唐诗》卷五三三,第6086页。
④《全唐诗》卷六五〇,第7468页。

呼童晓拂鞍，归上大茅端。薄俸虽休入，明霞自足餐。暗霜松粒赤，疏雨草堂寒。又凿中峰石，重修醮月坛。①

罗隐有《吴门晚泊寄句曲道友》诗：

采香径在人不留，采香径下停叶舟。桃花李花斗红白，山鸟水鸟自献酬。十万梅销空寸土，三分孙策竟荒丘。未知到了关身否，笑杀雷平许远游。②

这是有感于世事变幻、功业难就而发出的感叹。把对方比拟为当年修道的许谧，表白自己的赞赏之意。在晚唐动乱时代，茅山一带比较安宁。即使是从生活考虑，到那里隐居也不失为好的去处。这也应是某些人来到茅山的一个原因。

五代时，茅山在南唐辖境。南唐立国初期，注意保境安民，所辖地区局面相对地平静，文化也比较繁荣，那里和西蜀一时成为文人聚集的地方。后唐的熊皎有《怀三茅道友》诗：

尘事何年解客嘲，十年容易到三茅。长思碧洞云窗下，曾借《黄庭》雪夜抄。丹桂有心凭至论，五峰无信问深交。杏坛仙侣应相笑，只为浮名未肯抛。③

徐铉是南唐有代表性的文人，在朝屡掌文诰，历任翰林学士、御史大夫、吏部尚书等要职。他有《张员外好茅山风景求为句容令作此送》诗：

句曲山前县，依依数舍程。还同适勾漏，非是厌承明。柳谷供诗景，华阳契道情。金门容傲吏，官满且还城。④

---

① 《全唐诗》卷六二二，第 7162 页。
② 《全唐诗》卷六六三，第 7597 页。
③ 《全唐诗》卷七三七，第 8410 页。
④ 《全唐诗》卷七五二，第 8561 页。

又他的《晚憩白鹤庙寄句容张少府》诗，描写了这位张姓县尉在句容的情形。

　　以上列举的，是文人中可明确肯定曾到茅山出家入道或隐居的。没有留下记载或笼统记载为某某人入道实曾入居茅山的，文献里有更多的例子。而且从上述情况还可以知道，从中、晚唐到五代，来茅山隐居的人更有逐渐增多的趋势。佛、道二教本来具有浓厚的文化性格。自六朝以来，有众多文人出家为僧、道。但在佛、道二教的圣地中，像唐代的茅山那样，吸引了如此众多文人前来修道或隐居，应当说是很少见的（在唐代更是绝无仅有的）。这是特殊环境和条件下形成的特殊社会现象。从以上的介绍可以知道，当时确实有一批文人出于不同原因出家做道士了，其中当不乏出于真诚的信仰心的；但更有相当一部分人只是借以隐逸，或作韬晦之计，或怀高蹈之想，并不相信长生成仙之道。就是说，道教更多地被当作精神的寄托，茅山则是逃避现实的理想场所。这一现象也是茅山道鲜明的文化性格的一个具体体现。而一批文人来到茅山入道或隐居，则直接促进了道教对文坛的影响，也更增添了茅山道教的文化内涵，繁荣了茅山的文化，从而又有力地推动了茅山的发展。至于这些修道和隐居者在特殊的宗教环境里从事创作，创造出独特的艺术成果，更是不言而喻的。

五

　　"句曲溪山似玉京，游仙诗句不胜情。"① 如上所述，茅山和茅山道教的发展主要决定于上清派教理适应时代要求，此外又有诸多

------

① 王昶《闺秀洛佩香绮兰赠听秋轩集因题其后》，《春融堂诗集》。

客观条件。还应注意的是，由于茅山吸引了众多文人，使它更增添了人文色彩；而较充实的文化内涵反过来更扩展了其在文人间的影响。实际上，茅山道士中有许多人本是身着道帔的士大夫。他们中有些人更走出茅山，活跃于附近地区以至全国各地①；其中不少人有较高的文化教养，也就更容易和文人们相交往。这样，茅山吸引了更多人前来游赏，茅山道士也吸引众多文人与之结交。不少诗人写诗描写茅山，更有些人和茅山道士相唱和，茅山和茅山道士从而成为当时诗歌常常表现的内容。当然，这类作品有些是表现宗教信仰或宗教情怀的，有些则是单纯的应酬之作或只是描绘风景、抒写闲情的。但特殊的题材总会带给作品某些独特的思想内容或表现上的特点，其中也不乏具有真情实感的优秀之作。

唐诗里最早写到"茅山道"题材的，应是李颀。他的《题卢道士山房》诗说：

> 秋砧响落木，共坐茅君家。惟见两童子，林前汲井华。空坛静白日，神鼎飞丹砂。麈尾拂霜草，金铃摇霁霞。上章人世隔，看弈桐阴斜。稽首问仙要，黄精堪饵花。②

李颀是道教信徒，曾从学于著名道士张果，"慕神仙，服饵丹砂，期轻举之道，结好尘喧之外"③。他诗里说的"茅君家"只是比拟，但可见《真诰》所传三茅君传说的影响。从生平看，他并没到过茅山，他写的也不一定是茅山情事。

孟浩然有《宿扬子津寄润州长山刘隐士》诗：

> 所思在梦寐，欲往大江深。日夕望京口，烟波愁我心。心

---

①参阅卿希泰主编《中国道教史》第 3 卷，第 12—143 页，四川人民出版社，1992 年。
②《全唐诗》卷一三二，第 1346 页；此或作顾况诗。
③《唐才子传校笺》第一册，第 356 页。

　　　驰茅山洞,目极枫树林。不见少微隐,星霜劳夜吟。①

这当是孟浩然晚年回到南方时的作品。孟浩然是唐代隐逸诗人的
代表。在可以划分为不同类型隐逸如所谓"道隐""仙隐""佛隐"以
至"官隐""中隐"等等之中,孟浩然并不好仙道。这里的"心驰茅山
洞",仅是表示对隐居的一般向往。

　　李颀、孟浩然的诗都应作于开元年间,当时的茅山还没有在文
人间形成更大影响,它作为道教圣地的声望还远比不上两京附近
的嵩山、楼观以至南方的天台山。由于玄宗在开元末到天宝年间
大力支持李含光的活动,茅山才更加繁荣起来,也引起更多文人的
注意。唐代诗人中第一位直接写游历茅山印象的,是以写作田园
诗著名的储光羲。他本是润州人②,于开元十四年(726)登进士第。
据下面引述诗里所写的"十年别乡县,西去入皇州",他应大约在开
元二十几年回故乡,游历茅山,集中写了一批作品。如《泛茅山东
溪》:

　　　清晨登仙峰,峰远行未极。江海霁初景,草木含新色。而
我任天和,此时聊动息。望乡白云里,发棹清溪侧。松柏生深
山,无心自贞直。③

又《游茅山五首》,以下选录第一、二首:

　　　十年别乡县,西去入皇州。此意在观国,不言空远游。九
衢平若水,利往无轻舟。北洛反初路,东江还故丘。春山多秀
木,碧涧尽清流。不见子桑扈,当从方外求。

　　　世业传儒行,行成非不荣。其如怀独善,况以闻长生。家

---

① 徐鹏《孟浩然集校注》第 69 页,人民文学出版社,1989 年。
② 或以为储光羲的籍贯是兖州,实为郡望;参阅《唐才子传校笺》第一册,第
　　211—213 页。
③ 《全唐诗》卷一三六,第 1377 页。

近华阳洞，早年深此情。巾车云路入，理棹瑶溪行。天地朝光满，江山春色明。王庭有轩冕，此日方知轻。①

又《题茅山华阳洞》：

> 华阳洞口片云飞，细雨濛濛欲湿衣。玉箫遍满仙坛上，应是茅家兄弟归。②

这些作品中所表现的对于宗教超越境界的神往与他对田园隐逸的赞赏是相通的。其中摹写景物之朴素缜密，在景物中寄托高逸闲适的情趣，也体现了他"格高调逸，趣远情深"③的创作风格。

和储光羲同榜进士的綦毋潜，也写过描写茅山的诗。綦毋潜与王维相交往，曾为集贤殿待制，授校书郎。据考他应是在天宝初弃官还江东的。他也是一位具有隐逸之志的人，其《茅山洞口》诗说：

> 华阳仙洞口，半岭拂云看。窈窕穿苔壁，差池对石坛。方随地脉转，稍觉水晶寒。未果变金骨，归来兹路难。④

诗人写作这篇作品，是在仕途失意的时候。他表示羡慕神仙洞府的美好和神秘，但又不可能超脱世事而成仙，留下的只是怅惘和苦闷。

刘长卿的诗以思致空灵、笔墨简淡见长，佛、道二教对他的生活和创作都产生相当的影响。他自上元二年（761）至大历五年（770）活动在吴、越一带，具体官职不详⑤。这一时期他到过润州。

---

①《全唐诗》卷一三六，第1378页。

②《全唐诗》卷一二九，第1419页。

③殷璠《河岳英灵集》下卷，李珍华、傅璇琮《河岳英灵集研究》第213页，中华书局，1992年。

④《全唐诗》卷一三五，第1371页。

⑤参阅傅璇琮《刘长卿事迹考辨》，《唐代诗人丛考》第252—254页，中华书局，1980年。

应是这时他写有《自紫云观至华阳洞宿侯尊师草堂简同游李延陵》诗,描写游览茅山的印象:

> 石门媚烟景,句曲盘江甸。南向佳气浓,数峰遥隐见。渐临华阳口,云路入葱蒨。七曜旋洞宫,五云抱仙殿。银函竟谁发,金液徒堪荐。千载空桃花,秦人深不见。东溪喜相遇,贞白如会面。青鸟来去闲,红霞朝夕变。一从换仙骨,万里乘飞电。萝月延《步虚》,松花醉闲宴。幽人即长往,茂宰应交战。明发归琴堂,知君懒为县。①

茅山紫云观是玄宗敕命为李含光建的。李延陵指李姓延陵县令,延陵是润州的属县。这首诗开头四句写茅山形势,极见功力:江水盘绕群峰,在云雾中隐现,如一幅壮丽的山水画图。然后写华阳洞,写路遇侯尊师,生发出神仙飞升的幻想。最后归结到友人"归琴堂""懒为县"的慨叹。全篇意境浑融,旨趣遥深。

刘长卿还有《送陆羽之茅山寄李延陵》诗。陆羽自至德元载避地湖州,游历江南各地,也到过茅山:

> 延陵衰草遍,有路问茅山。鸡犬驱将去,烟霞拟不还。新家彭泽县,旧国穆陵关。处处逃名姓,无名亦是闲。②

陆羽在文坛上广有交往,一时享誉士林。他的《茶经》留传后世,影响深远。这首诗借送陆羽去道教圣地茅山,赞颂他隐逸求道的风格。结尾一联本是"理语",却包含着对世情的深切感慨。刘长卿有"五言长城"之誉。这类诗虽是应酬之作,写得确也相当简净、隽永。

"大历十才子"的李端曾自叙说:"余少尚神仙,且未能去。"③他

---

① 《全唐诗》卷一四九,第 1547 页;或作李延陵诗。
② 《全唐诗》卷一四八,第 1515 页。
③ 《书志赠畅当》,《全唐诗》卷二八五,第 3255 页。

的《戏赠韩判官绅卿》诗里说："少寻道士居嵩岭，晚事高僧住沃
州……欲随山水居茅洞，已有田园在虎丘……"①据传他早年曾隐
居庐山，从这里的描写看，他历访名山，不只一处。他曾游茅山，有
《宿华阳洞寄袁称》诗：

> 花洞晚阴阴，仙坛隔杏林。漱泉春谷冷，捣药夜窗深。石
> 上开山酒，松间对玉琴。戴家西北住，雪夜去相寻。②

这里最后一句用《世说新语》雪夜访戴的典故。袁称不知何许人，
但从中可以看出作者对晋人风流逸兴的倾慕。这也是他所心仪的
道法的一种内涵。又《赠茅山道者》：

> 姓字不书《高士传》，形神自得逸人风。已传花洞将秦接，
> 更指茅山与蜀通。懒说岁年齐绛老，甘为乡曲号涪翁。终朝
> 卖卜无人识，敝服徒行入市中。③

诗人所羡慕的道士也是"高士""逸人"一流人物。

权德舆有《春游茅山酬杜评事见寄》诗：

> 喜得赏心处，春山岂计程。连溪芳草合，半岭白云晴。绝
> 涧漱冰碧，仙潭挹颢清。怀君在人境，不共此时情。④

这里表现的纯是士大夫游历山水的潇洒情趣。又有《题柳郎中茅
山故居》：

> 下马荒阶日欲曛，潺潺石溜静中闻。鸟啼花落人声绝，寂
> 寞山窗掩白云。⑤

---

① 《全唐诗》卷二八六，第3273页。
② 《茅山志》卷二八《金韭篇》，《道藏》第5册，第680页；《全唐诗》题为《云阳观
　寄袁稠》，卷二八五，第3247页。
③ 《茅山志》卷二八《唐诗》；《全唐诗》题为《赠道士》，卷二八六，第3270页。
④ 《权载之文集》卷三。
⑤ 《全唐诗》卷三二六，第3659页。

表现了诗人对古人高蹈风格的神往。

刘言史有《题茅山仙台药院》诗：

> 扰扰浮生外，华阳一洞春。道书金字小，仙圃玉苗新。芝草迎飞燕，桃花笑俗人。楼台争耸汉，鸡犬亦嫌秦。愿得青芽散，长年驻此身。①

这是就具体景物题咏，引发出求取仙药的愿望。

许浑是润州人，大中三年（849）为监察御史时以"抱疾不任朝谒，坚乞东归"②。他隐居的丁卯桥在今镇江城南，离茅山很近。他也曾到茅山居住过，有《秋晚怀茅山石涵村舍》诗：

> 十亩山田近石涵，村居风俗旧曾谙。帘前白艾惊春燕，篱上青桑待晚蚕。云暖采茶来岭北，月明沽酒过溪南。陵阳秋尽多归思，红树萧萧覆碧潭。③

许浑诗以描写登临景物见长，特工五、七言律，属对工整，句法圆润。上面的诗也体现了这些特色。他写茅山，基本不用仙事、道典，表现颇为清丽可喜，高逸的情思托寓于景象之中。

赵嘏是楚州山阴人，较长时期在江东活动，有《茅山道中》诗：

> 溪树重重水乱流，马嘶残雨晚程秋。门前便是仙山路，目送归云不得游。④

他长期奔走宦途，对行旅有亲切体验，对旅途风光的描写是他的特长。这首诗写得简洁鲜明，韵味深长，正显示了他的风格特色。他一生汲汲仕进，诗中表达了世事难以超脱的遗憾。

---

① 《全唐诗》卷四六八，第5322页。
② 《乌丝栏诗自序》，《全唐文》卷七六〇，第7903页。
③ 《全唐诗》卷五三六，第6123—6124页。
④ 《全唐诗》卷五五〇，第6370页。

温庭筠有《地肺山春日》诗：

> 冉冉花明岸，涓涓水绕山。几时抛俗事，来共白云间。①

地肺山即茅山，这首五绝言简意长，发扬了唐人重意象、重感兴的特点。

杜荀鹤早年曾隐居九华山，并游历江南各地，也曾到过茅山，有《游茅山》诗：

> 步步入山门，仙家鸟径分。渔樵不到处，麋鹿自成群。石面迸出水，松头穿破云。道人星月下，相次礼茅君。②

南唐诗人更有便利条件访问茅山。徐铉有《题紫阳观》诗：

> 南朝名士富仙才，追步东卿遂不回。丹井自深桐暗老，祠宫长在鹤频来。岩边桂树攀仍倚，洞口桃花落复开。惆怅霓裳太平事，一函真迹锁昭台。③

诗人历览遗迹，对南朝的陶弘景表示神往。当时正处在乱世，他因此生发出向往"太平"的感慨。又有《宿茅山寄舍弟》诗：

> 茅许禀灵气，一家同上宾。仙山空有庙，举世更无人。独往诚违俗，浮名亦累真。当年各自勉，云洞镇长春。④

他留宿茅山，想到当年许谧父子弟兄共同求仙的往事，给弟弟写诗，抒写内心的矛盾。

许坚曾与徐铉唱和。他也有《题茅山观》诗：

> 常恨清风千载郁，洞天令得恣游遨。松楸古色玉坛静，鸾鹤不来青汉高。茅氏井寒丹已化，玄宗碑断梦仍劳。分明有

<hr />

① 《全唐诗》卷五八一，第6737页。
② 《全唐诗》卷六九一，第7928页；此诗或作许浑诗。
③ 《全唐诗》卷七五五，第8584页。
④ 《全唐诗》卷七五五，第8584页。

个长生路,休向红尘叹二毛。①

这里流露出古今沧桑之感,并抒写了现世的感慨。

李中在南唐为淦阳尉,有《游茅山二首》:

> 绿藓深迎步,红霞烂满衣。洞天应不远,鸾鹤向人飞。
> 茅许仙踪在,烟霞一境清。夷希何许叩,松径月空明。②

这两首短诗意境相当生动、鲜明,对仙境的无限向往之情溢于
言外。

特别在中唐之后,众多文人群趋茅山。以上举出的只是可确
认为游历茅山的例子。从所提到诗作的内容看,许多人来这里主
要是为了欣赏山水、宫观的胜景,但处身于宗教环境之中,总会受
到熏染,也会促进他们密切与茅山道教的关系。

随着茅山的繁荣,住山道士的数量也就增加了。唐朝廷经常
敕命茅山度道士,不经敕度的私度道士当也不少。许多茅山道士
走出茅山,活动在各地。许多文人与茅山道士或隐居茅山的人相
交往,成为发挥茅山道教影响的另一条渠道。在唐代诗歌创作兴
盛的风气中,不少诗人写到这方面的题材。

张南史主要活动在大历年间,与皇甫冉、李端交好。李端自少
年好道,他们几位都和茅山有密切联系,对茅山道教的倾心应是促
成他们交好的一个因素。张南史有《送李侍御入茅山采药》诗:

> 苦县家风在,茅山道录传。聊听骢马使,却就紫阳仙。江
> 海生歧路,云霞入洞天。莫令千岁鹤,飞到草堂前。③

"李侍御"不知其名。他曾在朝任侍御史,到茅山受了道箓。

刘言史活动在贞元、元和年间,与孟郊友善,诗风接近李贺。

---

① 《全唐诗》卷七五七,第 8614 页。
② 《全唐诗》卷七五〇,第 8541 页。
③ 《全唐诗》卷二九六,第 3357 页。

其《赠成炼师》四首是写给女道士的，第一、二两首说：

> 花冠蕊帔色婵娟，一曲清箫凌紫烟。不知今日重来意，更住人间几百年。

> 黄昏骑得下天龙，巡遍茅山数十峰。采芝却到蓬莱上，花里尤残碧玉钟。①

从后一首诗看，这位成炼师也曾住茅山。诗人联想到她"巡遍"茅山，显然与茅山道教的女仙信仰有关系。但这里描写的是姿色秀美、能歌善舞的女道士，是当时世俗间"伎艺"型女道士形象。唐代都会里的一些宫观已"蜕化"为游宴娱乐场所，女道士歌舞侑酒，形似倡伎。从这些作品看，这种风气也传染到茅山道教。这也是茅山道教发展的另一侧面。

窦常是活跃在中唐诗坛的窦氏五兄弟"五窦"的长兄。他中年曾隐居扬州，又在桃源所在的朗州做过刺史，晚年退官居扬州。他到过茅山，有《茅山赠梁尊师》诗：

> 云屋何年客，青山白日长。种花春扫雪，看篆夜焚香。上象壶中阔，平生醉里忙。幸承仙籍后，乞取大还方。②

这是游茅山赠当地道士之作。诗中对修道生活表示神往，最后表明自己已经接受道箓，希望尊师传授丹方。

许浑有《卢山人自巴蜀由湘潭归茅山因赠》诗，是为这位"山人"欲到茅山隐居而作的，立意颇为新鲜：

> 太乙灵方验紫荷，紫荷飞尽发皤皤。猿啼巫峡晓云薄，雁宿洞庭秋月多。导引岂如桃叶舞，《步虚》宁比《竹枝歌》。华阳旧隐莫归去，水没芝田生绿莎。③

---

① 《全唐诗》卷四八六，第5328页。
② 《全唐诗》卷二七一，第3032页；此诗或作许浑诗。
③ 《全唐诗》卷三五三，第6105页。

"紫荷"即"紫河车",指炼制而成的玉液。诗的首联说许多人倾一生精力辛苦炼丹,直到满头白发也没有成功;次联描写了卢山人回茅山的路径,暗示人间景象更为美好;颈联直接写人世间的歌舞逸乐非道教的修炼、科仪可比;最后尾联劝说对方不要回茅山隐居。这表现的是当时文人对待宗教的另一种观念。前面曾引述过许浑赠高拾遗的诗,其中对友人挣脱"网罗"、隐居茅山表示赞赏;而这里完全是另一种口吻。这其中表露的宗教观念的游移、矛盾,在唐人中是相当典型的。

上一节已提到皮日休、陆龟蒙,他们二人都好仙道。特别是后者,长期度过隐居生活,曾认真养炼焚修。他有《上元日道室焚修寄袭美》诗描写自己的修道生活:

> 三清今日聚灵官,玉刺齐抽谒广寒。执盖冒花香寂历,侍晨交佩响阑珊(执盖、侍晨皆仙之贵侣矣)。将排凤节分阶易,欲校龙书下笔难。唯有世尘中小兆,夜来心拜七星坛。①

"三清"谓玉清、太清、上清,是列仙居住的仙境,诗里指焚修的道室。诗中表现焚修中神仙降临的情景,和《真诰》里的描写相近似。从这样的自叙可以了解诗人修道的虔诚态度。他居住的吴郡松江接近茅山,他与茅山道士往还颇多。如《寄茅山何道士》:

> 终身持玉舄,丹诀未应传。况是曾同宿,相违便隔年。问颜知更少,听话想逾玄。古篆文垂露,新金秉绝烟。蜂供和饵蜜,人寄买溪钱……幸阅灵书次,心期赐一编。②

又《寄茅山何威仪二首》其一:

> 大小三峰次九华,灵踪今尽属何家。汉时仙上云颠鹤,蜀地春开洞底花。闲傍积岚寻瀑眼,便凌残雪探芝芽。年来已

---

①《全唐诗》卷六二四,第7177页。
②《全唐诗》卷六二三,第7167—7168页。

奉黄庭教，夕炼腥魂晓吸霞。①

"道门威仪"是唐时道教内部的职位。据诗的第二首写到"曾向人间拜节旄，乍疑因梦到仙曹"，可知这位何姓威仪曾为高官，后来出家了。诗人不仅赞扬对方道行的高超，更表达了从之学道的志愿。陆龟蒙另有《寄怀华阳先生》《江南秋怀寄华阳山人》等，也是写给茅山道士的。

皮日休有《送董少卿游茅山》诗说：

> 名卿风度足枮斜，一舸闲寻二许家。天影晓通金井水，山灵深护玉门沙。空坛礼后销香母，阴洞缘时触乳花。尽待于公作廷尉（卿尝为大理，用法有廉平之称），不须从此便餐霞。②

这位董姓友人本任大理少卿，游茅山显然出于消极隐逸之志，皮日休把他比拟为汉代以持狱公平著名的东海于公，规劝他不要脱离仕途。皮日休的人生态度较陆龟蒙积极，比较他们以道教为题材的作品，可以清楚地看出这一点。

前面曾提到与皮、陆结交的广文博士张贲。他入居茅山后，与皮、陆相唱和，并经常往来于茅山和皮、陆居住的吴郡之间。皮、陆作了不少送给他或怀念他的诗。如皮日休《江南道中怀茅山广文南阳博士三首》之二：

> 住在华阳第八天，望君唯欲结良缘。堂扃洞里千秋燕，厨盖岩根数斗泉。坛上古松疑度世，观中幽鸟恐成仙。不知何事迎新岁，乌衲裘中一觉眠。③

又《怀华阳润卿博士三首》之三：

---

① 《全唐诗》卷六二五，第 7188 页。
② 《全唐诗》卷六一四，第 7088 页。
③ 《全唐诗》卷六一三，第 7069 页。

> 凤骨轻来称瘦容,华阳馆主未成翁(陶隐居昔为华阳馆主)。数行玉札存心久,一掬云浆漱齿空。白石煮多熏屋黑,丹砂埋久染泉红。它年欲事先生去,十赉须加陆逸冲(逸冲尝事隐居,隐句赐名栖静居士;十赉,犹人间九锡也)。①

“十赉”指道教用于修炼的十种赏赐。陶弘景有《授陆敬游十赉文》。诗中把对方比拟为陶弘景,自比为他的弟子陆逸冲,表示自己进入道门、得到帮助的愿望。

陆龟蒙的《奉和袭美怀华阳润卿博士三首》诗,其一说:

> 几降真官授隐书,洛公曾到梦中无。眉间入静三辰影,肘后通灵五岳图。北洞树形如曲盖,东凹山色似熏炉。金墟福地能容否,愿作冈前蒋负刍。②

又《和袭美寄怀南阳润卿》:

> 高抱相逢各绝尘,水经山疏不离身。才情未拟汤从事,玄解犹嫌竺道人。霞染洞泉浑变紫,雪披江树半和春。谁怜故国无生计,唯种南塘二亩芹。③

此外,皮日休还有《南阳润卿将归雷平因而有赠》《送润卿博士归华阳》《润卿遗青饲饭兼之一绝聊用答谢》《奉和鲁望招润卿博士辞以道侣将至之作》《润卿鲁望寒夜见访各惜其志遂成一绝》等,陆龟蒙有《和袭美江南道中怀茅山广文南阳博士三首次韵》《和袭美赠南阳润卿将归雷平》《和袭美初冬偶作寄南阳润卿次韵》《送润卿还华阳》《南阳广文博士还雷平后寄》《和袭美醉中即席赠润卿博士次韵》等许多表现与张贲交谊的诗作。这些作品显示了茅山道教对他们二人的深刻影响。

---

① 《全唐诗》卷六一四,第 7079 页。
② 《全唐诗》卷六二五,第 7183 页。
③ 《全唐诗》卷六二六,第 7193—7194 页。

如前所述，杜荀鹤曾隐居九华山，也游历过茅山。他的《送九华道士游茅山》诗说：

> 忽起地仙兴，飘然出旧山。於身无切事，在世有余闲。日月浮生外，乾坤大醉间。故园华表上，谁得见君还。①

这里"日月"一联境界极其开阔，表现了对于宇宙、人生的深切感慨。

高蟾为咸通年间进士，官至御史中丞，胸襟磊落，倜傥不群，所作《秋日寄华阳山人》诗颇能体现他的性格：

> 云木送秋何草草，风波凝冷太星星。银鞍公子魂俱断，玉弩将军涕自零。茅洞白龙和雨看，荆溪黄鹄带霜听。人间不见清凉事，犹向溪翁乞画屏。②

正是深感"人间不见清凉事"，所以他要倾心茅山、寻求安慰了。

南唐宰相李建勋有《送喻炼师归茅山》诗：

> 休粮知几载，脸色似桃红。半醉离城去，单衣行雪中。水声茅洞晓，云影石房空。莫学秦时客，音信便不通。③

另一位南唐诗人李中的《赠钟尊师游茅山》：

> 筇杖担琴背俗尘，路寻茅岭有谁群。仙翁物外应相遇，灵药壶中必许分。香入肌肤花洞酒，冷侵魂梦石床云。伊予亦有朝修志，异日遨游愿见君。④

这两个人的地位不同，因此同是送人去茅山，态度却不一致：前者是高官，所以对回归茅山的道士表示怀念；后者则流露出追随修道的志愿了。

---

① 《全唐诗》卷六九一，第 7935—7936 页。
② 《全唐诗》卷六六八，第 7645 页。
③ 《全唐诗》卷七三九，第 8435 页。
④ 《全唐诗》卷七四七，第 8511 页。

六

　　据李渤《真系》，"茅山道"上清派道教的第一代宗师是杨羲；记录众仙真向杨羲传授诰语和许谧父子修道事迹的资料，结集成这一派道教的根本经典《真诰》。《真诰》集中宣扬上清派教理，其在道教史上的地位，前面已约略提及。而其对于唐代文人发挥影响，还得力于它的表现形式。作为宣扬神仙信仰的经典，《真诰》从整体看富于玄想，又具有叙事性。其中大量穿插了神仙歌赞和传说故事，许多段落可看作是相当生动的艺术作品。又据统计，《云笈七签》自卷九六至卷九九搜集道教仙歌一百三十三首，取自《真诰》的即有七十八首①。而就唐代上清派道士的构成情况说，其中聚集了一批具有相当水平的能文善艺之士，如司马承祯、吴筠等都是相当出色的文人。这使得这一派道教表现出特别浓厚的艺术气质。这也成为众多文人与茅山和茅山道教发生交涉的一个原因。在这样的情况下，《真诰》这部被上清派特别重视的经典，自然也会受到唐代文人的普遍重视。如果说《真诰》的传播和茅山道教的影响相辅相成，那么随着茅山道教在文人中影响的扩展，也就有众多文人阅读、熟悉《真诰》，从而这部经典也就对文人的思想和创作发挥了相当大的作用。这里不拟讨论这部经典对于作家意识深层的影响，只举出一些具体作品，考察其在诗人创作中的直接表现。实际上，前面引据的有些作品也可作为这方面的例子。

　　茅山道教在文人间的影响到"安史之乱"后更为显著，《真诰》

---

①深泽幸一《李商隐と〈真诰〉》，吉川忠夫编《六朝道教史の研究》第 397 页，春秋社，1998 年。

的情况也同样。

从创作看，唐诗人最熟悉《真诰》的当数韦应物。他曾有诗说自己"怀仙阅《真诰》，贻友题幽素"，更颇有几篇作品是取材《真诰》的。《真诰》第一篇的开端是女仙萼绿华的一首仙诗，接着是对她的介绍：说她是年龄二十二岁上下的美丽女子，于升平三年（359）十一月十日降临到杨权处，赠送了这篇仙诗以及玉条脱等其他仙界物品。她还自叙本是"九疑山中得道女罗郁也，宿命时曾为师母毒杀乳母妇，玄州以先罪未灭故令谪降于臭浊，以偿其过"[①]。据这段记录后面的说明，这些都是灵媒杨羲"草书于纸上"的。在神仙传说中，有一类神仙是所谓"谪仙"，即在仙界犯有罪责被贬降到人间的仙人。他们也成为沟通仙界与人世的"人物"。萼绿华事就是一篇早期"谪仙"故事。六朝道教中"谪降"的女仙往往和人间男子结下情缘，形成缠绵悱恻的爱情传说。这些被贬谪的女仙身上往往曲折地反映了古代女性受屈辱、受压迫的现实境况，同时又带有仙人的幻想性格。如把她们编织到一定情节里，再经过艺术加工，故事就更为生动、有吸引力。韦应物正是根据萼绿华传说，写了《萼绿华歌》：

> 有一人兮升紫霞，书名玉牒兮萼绿华。仙容矫矫兮杂瑶珮，轻衣重重兮蒙绛纱。云雨愁思兮望淮海，鼓吹萧条兮驾龙车。世淫浊兮不可降，胡不来兮玉斧家。[②]

"玉斧"是许翙的小名。这是一首歌颂女仙的"仙歌"体诗，内容上本没有过多可称道之处。值得注意的是写法：诗人以道教传说为素材，发挥个人的想象来描绘女仙的具体形象：她的衣着、车乘；说她降临到许翙家，则意在暗示二者的情缘。歌中并没有述说萼绿华故事的完整情节。这是因为有关传说本是众所周知的，诗人写

---

①《真诰》卷一《运象篇第一》，《道藏》第 20 册，第 249 页。
②《韦应物集校注》卷九，第 562 页。

作中充分发挥了剪裁技巧。

　　韦应物的《学仙二首》则是隐括《真诰》卷五《甄命授第一》刘伟道和周君兄弟三人"学仙"故事的。又有《马明生遇神女歌》,写马明生经过神女试炼终于得授"天书"事,故事不见于今本《真诰》。但《太平御览》据六六三《地仙》有简略的马明生事迹,著录在"《真诰》曰"项下,则唐时《真诰》传本或与今本不同①。韦应物还有《汉武帝杂歌》《王母歌》等,也是表现女仙的,取材于《汉武帝内传》。

　　鲍溶,元和四年登进士第,一生落拓潦倒,长期隐居山林。他与韩愈、孟郊等友善,是一位有才气的诗人。他与道士多有交往,也喜欢表现神仙,特别是女仙题材,写过一些描写女仙的仙歌和仙诗,如《李夫人歌》《箫史图歌》《弄玉词二首》等。他的《会仙歌》写西王母和许飞琼授给茅盈、王方平"长生方"故事。整个场面"花张锦织","冠剑低昂","瑶台明月来坠地","洞阴玉磬敲天声"②,极其生动、热烈。其中的人物也是《真诰》里出现过的,构思的灵感、语言的表达显然也借鉴了《真诰》。他又有《杨真人篆中像》:

　　　　画中留得清虚质,人世难逢白鹤身。应见茅盈哀老弟,为持金篆救生人。③

这里描写的应当是杨羲的画像。这是当时道教传说在绘画中表现的一例。

　　在唐代诗人的创作中,道教传说中的女仙如杜兰香、许飞琼等常被用作典故;不过有时写到这些"人物"已不带有宗教意味。这也是当时道教神仙观念"世俗化"的结果,从另一方面也表明那些道教神仙传说流传的广远。如白居易《霓裳羽衣歌》描写宫中歌舞说:"烟蛾敛略不胜态,风袖低昂如有情。上元点鬟招萼绿,王母挥

---

① 《太平御览》卷六六三,第 2962 页,中华书局,1985 年。
② 《全唐诗》卷四八五,第 5502—5503 页。
③ 《全唐诗》卷四八六,第 5529 页。

袂别飞琼。"下面有注曰："许飞琼、萼绿华，皆女仙也。"①这是用仙女来夸说舞女的美好和舞姿的优美。又如李贺的《答赠》诗：

> 本是张公子，曾名萼绿华。沈香薰小像，杨柳伴啼鸦。露重金泥冷，杯阑玉树斜。琴堂沽酒客，新买后园花。②

据王琦的解释："玩全首诗意，是贵公子家新买宠妓宴客而作也。张公子喻贵公子，萼绿华喻宠妓。"王解为是。这里萼绿华只是取其年轻貌美以作隐喻。如此运用神仙事典，也反映了当时文人间神仙信仰状况的一个侧面。

晚唐以写游仙诗著名的曹唐，也使用了萼绿华题材，有《萼绿华将归九疑留别许真人》一首：

> 九点秋烟黛色空，绿华归思颇无穷。每悲驭鹤身难任，长恨临霞语未终。河影暗吹云梦月，花声闲落洞庭风。蓝丝重勒金条脱，留与人间许侍中。③

如前所述，曹唐的《小游仙诗》和《大游仙诗》开拓出这一体诗创作的新生面，他"在原有的神话传说的架构上，就其未曾出现的场景、事件或人物的内心活动抒发他创造的想象力以造成奇幻感，类此将作者的创作主旨透过仙言仙语、神仙故事，委婉地表达其人生旨趣，确是典型的中国神话诗"④。绝句体的《小游仙诗》截取具体的神仙场景，主要是抒写感兴；《大游仙诗》则构造情节，叙说故事，今仅存十七首，原来应当是具有连续故事性的几组作品。其中写萼绿华的仅存上引一首，当有遗失。这首诗描写的是萼绿华告

---

①《白居易集笺校》卷二一，第 1411 页。
②王琦《李长吉歌诗汇解》卷三，《李贺诗歌集注》，第 197 页，上海古籍出版社，1977 年。
③《全唐诗》卷六四〇，第 7339 页。
④李丰懋《曹唐〈大游仙诗〉及道教传说》，《忧与游六朝隋唐游仙诗论集》第 138 页，学生书局，1996 年。

别许翱场面,完全是出于诗人的想象。全诗描摹细腻,用语清丽,
造成华丽缥缈的艺术效果。有了大、小《游仙》,曹唐当之无愧地成
为诗歌史上游仙一体的卓越的后殿。

李商隐早年"学仙玉阳东"①,即曾在道教圣地王屋山学道。他
一生中和众多的道士有密切交往;但他对道教的真实态度如何,是
否怀抱真诚的神仙信仰,后人的答案各种各样,是应当从容讨论的
问题。但他写有许多关系道教的诗,无论是道教的思想、信仰,还
是道教的形象、事典、语汇以至一般的思维方式等对他的创作产生
了深刻影响,则是不容否定的事实。茅山上清派道教和《真诰》也
是他所熟悉的。他有《戊辰会静中出贻同志二十韵》诗,"戊辰"是
大中二年(848),当年他三十七岁;"静中出"指出静,所谓"'入静'
者,静处一室,屏去左右,澄神静虑,无思无营,冀以接天神"②。按
规定,大静三百天,中静二百天,小静一百天。就是说,这首诗是描
写自己养炼实践体验的。其中说道:

> 我本玄元胄,禀华由上津。中迷鬼道乐,沈为下土民。托
> 质属太阴,炼形复为人。誓将覆宫泽,安此真与神。龟山有慰
> 荐,南真为弥纶。玉管会玄圃,火枣承天姻。③

这里最后四句是错综用典:"龟山"谓龟山金母即西王母,她居住在
昆仑玄圃,有众仙真歌管作乐;"南真"是南岳紫微夫人魏华存,据
《真诰》,她于兴宁三年六月二十六日夜,与众真降杨羲家,携一神
女,年十三四许,共坐作礼毕,"紫微夫人曰:'此是太虚上真元君金
台李夫人之少女也。太虚元君昔遣诣龟山学上清道,道成,受太上
书,署为紫清上宫九华真妃者也。于是赐姓安,名郁嫔,字灵箫。'
紫微夫人又问某世上曾见有此人不? 某答曰:'灵尊高秀,无以为

---

①《李肱所遗画松诗书两纸得四十一韵》,《玉谿生诗笺注》卷一。
②《资治通鉴》卷五二七《唐纪·天启三年》,第8370页。
③《玉谿生诗笺注》卷三。

喻.'夫人因大笑:'於尔如何?'某不复答。紫清真妃坐良久,都不言。妃手中先握三枚枣,色如干枣而形长大,内无核,亦不作枣味,有似于梨味耳。妃先以一枚见与,次以一枚与紫微夫人,自留一枚,语令各食之。食之毕,少久许时,真妃问某年几？是何月生？某登答言年三十六,庚寅岁九月生也。真妃又曰:'君师南真夫人,司命秉权,道高妙备,实良德之宗也。闻君德音甚久,不图今日得叙因缘,欢愿于冥运之会,依然有松萝之缠矣。'某乃称名答曰:'沈湎下俗,尘染其质,高卑云邈,无缘禀敬,猥亏灵降,欣踊罔极。唯蒙启训,以祛其暗,济某元元,宿夜所愿也。'"①李商隐的两句诗正隐括了这一段故事,表明自己已领受了上清经法。

李商隐诗中用到《真诰》事典不少。如《郑州献从叔舍人褒》诗:

> 蓬岛烟霞阆苑钟,三官笺奏附金龙。茅君奕世仙曹贵,许掾全家道气浓。绛简尚参黄纸案,丹炉犹用紫泥封。不知它日华阳洞,许上经楼第几重。②

这位李褒是虔诚的道教信徒。他曾请道士陈尊师授道箓,"紫极宫中,大延法众,迁受治职,加领真阶"③。李商隐在诗里把这位从叔比拟为传说中的"茅山道"奠基人茅盈,又把包括对方和自己李氏一家比拟为通过杨羲接受仙诰的许谧一家,最后更表白了自己前往茅山修道的愿望。

在更多的情况下,李商隐运用相关事典并没有宗教意味。如《重过圣女祠》:

> 白石岩扉碧藓滋,上清沦谪得归迟。一春梦雨常飘瓦,尽日灵风不满旗。萼绿华来无定所,杜兰香去未移时。玉郎会

①《真诰》卷一《运象篇第一》,《道藏》第20册,第492—493页。
②《玉谿生诗笺注》卷二。
③李商隐《上郑州李舍人状四》,《樊南文集补编》卷六。

此通仙籍,忆向天阶问紫芝。①

圣女祠在陈仓县大散关附近,旧注一般以为这首诗是诗人大中九年(845)随东川节度使入京途中所作。杜兰香也是谪降的女仙,下嫁张硕,授之以举形飞化之道。诗中借助她和萼绿华两位女仙的形象创造出飘忽、神秘而又荒凉、寂寞的境界,十分鲜明动人。但诗的主旨是什么,解释者却是言人人殊:有的说是表现恋情,有的说是讽刺女道士,也有的说是述说自己的志愿的,等等。但不论如何解释,诗中使用了萼绿华、杜兰香的典故是事实;大体写女仙只是隐喻,与宗教意义应是无关的。对于《真诰》等道教事典,李商隐更多使用的是借喻的方式,如《无题二首》之二:

> 闻道阊门萼绿华,昔年相望抵天涯。岂知一夜秦楼客,偷看吴王苑内花。②

这首诗显然是表现艳情的,萼绿华被等同于"吴王苑内"的西施,用来影射诗人倾心的女子。至于此女子是谁,注家看法又是大不相同了。又如《中元作》诗里说到"羊权虽得金条脱,温峤终虚玉镜台"之类,也只是借用典故表面而已。

又南唐李中有《魏夫人坛》诗:

> 仙坛遗迹在,苔合落花明。绛节何年返,白云终日生。旋新芳草色,依旧偃松声。欲问希夷事,音尘隔上清。③

魏夫人坛不见《茅山志》记载,但应是在茅山。诗中表现的确实是上清派道教的内容,李中也是对茅山十分熟悉的人。

以上从几个方面讨论了茅山道教直接影响于唐代诗坛的一般情形。可以看出,在唐代确有相当一批文人出于不同原因被茅山

---

① 《玉谿生诗笺注》卷三。
② 《玉谿生诗笺注》卷一。
③ 《全唐诗》卷七四七,第8495—8496页。

所吸引,茅山和茅山道教给他们的创作提供了多方面的灵感和素材,造成了相当深刻的影响。

　　如果比较一下佛、道二教的发展就会发现,一般说来,古代知识阶层对道教活动的参与远不如对于佛教。东晋以后,儒、释交流成为风气,六朝时期文人们普遍地热衷佛说,积极参加供佛、讲经等法事。贵族、文人间虽然也有不少信仰道教的,但实际参与却不如对于佛教那样普遍。这有客观上的原因:道教的养炼更注重"技术",无论是炼丹、服饵之类的方术,还是斋醮、符箓之类法术,都需要相当专门的知识和技能,基本要由专门的宗教职业者(对道教即是道士)来做;另一方面,道教又具有一定的"贵族性",如炼丹之类的活动,需要具备相当的经济条件。所以直到唐代,尽管道教得到朝廷的大力支持和崇重,带上了某种"御用"性格,但宫观的数量远较佛寺为少,道士数目同样比僧侣为少。但如本文所描述的,本来是一处普通的道教圣地茅山,却吸引了众多的文人,对他们的思想、生活、创作造成了影响,其意义就远超出道教之外了。

　　本文所讨论的,主要是茅山、茅山道教、茅山道士与唐代诗人的直接关系、唐代诗人直接涉及这方面题材的作品。如果更深入地探讨茅山道和上清派道教对文学的影响,更应注意到其间接的作用。这后一方面往往表现在模糊隐微之间,但却是更为深刻的。例如茅山道教的神仙观念,其"存想""内观"的养炼方式,其对于清静、超越境界的追求,其养生思想及其实践,如此等等属于道教信仰和养炼技术的多方面的内容,都不同程度地影响到当时作家的思想感情和生活;又道教徒本来具有不同于儒家传统的道德规范和生活方式,茅山道教丰厚的文化内涵及其"三教调和"的性格进一步打破了它与世俗的界限,一方面改变了道教自身的面貌,也为文人们提供了另外一种人生追求和旨趣,树立了可资借鉴的另一种人生楷模;再有,上清派道教典籍、传说中的大胆玄想的构思方式,其中描绘神仙、仙境的华丽而又虚幻的技巧,大为开阔了文人的思维方法和写作手法,如此等等,都以不同形式、在不同程度上潜移默化地给文人们以影响。这种影响就宗教意义而言往往具有不同的意味,有时在观念上可能与信仰毫无关系。具体阐明这种影响,是相当困难的工作,应当另作专门的讨论。

唐代文学的成就恢弘博大,唐诗的风格异彩纷呈,道教的影响无疑是造成这种局面的一个不容忽视的因素。而当时的"茅山道"正是与文人关系最为密切的道教教派,其对于一代诗歌和文学发展的作用是应当予以重视的。

唐代的女冠与文人

一

女冠即女道士的大量出现并活跃于社会,是唐代道教发展中一个引人注意的现象。当时在两京和通都大邑,建立起许多专门的女冠观。女道士们不只在道观里从事精修、养炼等宗教活动,往往更广泛活跃在社会各个层面,特别是在文人中间。她们多方面的活动在当时道教里和社会上形成一道特殊风景。从文学发展角度看,在一定意义上,她们成为文人与道教相接触、相交流的一个特殊津梁。她们的活动给文人创作充实以独特的内容,也给他们的写作艺术平添了特殊的光彩。而另一方面,从道教自身发展看,女道士的活动则显示了道教发展中日趋严重的"世俗化"趋势。这些活动反映出道教一方面向更广泛的文化领域渗透,另一方面却不可避免地引起信仰的蜕化和教团的分化。所以探讨这一现象,对于道教史和文学史以至整个文化史的研究都是有意义、有趣味的。

关于唐代女冠的情况,龚自珍曾评论说:

余平生不喜道书……独于六朝诸道家,若郭景纯、葛稚

川、陶隐居一流，及北朝之郑道昭，则又心喜之，以其有飘飘
放旷之乐，远师庄周、列御寇，近亦不失王辅嗣一辈遗意也，
岂得与五斗米弟子并论而并轻之耶？至唐而又一变，唐之道
家，最近刘向所录房中家，唐世武曌、杨玉环皆为女道士，而
玉真公主奉张真人为尊师。一代妃主，凡为女道士，可考于
传记者四十余人，其无考者，杂见于诗人风刺之作；鱼玄机、
李冶辈应之于下。韩愈所谓"云窗雾阁事窈窕"，李商隐又有
"绛节飘摇空国来"一首，尤为妖冶，皆有唐一代道家支流之
不可问者也。①

这里指出了唐代作为"道家支流"的众多女道士的活跃及其所造成
的"妖冶"之风，确是当时道教发展中十分引人注目的现象。但龚
自珍完全是从否定立场立论的；至于笼统地说唐代道教近"房中
家"，则显得片面。

作为宗教现象，拿唐代道教里的女道士和佛教里的比丘尼相
比较，二者无论是在教团内部的地位还是社会上的活动，都明显表
现出重大差异。这方面是有着历史的和宗教自身的渊源的。

道教自其产生时期起，即对女性表现出相对敬重的姿态。如
果对比佛教的女性观念，道教这一特点就显得更为清楚。造成这
一现象的一个重要原因，是在作为道教渊源之一的中国古代原始
信仰中，已经包含有丰富的女神信仰的内容。闻一多曾做出推
测："我常疑心这哲学或玄学的道家思想必有一个前身，而这个前
身很可能是某种富有神秘思想的原始宗教，或更具体点讲，一种
巫教。"②现已有许多文献和考古实物证实了这一猜测。中国古
代原始巫教里的女神崇拜，反映了氏族社会里女性占据主导地位

①《上清真人碑书后》，《龚自珍全集》，第 297—298 页，上海古籍出版社，
　1975 年。
②《闻一多全集》，第 1 册，第 143 页，开明书店，1948 年。

的残余影响。据考后来被道教奉为"女仙"的西王母、九天玄女等等，实际都源自远古农耕社会的女神，而后来的道教更创造出麻姑等极富情趣的女仙形象。道教的另外一个源头是秦汉时期的方术，包括房中术。房中术从一定意义上说是道教生命哲学的曲折反映，显示它不是像佛教那样主张禁欲的。房中术作为早期道教的重要法术，后来经过陆修静等人的"清整"而被禁限了，但其影响却长远地延续下来。相对地重视女性正是这种影响的曲折表现之一。例如在神仙传说里，人、神（仙）恋爱乃是常见的题材，仙人们往往和人世间一样过着爱情生活。而由于仙人能够"长生久视"，这些爱情故事就会出现一些特殊矛盾，由此引发出多种多样的情节而引人入胜。例如六朝传说里有不少神女降临或巫筮结合的故事，像建康小吏被庐山神所招与其女婉相交①，杜兰香以西王母之命下嫁张硕②，成公智琼受天帝之命下嫁魏济北从事掾弦超③，等等，都是相当有情趣，而从宗教意义看又是有丰富内涵的故事。在道教里，神女降临成为宣示教义的重要手段，也是人、神交通的主要方式④。而值得注意的是，这类情节早已被文人所喜爱，并被以各种方式采纳到作品之中。道教所具有的这种对女性相对敬重的观念和表现，是具有多方面的意义和作用的。

　　从发展看，六朝时期的神女降临或仙、凡交通故事的主旨，主要还是在引导凡人悟道求仙，即更多地体现为宗教意义。而到唐代，这类题材的传说却更为"世俗化"了。例如《广异记》里有个故事，说有一位衡山隐者，因为卖药，几次在岳庙寄宿，"会乐人将女诣寺，其女有色，众欲取之，父母求五百千，莫不引退。隐者闻女

①参见干宝《搜神记》卷四，祖台之《志怪》《杂鬼神志怪》。
②见《搜神记》卷一。
③见《搜神记》卷一、《艺文类聚》卷七九。
④参见小南一郎《中国的神话传说与古小说》，第249—278页，孙昌武译，中华书局，1993年。

嫁,邀僧往看,喜欲取之。仍将黄金两挺,正二百两……将(女)去";后来父母忆女,到山间访问,隐者与女儿一起出来迎接,原来那里是"神仙之窟"①。在这个传说里,作为神仙的"隐者"只是单纯地追求女色,仙界中人度过更美满的、值得羡慕的爱情生活。这典型地反映了当时人对神仙世界和仙人生活的看法,即把神仙境界与理想的人生、与爱情生活相沟通了。

　　而从唐代的社会风气看,这一时期又是中国历史上著名的"士风浮薄"的时代。文人士大夫诗酒流连、歌舞征逐乃是普遍的习俗。造成这种士风,有社会经济繁荣、中外交流发达、旧有的传统被动摇等一系列客观条件,又和统治者在相对安定的社会环境下更热衷于追求享乐有关。但还有一个事实在客观上起作用,就是唐代是中国历史上女性地位较高,男女关系比较开放、自由的时代。这一时期女性所受文化教育水平普遍较高(当然主要是在士大夫家庭里),从而女性也有更多机会参与社会活动。古代女性一般不可能出仕做官,进入士人社会的主要途径有两个:一个是做艺人或娼妓,再一个是出家。而出家做道士和做尼姑又是不同的。佛教戒律对女尼的限制十分严格,女尼参与社会活动的机会远较女道士为少。就唐代的道士和僧尼二者数量的比较看,道士数量少得多,但道教的发展和道士的活动却可与佛教相抗衡,其中一个原因是道教更注重在社会上层发展。而女道士在文人士大夫间受到欢迎,也成为推动道教扩大影响的重要因素。

　　这样,唐代的妇女由于不同原因而出家入道,其中一部分人活跃在社会上层,与文人结交。她们中有些人本来具有一定文化素养,而在社会活动中更会提高活动能力和文化水平。有些人才貌双全,活动在官僚士大夫间,更成为文坛上有地位、有贡献的人物。而她们的活动作为道教历史上的新现象,在一定程度上也在改变

---

①《广异记》,第10—11页,方诗铭点校,中华书局,1992年。

着道教的面貌,对于其进一步发展也造成了一定影响。在古代重男轻女、男权主义占统治地位的环境中,女道士们的活跃从一个侧面显示了妇女的才艺,在伦理上和社会风气上都起到一定的积极作用。因此,唐代女道士的活动就成为值得研究的现象。

唐代又是中国文学,特别是诗歌创作的一个黄金时代。一批能文的女道士汇入到创造一代文学辉煌的潮流之中,以自己富于特色的创作丰富了文坛,更有众多女道士以不同方式,自觉或不自觉地给文人以影响,对于文学发展起到或隐或显的作用。

二

唐代女性入道,情况各种各样。女道士也有不同类型。当然有将自己封闭在道观里,热衷于修道养炼、超脱世俗的人。这里探讨的是与文人发生交涉,对文坛造成影响的那一部分人。她们在全部女道士里的比重可能是少数,但其对于社会和对于道教、对于文学的影响和作用却更为重大。

首先从当时京城一个独特而又有一定影响的社会现象——公主入道谈起。在封建专制时代,宫廷的活动牵动着整个社会,作为皇亲国戚的公主出家做道士自会引起人们的关注,也成为文人创作的题材。

唐时公主入道,如龚自珍所说见于历史传记的达四十余人。帝王千金的公主的身份,决定了她们的特殊地位和处境。这种地位从表面看极尽荣华富贵,但"生在帝王家"的实际情况却十分复杂,能够恃势弄权的只是少数,多数人的境遇是相当惨淡的。谈到唐代社会风气比较开放和自由,人们常常拿某些公主可以改嫁为例。实际上当时公主的婚姻主要是帝王与臣下的联姻。公主们作为交易的筹码,并没有多少自主余地,也没有多少爱情可言。而如果公主下嫁的家族得罪被黜罚,她们有的要受牵连被治罪,有的则被迫改嫁。少数人卷入政争,结局则凄惨者居多。唐代最著名的出家为道士的公主是唐睿宗的女儿金仙公主和玉真公主。特别是玉真公主,颇有政治野心和活动能力。她们出家是在景云元年(710)十二月,这正是当年六月讨平"韦武之乱"后的半年,在那次朝廷内争里,唐中宗的女儿安乐公主被杀掉了,而高宗幼女太平公主则因为辅佐李隆基与韦后集团斗争而得势(不久后她也被杀掉了)。历史资料没有明确证据表明金仙、玉真公主出家与政局有什么关系,但可以推测,公主干政的悲惨后果,她们对处境的畏惧,应是出家的重要原因。二位公主入道后,"各为之造观,逼夺民产甚多,用功数百万"①。后来因为朝臣论谏,"造两观并停,其地便充金仙、玉真公主邑司……当别处创造……"②结果以辅兴坊原窦诞宅为玉真观,对街为金仙观,其地"东当皇城之安福门,西出外郭城之开远门,车马往来,实为繁会"③。这样,两位公主入道之后,继续享有大量封地,又居住在京城繁华地区。就是说,由于她们得到了"方外"之人的身份,反而有了参与社会活动的条件。玉真公主留下的资料较多。她不但在京城有道观,在长安城外还有别庄。她广泛结交朝廷上下,在她的周围俨然形成一个文化"沙龙"。著名大臣张说有陪同唐玄宗和玉真公主临幸李宪(玄宗长兄)山庄的奉和诗(《奉和圣制同玉真公主过大哥山池题石壁应制》,《全唐诗》卷八七;《奉和圣制同玉真公主游大哥山池题石壁》,《全唐诗》卷八九),著名诗人王维有陪同玄宗临幸玉真公主山庄应制诗(《奉和圣制幸玉真公主山庄因题石壁十韵之作应制》,《王右丞集笺注》卷一

---

①《资治通鉴》卷二一〇《唐纪二六·景云二年》,第 6665 页。

②唐睿宗《停修金仙玉真两观诏》,《全唐文》卷一八,第 220 页,中华书局,1983 年。

③徐松《两京城坊考》卷四,第 103 页,方严点校,中华书局,1985 年。

一），从中可以看出玉真公主活动情况的一斑。高适有《玉真公主歌》（《全唐诗》卷二一四），储光羲有《玉真公主山居》诗（《全唐诗》卷一三九），均是颂谀之作。这些人都曾出入玉真公主门下。后来中唐时的司空曙有《题玉真观公主山池院》诗（《全唐诗》卷二九二），表明到中唐时那里仍是游观之地。特别值得一提的是，据魏颢《李翰林集序》，当年"（李）白久居峨眉，与（元）丹丘因持盈法师达"①，持盈法师是玉真公主的赐号。李白本以好道著称，又和前此入朝的著名上清派道士吴筠交好，入京后投靠玉真公主之门，得到她的揄扬是合乎情理的。李白集里有《玉真仙人词》，或以为就是投献给公主的；又有《玉真公主别馆苦雨赠卫尉张卿二首》，也是这一时期的作品。上述玉真公主的活动，是与开元、天宝年间长安特殊的文化环境相关联的。不过作为社会现象，她的情况又有相当的典型性。唐代长安的一些著名道观乃是入道公主的居停之所，如前面提到的高宗女太平公主因为吐蕃求和亲曾出家为女冠，居大业坊太平观；中宗女新都公主居崇业坊福唐观；睿宗女蔡国公主居通义坊九华观；玄宗女永穆公主居兴宁坊华丰观，新昌公主居大业坊兴昌观，等等。这些人可能没有玉真公主那样大的影响力，但这些公主所居住的道观，大都又是官僚士大夫聚集的游观场所。众多公主入道当然与李唐王朝的崇道政策有直接关系；但由于她们的特殊身份和地位，必然会扩大道教的影响。

　　唐代贵族妇女中也有不少入道的，入道的原因也是多种多样。当然有些人入道是出于真诚的信仰。例如李白晚年的夫人宗氏，本是出身于宗楚客之家的"相门女"，她的好道应受到李白的影响。李白的《送内寻庐山女道士李腾空二首》之二说：

　　　　多君相门女，学道爱神仙。素手掬青霭，罗衣曳紫烟。——

①王琦注《李太白集》附录。

往屏风叠,乘鸾著玉鞭。①

宗氏显然曾认真地修道。诗人李涉也有《送妻入道》诗:

> 人无回意似波澜,琴有离声为一弹。纵使空门再相见,还
> 如秋月水中看。②

他的情况大概和李白相仿。还有如晚唐时卒于东都圣真观的王屋
山柳尊师默然,她是著名文人萧颖士的外孙女、赵璘的生母,儿时
父母双亡,十四出嫁,三十余岁丈夫去世,先归心于佛,后又入道③,
成为观主。这是人生失意后到宗教里寻求精神寄托。但有更多的
人显然不是出于信仰而入道。历史上著名的如杨玉环,在被迎入
玄宗宫里之前曾一度被度为女道士。玄宗手下的权臣李林甫的女
儿也出家了,居于平康坊嘉猷观,具体情形不详。中唐时期长安亲
仁里的咸宜女冠观是士大夫家妇女入道集中的地方④。无论出于
什么原因,入道确实为某些人提供了另一种生活方式,开辟了另一
种人生出路。下面将要讲到的李季兰、鱼玄机等就是成功的例子。

唐代两京还有一个引人注目的社会现象,就是宫人入道。当
时供奉内廷的女道士许多是宫人出身。如刘长卿《故女道士婉仪
太原郭氏挽歌词》二首之一所写的:

> 作范宫闱睦,归真道艺超。驭风仙路远,背日帝宫遥。鸾
> 殿空留处,《霓裳》已罢朝。淮王哀不尽,松柏但萧萧。⑤

这位女道士本来是宫中女官,她所侍奉的皇帝死去了,不得已而出

---

① 《全唐诗》卷一八四,第 1884 页,中华书局,1960 年。

② 《全唐诗》卷四七七,第 5433 页。

③ 《大唐王屋山上清大洞三景女道士柳尊师真宫志铭》,《唐代墓志汇编》下册,
第 2201—2202 页,上海古籍出版社,1992 年。

④ 《南部新书》卷戊:"士大夫之家入道,尽在咸宜。"第 50 页,中华书局上海编
辑所,1958 年。

⑤ 《全唐诗》卷一四八,第 1518 页。

家。诗里写她被遗弃的悲哀,并寄予作者的同情。唐代皇帝死后有宫人循例出家的习俗,这是残害妇女的恶例。有更多宫人则因年老色衰而入道。许浑《赠萧炼师》诗序记载的就是一个例子:

> 炼师贞元初自梨园选为内妓,善舞《柘枝》,宫中莫有伦比者,宠赐甚厚。及驾幸奉天,以病不获随辇,遂失所止。洎复宫阙,上颇怀其艺,求之浃日,得于人间。后闻神仙之事,谓长生可致,乞奉黄老,上许之,诏居嵩南洞清观,迨今八十余矣。雪肤花颜,与昔无异。则知龟鹤之寿,安得不由所尚哉![①]

这位萧炼师本是受到宠爱的内妓,"建中之乱"时朝廷逃亡,不及追随,后年老色衰,遭遇十分凄惨,只好入道了。在历史记录里,唐代朝廷那些"放宫人"的措施被宣扬为"德政",也成为宫人入道的机缘。某位卢尚书作《题安国观》诗题下注曰:"东都政平坊安国观,玉真公主所建,女冠多上阳退宫嫔御。"对照咸宜观集中士大夫家妇女,安国观则集中了入道的宫人。诗曰:

> 夕照纱窗起暗尘,青松绕殿不知春。君看白首诵经者,半是宫中歌舞人。[②]

对于这些年老色衰的宫人,歌舞欢乐已成为回忆,不得不在道观里度过寂寞的晚年。

　　由于文人们和女道士有较多接触的机会,像宫人入道这样的现象自会引起他们的关注。特别是那些命运坎坷的文人,宫人们因为年老色衰而被遗弃,也会引发他们产生"同病相怜"之感,从而宫人入道成了唐代诗人常常歌咏的题目。例如韦应物、戴叔伦、张籍、王建、白居易、于鹄、李商隐、殷尧藩、项斯等,都写过这一题材的诗。唐人的宫词里也常常描写这方面的内容。但是,宫人们侍

---

① 《全唐诗》卷五三七,第6128页。
② 《全唐诗》卷七八三,第8843页。

奉内廷,享受荣华,入道从表面看又是"高尚"之事,因此表现这一题材的作品很难阐发新意。所以有人说"此题唐人诗无佳者"①。不过情形也并不绝对。有些较好的作品或表现对命运坎坷的宫人的同情,或借此题材抒写个人的身世之感,也有一定的思想和艺术价值。如韦应物的《送宫人入道》:

> 舍宠求仙畏色衰,辞天素面立天墀。金丹拟驻千年貌,宝镜休匀八字眉。公主与收珠翠后,君王看戴角冠时。从来宫女皆相妒,说著瑶台总泪垂。②

宫人是侍奉帝王的,本来没有独立的人格。宫内也好,出家也好,命运完全被别人操纵。这里写入道辞别皇帝的情形,温情脉脉的仪式掩饰着残酷的遗弃,更透露出入道宫人的凄苦。最后一结"说著瑶台总泪垂",则暗示她们进入道观后的悲惨命运。诗里对入道宫人表示同情,显然也寄托了诗人的感慨。又如李商隐《和韩录事送宫人入道》诗:

> 星使追还不自由,双童捧上绿琼辀。九枝灯下朝金殿,三素云中侍玉楼。凤女颠狂成久别,月娥孀独好同游。当时若爱韩公子,埋骨成灰恨未休。③

这里的韩录事韩琮,是李商隐的友人,其原唱已佚。史载开成三年(838)六月出宫人四百八十人,两京寺观安置,韩诗所记应即其事。与韦应物的上一首诗同样描写宫人辞宫情景,但用的是李商隐特有的华艳词采和事典,更反衬出悲剧性的内容。结尾调侃友人,正写出宫人"不自由"的身份和她们对爱情的渴望与绝望,戏谑的笔

---

① 沈德潜《唐诗别裁》卷一六项斯《送宫人入道》题记。
② 《韦应物集校注·拾遗》,陶敏、王友胜校注,第 605 页,上海古籍出版社,1998 年。此或作张萧远诗,文字略有不同。
③ 《玉谿生诗笺注》卷一。

法所表达的内容是相当沉重的。这首诗的背后也透露出,在当时的宫人中,也有和像韩公子那样的官僚文人私相恋慕之事,这在笔记小说里也有所表现。又项斯的《送宫人入道》:

> 愿随仙女董双成,王母前头作伴行。初戴玉冠多误拜,欲辞金殿别称名。将敲碧落新斋磬,却进昭阳旧赐筝。旦暮焚香绕坛上,步虚犹作按歌声。[①]

这里写出了宫人命运的陡变,表现她们对旧日生活的依恋和入道之后深深的失落感,同样是寄托了诗人的感慨的。

唐代道观里当然有许多妇女是因为生活贫困而被迫入道的,她们的文化水平不高,在教团里也不会有地位。当然也有专事焚修、超脱世事的人。这两类人不会积极地参与社会活动,也较少出现在文人的笔下。

以上列举的几类宫廷或贵族家庭出身的女道士,文人们与她们不可能有多少直接接触。文人们对于她们的了解基本得自传闻和想象,作为创作题材,也主要是借助于幻想来表现。因此对她们的生活和感受的描写,与其说是真实的艺术体现,毋宁说多出于作者主观设想,又多是借宫人题材来抒写自己的思想感受。当然,表现这类题材,总从一定侧面反映道教发展的状况以及一般女道士的生活,从而写出唐代道教历史的一些侧面。

三

唐时有更多的女道士活跃在社会上。这一部分人往往与文人

---

①《全唐诗》卷五五四,第 6424 页。

结下较密切的关系,文人们因此而写出作品,内容丰富,艺术上也更有特色。

前面说过,唐代妇女所受教育较高。比如我们读一些当时文人如柳宗元、白居易的传记,他们的母亲就是他们少年时的启蒙老师,对他们以后的创作生涯造成相当大的影响。唐代,有些女道士往往也有相当高的文化水平和活动能力。相对独立、自由的道观生活,也为她们提供了自我教育的条件。

有些女道士更是行为放荡不拘。例如韩愈的名作《华山女》描写长安街市"僧讲"和"道讲"争夺群众的情形,就对女道士作了相当生动的描写:

> 黄衣道士亦讲说,座下寥落如晨星。华山女儿家奉道,欲驱异教归仙灵。洗妆拭面著冠帔,白咽红颊长眉青。遂来升座演真诀,观门不许人开扃……豪家少年岂知道,来绕百匝脚不停,云窗雾阁事恍惚,重重翠幔深金屏。仙梯难攀俗缘重,浪凭青鸟通丁宁。①

这篇作品以讽刺的笔法揭露佛、道相争情形,展现唐代长安市的一幅风俗画。其中描写的女道士招摇过市,以姿色吸引群众,形同倡优;而结尾处揭露豪家少年与女道士的俗缘,暗示他们之间必有暧昧之事,则正反映了当时某些道观风气败坏的实情。作为参照地,可以举出东明观的传说:

> 玄宗所幸美人,忽中夜梦见人招去,纵酒密会,极欢尽意,醉厌而归。觉来流汗倦怠,忽忽不乐,因言于上。上曰:"此术人所为也。汝若复往,但随时以物记之,必验。"其夕熟寐,飘然又往。美人半醉,见石砚在前席,密以手文印于曲房屏风上,悟而具启。上乃潜令人诣宫观求之。果于东名观中得其

---

① 《韩昌黎全集》卷六。

屏风,手文尚在,所居道流已潜遁矣。①

东明观是长安城内著名道观。无论故事是否真实,但其所述背景应是真实的,即当时一些道观里的道士常有放荡隐秘行为,而与他们交往的竟有宫中"美人"。从这样的故事,可以看出当时道教教团的一般风气。正是这样的环境,使得一些女道士得以利用出家人的特殊身份,摆脱家庭和一般社会的礼法束缚,在和士大夫交往方面得到相当的自由。有一篇"安史之乱"时期的幽州女道士马凌虚的墓志,为安禄山所建大燕国"刑部尚书"李史鱼所撰,这位女道士的情况是具有相当的典型性的:

> 黄冠之淑女曰凌虚,姓马氏,扶风人也。鲜肤秀质,有独立之姿;瑰意蕙心,体至柔之性。光彩可鉴,芬芳若兰。至若七盘长袖之能,三日遗音之妙,挥弦而鹤舞,吹竹而龙吟。度曲虽本于师资,余妍特秉于天与。吴娃心愧,韩娥色沮。岂唯事美东夏,驰声南国而已。与物推移,冥心逝止。厌世斯举,乃策名于仙官;悦已可荣,亦托身于君子。天宝十三祀,隶于开元观;圣武月正初,归我独孤氏……其铭曰:
>
> > 惟此淑人兮秾华如春,岂与兹殊色兮而夺兹芳辰。为巫山之云兮,为洛川之神兮,余不知其所之,将欲问诸苍旻。②

按这里的描写,马凌虚全然是个能歌善舞的风流女子。她曾经是女道士,后来又罢道嫁人。值得注意的是,墓志铭的作者对这一点全无微词,毋宁说是抱着赞赏的态度的。而她最终也是被当作道士来纪念的。可以设想,在通都大邑里,像马凌虚这样的女道士绝不是个别的。这样的人披着道帔,出入士大夫圈子,以至以歌舞娱人,点缀着当时的社会生活,是历史上其他时代绝少见到的。

---

① 《唐语林校正》卷一《政事上》,第55页,周勋初校证,中华书局,1987年。
② 《大燕圣武观故女道士马凌虚墓志铭》,《唐代墓志汇编》下册,第1724页。

　　唐代道教流行,士大夫自然受其熏染。道观成了士大夫游览、交际、习业、寓居的场所,这也给他们结交女道士提供了方便条件;与女道士交往从而也成为士大夫间相当普遍的风俗。这样,一方面,一些女道士的遭遇、经历得到他们的同情,其技艺、才情得到他们的赞赏;另一方面,在交往中他们也会对女道士产生一定的感情,甚至是爱情。这一畸形的现象,对于某些唐代文人的生活和创作是造成了影响的。上一节已经涉及这方面的内容。具有特殊意义的是,古代士人社会交往主要是在男性之间,作为"友情"基本是士子、官宦圈子内的关系;除了家庭生活之外,很少有男女之间交往的机会。男女情谊,限制在与艺妓之类"边缘人物"之间。这则是不平等的、带有奴役色彩的交往。而女道士有着颇具宗教神秘感的特殊身份,使得文人与她们的交际起码在形式上是平等的,特别是对于那些才艺出群的女道士更是如此。因而文人们从这种交往中也就会得到特殊的印象和感受。他们抒写这种印象和感受的作品不仅描摹出女道士这一社会边缘人群的独特人生和风采,也会自觉、不自觉地流露出个人精神生活的特殊体验。而在中国古代诗歌男女情爱题材相对贫乏的传统中,表现与女道士感情纠葛的作品就更显得别具一格,从而显示出一定的思想、艺术价值。

　　唐代文人结交女道士,起码从表面看,仍多是以求道为目的的。例如开元年间有一位在士大夫间相当活跃的焦炼师。按当时的规定,"道士修行有三号:其一曰法师,其二曰威仪师,其三曰律师;其德高思精谓之炼师"①。炼师乃是最高一级的道士。据说这位焦炼师"聚徒甚众"②,吸引众多人向她学道。中唐时期戴孚的《广异记》里记载她请老君帮助制服狐妖的传说,可见她名声流传的广远。李白的《赠嵩山焦炼师》诗序说:

───────────

①《唐六典》卷四,第 125 页,陈仲夫点校,中华书局,1992 年。
②戴孚《广异记》,《冥报记广异记》,第 204 页,方诗铭辑校,中华书局,1992 年。

> 嵩山有神人焦炼师者,不知何许妇人也。又云生于齐梁时,其年貌可称五六十。常胎息绝谷,居少室庐,游行若飞,倏忽万里。世或传其入东海,登蓬莱,竟莫能测其往也。余访道少室,尽登三十六峰,闻风有寄,洒翰遥赠。[1]

李白对于这位神秘的女道士表现出无限企羡。李颀、王昌龄等也都有赠给她的诗。这些诗同样把她描写得道行超绝,神秘飘忽。而值得注意的是,这位炼师本来是老妇人,可是诗人们的描写都突出其容颜的姣好,赞赏其女性的魅力。这正反映了诗人们结交女道士的一种心态。再如李白的《江上送女道士褚三清游南岳》诗:

> 吴江女道士,头戴莲花巾。霓裳不湿雨,特异阳台云。足下远游履,凌波生素尘。寻仙向南岳,应见魏夫人。[2]

这是李白交往的另一位女道士,在描写其特有的潇洒风姿时,诗人也是着力突出她的女性美。作品的这种表现方式已经明显透露出男、女交谊的意味。

唐代诗人直接以女道士为题材的作品,大多不注重表现后者的宗教性格,而往往把她们描写为特殊的女性,特别是着重表现她们作为女性对于爱情的向往和追求。古代诗歌里以女性为题材的不多(宫体除外),表现女性的爱情则主要是怨女思妇之类内容。描写女道士则打破了这一限制。那些活动在宫廷和官僚士大夫间的女道士,往往逞其才艺,以歌舞娱人,是一种全新的妇女形象。文人们赞赏她们的技艺,羡慕她们的美丽和才情,写了各种各样与她们交往的诗。如权德舆的《喜赠张炼师》:

> 月帔飘飘择杏花,相邀洞口劝流霞。半酣乍奏云和曲,疑

---

① 《李太白全集》卷九。
② 《李太白全集》卷一八。

是龟山阿母家。①

权德舆是典型的文人官僚，一代文坛宗主。他交往女道士并为她写诗，题目"戏赠"已明显带有谐谑亲昵的意味；诗里赞赏她的风姿，写她以酒待客，以曲娱人，俨然是歌妓形象。元稹的《刘阮妻二首》用的则是刘晨、阮肇天台遇仙的典故：

> 仙洞千年一度开，等闲偷入又偷回。桃花飞尽东风起，何处消沉去不来。
>
> 芙蓉脂肉绿云鬟，罨画楼台青黛山。千树桃花万年药，不知何事忆人间。②

这实际上描写的是道观里女道士与人偷情的情事。由于地位、身份的阻隔，她的愿望不能实现，诗人寄予同情。同样，李洞的《赠庞炼师》题目下有"女人"字样：

> 家住涪江汉语娇，一声歌戛玉楼箫。睡融春日柔金缕，妆发秋霞战翠翘。两脸酒醺红杏妒，半胸酥嫩白云饶。若能携手随仙令，皎皎银河渡鹊桥。③

这里刻画的是一位形容姣好、向往爱情的少女，结尾处"鹊桥"相会的愿望表达她对于爱情的向往。但作为女道士，这种向往显然是不可能实现的。诗里描摹女人形态，全然是"宫体"笔法，显得有些轻薄，但这也正反映了当时文人与女道士交往的态度。

在唐代，在佛寺制度影响下，道院和道士出家制度已经更加规范化。但是在相对自由的社会环境下，男、女道士的交往还没形成更严格的限制。文人们写了些以男、女道士交谊为题材的作品，在整个古代文学中是极其特殊的。最著名的是骆宾王的长篇歌行

---

① 《权载之文集》卷三。
② 《元稹集·外集》卷七，第685—686页，冀勤点校，中华书局，1982年。
③ 《全唐诗》卷七二三，第8296页。

《代女道士王灵妃赠道士李荣》。李荣是唐初著名道士、有影响的道教学者，高宗朝被招入京，住东明观，曾屡次代表道教方面参与朝廷举行的佛、道论争，详细情况具见道宣编著的《古今佛道论衡》。王灵妃实有其人。骆宾王这一篇是拟作，诗云：

> 玄都五府风尘绝，碧海三山波浪深……自言少小慕幽玄，只言容易得神仙。珮中邀勒经时序，箫里寻思复几年？寻思许事真情变，二人荣华识少选。漫道烧丹止七飞，空传化石曾三转。寄语天上弄机人，寄语河边值查客。乍可忽忽共百年，谁使遥遥期七夕。想知人意自相寻，果得深心共一心。一心一意无穷已，投漆投胶非足拟。只将羞涩当风流，持此相怜保终始。相怜相念倍相亲，一生一代一双人。不把丹心比玄石，惟将浊水况清尘。只言柱下留期信，好欲将心学松薜。不能京兆画娥眉，翻向成都骋驺引……君心不记下山人，妾欲空期上林翼。上林三月鸿欲稀，华表千年鹤未归。不分淹留桑路待，祇应直取桂轮飞。①

这是一首题材别致、很有特色的爱情诗，描绘出当时道观生活的一个侧面。骆宾王善于写长篇歌行，这一篇极尽铺张描摹之能事，具有炫耀才情的意味。但是其中所描写的男、女道士的恋情应是有一定现实依据的，所表现的修道与恋情的矛盾也具有一定典型意义。中唐道士施肩吾有《赠仙子》诗：

> 欲令雪貌带红芳，更取金瓶泻玉浆。凤管鹤声来未足，懒眠秋月忆箫郎。②

这里的"仙子"是女道士。诗里利用弄玉和箫史的典故，表达女道士对于爱情的向往。这种向往具有冲决寂寞的修道生活的意味。

―――――――――

① 《全唐诗》卷七七，第838—839页。
② 《全唐诗》卷四九四，第5609页。

由于女道士参与社会活动，文人们有和她们结交的机会，有些人更会对她们产生感情，并形之于诗。如白居易的《赠韦炼师》：

> 浔阳迁客为居士，身似浮云心似灰。上界女仙无嗜欲，何因相顾两徘徊。共疑过去人间世，曾作谁家夫妇来。①

这位韦炼师是诗人被贬到浔阳时结交的女道士，说她前世曾为某家妇，显然是游戏笔墨，但亦可见二人关系的亲密不拘。诗里表达了同病相怜的沦落之感，诗人在与她的交往中得到了心灵的安慰。这和诗人当时所写《琵琶行》的主题是相通的，当然艺术上不可同日而语。又如马戴《题女道士居》（或作秦系诗）：

> 不饵住云溪，休丹罢药畦。杏花虚结子，石髓任成泥。扫地青牛卧，栽松白鹤栖。共知仙女丽，莫是阮郎妻。②

这里描写的女道士已经不再焚修养炼，只是度过寂寞的独居生活。诗的结尾处暗示她往年的情缘，越发衬托出她当前的落寞。当时的许多诗人把女道士比拟为女仙，在描写她们的时候又着力表现其艳丽的姿容；而按当时的习俗，妓女也同样被表现为女仙。二者相同的比拟显得轻薄，但却反映了当时部分女道士行为、作风的实态，也显示了道教发展形态的一个侧面。又如赵嘏的《赠女仙》：

> 水思云情小凤仙，月涵花态语如弦。不因金骨三清客，谁识吴州有洞天。③

这里描写一位多情美貌的女子，对爱情充满了向往，而诗人本人也对她流露出爱慕之意。

与女道士交往的唐代诗人中，李商隐是最著名的一位。后人对他这一点的议论也最为纷纭。李商隐早年已有在玉阳山学道的

---

① 《白氏长庆集》卷一七。
② 《全唐诗》卷五五六，第 6456 页。
③ 《全唐诗》卷五五〇，第 6373 页。

经历,其迷离恍惚的无题诗(或虽有题而题旨不明)被许多人解释
作是描写和女道士的恋情的。但具体说法都难以确证,周振甫曾
加以辨证①,不烦赘述。不过李商隐一生中与女道士多有交往则是
事实,有些诗确是写与女道士的交谊的。如《赠华阳宋真人兼寄清
都刘先生》《月夜重寄宋华阳姊妹》里的宋华阳即宋真人,就是与他
关系密切的一位。其第二首诗说:

> 偷桃窃药事难兼,十二城中锁彩蟾。应共三英同夜赏,玉
> 楼仍是水晶帘。②

据周振甫解释,"三英夜赏,可能指姊妹外还有男道士"③。诗里的
艳丽描写和亲昵口气表明了他们之间关系亲密。李商隐和女道士
的恋爱事迹虽然难以确考,但他和她们有过密切交往,这种交往给
他提供了创作灵感和素材则是可以肯定的。包括这类作品的道教
题材的诗篇,乃是李商隐创作里十分具有魅力的部分之一。

唐代有众多女道士参与社会活动,活跃在文人圈子里,其作
用和影响是多方面的。除了起到沟通文人与道教关系这种宗教
意义之外,就积极方面讲,对于活跃社会风气、开拓文人精神视
野、启发文人感情世界等方面都起了一定作用。更直接的结果是
给百花齐放的唐代文学创作增添了一份内容,也促成了艺术形式
的某些进展。当然,女道士所代表的道教基本不能体现其正统教
义,毋宁说是世俗化的、被扭曲的。但正是这后一种倾向,却又反
映了唐代道教发展的一种趋势。而从道教文化历史看,道教不断
世俗化、"美学化"却使得它在群众中、在文学艺术领域造成更为
巨大的影响。

---

① 参阅《李商隐选集·前言》,第21—35页,上海古籍出版社,1986年。
②《玉谿生诗笺注》卷六。
③《李商隐选集·前言》,第29页。

四

讲唐代女道士的活动,特别应提出其中几位有成就、有影响的诗人。这些人突出显示了道教对文学创作的贡献,她们写的诗也是古代女性文学的重要业绩。

如上所说,唐代女道士中多有能文善艺的人,正是道观生活给她们提供了发挥才能的条件。而由于她们以特殊身份和地位在文坛上活动,也就会造成特殊的影响。其中几位诗人的成就不让须眉,对一代文坛的繁荣做出贡献,这也是唐代诗歌繁荣的表现之一。

李季兰(?—784),名冶,一说名裕,以字行。高仲武的《中兴间气集》选诗六首。"中兴间气"集名取意唐代平定"安史之乱"而中兴,选录唐肃宗至德到唐代宗大历末二十余年间二十六人共一百三十余首作品。李季兰入选六首,可见她在当时文坛上的名声、地位。她原有集传世,已佚,《全唐诗》存诗十六首、断句四。据敦煌写本俄藏 Дx.3865 号可辑阙题佚诗一首,又唐蔡省风《瑶池新咏》残片可复原断句两首,详考见徐俊《鸣沙习学集》上册《唐蔡省风〈瑶池新咏〉重研》。李季兰"美姿容,神情萧散,专心翰墨,善弹琴,尤工格律。当时才子颇夸纤丽,殊少荒艳之态"①。大约在大历年间,她曾应召入朝②。她在文人间广有交往,今存有诗作往还的就有崔涣、朱放、韩揆、阎伯钧、陆羽、皎然等人。皎然《答李季兰》诗说:"天女来相试,将花欲染衣。禅心竟不起,还捧旧花归。"③朱

①傅璇琮主编《唐才子传校笺》第 1 册,第 327 页,中华书局,1987 年。
②参见《唐才子传校笺》第 1 册,第 330—331 页。
③《全唐诗》卷八二一,第 9268 页。

放《别李季兰》诗说:"古岸新花开一枝,岸旁花下有分离。莫将罗袖拂花落,便是行人断肠时。"①这些都表现了她的风流倜傥的作风,从中也可以看出诗人和她之间的亲密关系。《中兴间气集》又记载一件逸事说:"尝与诸贤集乌程县开元寺,知河间刘长卿有阴重之疾,乃诮之曰:'山气日夕佳。'长卿对曰:'众鸟欣有托。'举座大笑,论者两美之。"②这是笔记小说家言,难以确定是否实事,但联系上面皎然和朱放的诗,李季兰在文士间交往,行为开放,戏谑不拘,则是实情。这也反映了当时文人和女道士交往的情形。

《唐才子传》论及她和下面将要讲到的鱼玄机说:

> 历观唐以雅道奖士类,而闺阁英秀,亦能熏染,锦心绣口,蕙情兰性,足可尚矣。中间如李季兰、鱼玄机,皆跃出方外,修清净之教,陶写幽怀,留连光景,逍遥闲暇之功,无非云水之念,与名儒比隆,珠往琼复。然浮艳委托之心,终不能尽,白璧微瑕,惟在此耳。③

这就表明,这两位女道士的诗作代表了唐代女性文学创作的水平。不过,对于后面的批评需要加以分析。就李诗论,其委婉述情的看似"浮艳"的作品,正显示了她的艺术特色和独特成就,是不能全然视为瑕疵的。例如她的《明月夜留别》:

> 离人无语夜无声,明月有光人有情。别后相思人似月,人间水上到层城。④

又《偶居》:

> 心远浮云知不还,心云并在有无间。狂风何事相摇荡,吹

---

①《全唐诗》卷三一五,第 3542 页。
②《中兴间气集》,据孙毓修校文补。
③《唐才子传校笺》第 1 册,第 332—333 页。
④《全唐诗》卷八〇五,第 9059 页。

　　向南山复北山。①

像这样的诗,语言简洁明快,表达情真意切,充分显示了女性的委
婉思致,其境界是一般男性诗人所写的代言之作达不到的。又如
《从萧叔子听弹琴赋得三峡流泉歌》:

> 妾家本住巫山云,巫山流泉常自闻。玉琴弹出转寥夐,直
> 是当时梦里听。三峡迢迢几千里,一时流入幽闺里。巨石崩
> 崖指下生,飞泉走浪弦中起。初疑愤怒含风雷,又似呜咽流不
> 通。回湍曲濑势将尽,时复滴沥平沙中。忆昔阮公为此曲,能
> 令仲容听不足。一弹既罢复一弹,愿作流泉镇相续。②

这首长诗以流泉形容琴音,描写细腻生动,而流泉的联想正衬托出
诗人跌宕不平的心绪;采取长篇歌行体裁来铺叙形容,更显示出作
者的功力。这篇诗被收入《中兴间气集》,在唐代诗人众多描写音
乐的优秀作品里也算得上是上乘之作。

　　晚唐时的鱼玄机(844?—868),字幼微,一字蕙兰,是一位诗
才与李季兰齐名的女道士。原有诗集一卷,已佚,《全唐诗》编诗一
卷。她先是嫁给名士李亿为妾,不为大妇所容,被迫入道,后住长
安咸宜观,与当时文坛名人温庭筠、李郢等相唱和。她后来以“杀
婢绿翘,甚切害,事败弃世”③。其命运多有波折,结局十分悲惨。
皇甫枚《三水小牍》有一段记载颇能展现这位才女的风貌:

> 唐西京咸宜观女道士鱼玄机,字幼微,长安倡家女也。色
> 既倾国,思乃入神,喜读书属文,尤致意于一吟一咏。破瓜之
> 岁,志慕清虚。咸通初,遂从冠帔于咸宜,而风月赏玩之佳句,
> 往往播于士林。然蕙兰弱质,不能自持,复为豪侠所调,乃从

---

① 《全唐诗》卷八〇五,第9059页。
② 《全唐诗》卷八〇五,第9058页。
③ 钱易《南部新书》甲卷,第3页,中华书局上海编辑所,1958年。

游处焉。于是风流之士争修饰以求狎。或载酒诣之者，必鸣琴赋诗，间以谑浪，懵学辈自视缺然。其诗有"绮陌春望远，瑶徽秋兴多"，又"殷勤不得语，红泪一双流"，又"焚香登玉殿，端简礼金阙"，又云："多情自郁争因梦，仙貌长芳又胜花。"此数联为绝矣。①

才貌双全的鱼玄机就这样被命运所拨弄。但她在屈辱中挣扎，却发挥出她的杰出才情，写出极富特色的诗。如《左名场自泽州至京使人传语》：

> 闲居作赋几年愁，王屋山前是旧游。诗咏东西千嶂乱，马随南北一泉流。曾陪雨夜同欢席，别后花时独上楼。忽喜扣门传语至，为怜邻巷小房幽。相如琴罢朱弦断，双燕巢分白露秋。莫倦蓬门时一访，每春忙在曲江头。②

左名场是她作为女道士结交的文士之一。当然，这种交谊是不会有结果的。这首诗可看作是她实际生活的写照，从中也可以了解她的追求和苦闷。像左名场这样的人，尽管曾是旧游新欢，一旦春风得意，等待他"一访"也是幻想了。

上一篇"诗咏"一联颇显出一种巾帼雄健之气。这也是鱼玄机一些诗的特色。又如《游崇真观南楼睹新及第题名处》：

> 云峰满目放春晴，历历银钩指下生。自恨罗衣掩诗句，举头空羡榜中名。③

进士及第题名是当时风俗。鱼玄机看到后发出感慨，自恨不能像男子那样科场成名，建功立业。在激烈的言词下，流露出她大才难施的遗恨。实际上，在当时她也只有通过入道来争得在文坛立足

---

① 《三水小牍》，第 32 页，中华书局上海编辑所，1958 年。
② 《全唐诗》卷八〇四，第 9055 页。
③ 《全唐诗》，第 9050 页

的机会。后来她终因杀婢被处死,精神似在病态之中。她死时年仅二十九岁,凄惨的命运正是当时环境所促成的。

身为女道士的鱼玄机写过些道教题材的诗,但她较好的作品还是抒写爱情或一般交谊的。她和李亿分手后,给后者写过一些诗,如《江陵愁望寄子安》:

> 枫叶千枝复万枝,江桥掩映暮帆迟。忆君心似西江水,日夜东流无歇时。①

这里用平易清通的笔墨,用生动的描写和比喻,把离愁别绪表达得一往情深。她和李亿离异之后,显然不能解脱与对方的情缘,心情的痛苦从诗里隐约地表露出来。

入道以后,她和文人们有更多交往。如《迎李近仁员外》诗表现的:

> 今日喜时闻喜鹊,昨宵灯下拜灯花。焚香出户迎潘岳,不羡牵牛织女家。②

从结句的比喻看,二人的关系已非同寻常。诗写得大胆、热烈,展露少女的风情如在目前。再如《寓言》一诗,已难以考定写作背景:

> 红桃处处春色,碧柳家家月明。楼上新妆待夜,闺中独坐含情。芙蓉月下鱼戏,螮蛛天边雀声。人生悲欢一梦,如何得作双成。③

这也是一首抒写少女情怀的诗,把对于爱情的追求和向往表达得淋漓尽致;写景述怀明丽柔婉,善用比喻烘托。结尾一联的双关手法十分巧妙:董双成本是传说中的女仙,相传是西王母侍女,吹玉笙飞升成仙。诗里用这个名字来双关情人成双。唐人的六言诗不

①《全唐诗》,第 9054 页。
②《全唐诗》,第 9054—9055 页。
③《全唐诗》,第 9054 页。

多,鱼玄机的这一首富于创意,艺术表达也值得称道。

唐代著名的女诗人李季兰、鱼玄机两位都是女道士。又薛涛是否入道不可确考。《又玄集》选有女道士元淳诗二首,《吟窗杂录》有断句四,据敦煌写本《瑶池新咏》残片可恢复全篇。元淳生卒年不可考。其《寄洛中诸姊》曰:

> 旧国经年别,关河万里思。题诗凭雁翼,岁月望蛾眉。白发愁偏觉,归心梦独知。谁堪离乱处,掩泪向南枝。①

这是抒写乱世丧乱之情的,怀旧之情和手足之谊交织在一起,表现得相当真挚深切。

唐代能诗的女道士当然不只上面几位。古人传统上对于方外人的作品不太关注,佚失的很多,如今只能从这些流传的作品窥知唐代女道士创作的一般情况了。

上面探讨唐代女道士和文人的关系,以及这种关系对于一代文学的影响,实际主要讨论的是诗歌和诗人。这是因为在唐代文学成就中,诗歌更为突出,而女道士的活动又与诗人关系较多,这一群体中又出现两位杰出的诗人。唐代散文、小说里同样有许多反映女道士与文人相互关系和影响的资料,比如唐传奇里就有不少关于女道士(女仙)的传说,是可另作探讨的题目。

从总体看,唐代女道士的活动构成了当时道观以至一般社会的一道独特风景,多方面地丰富了道教自身和文坛的生活。还应当提出相当重要的一点,就是道教本来是提倡超脱成仙的宗教,清修养炼应是道士的本分。但是在唐代,却出现这样一批眷恋人世俗情的女道士,她们活跃在官僚士大夫圈子里,成为士人社会华丽享乐生活的装饰。她们自己也沉溺在俗情之中,以至在本非方外所应关注的文学艺术领域有所贡献。这无疑成为对宗教神圣性和

---

① 《全唐诗》卷八〇五,第9060页。

超越性的挑战。这个现象对于道教的发展和社会风气的影响都是相当深远的。作为道教"世俗化""通俗化"的典型表现，这些积极参与世俗生活的女道士的活动已远远偏离了道教固有的传统。从中国思想史发展的角度看，佛、道二教走向衰落是宋代理学兴盛起来的原因和前提之一。从这个意义讲，唐代女道士们的活动作为整个宗教发展趋势的一种体现，也给思想史的转变增添了一份动力。

2005 年版后记

中华书局于 2001 年出版拙著《文坛佛影》，其中辑录十篇"关于佛教与中国古代文学关系的文字。内容各自成篇，但论题也不是全无系统"。书的具体写法则注重史实的考辨和资料的分析，也阐述自己对相关问题的看法。本书题名《诗苑仙踪》，有做成前书姊妹篇的意思。书的格局、写法大体和前一本类似，不过是讲道教与中国古代文学关系的。笔者曾一再表示过，自己专修古代文学，虽然研习佛教学术有年，但没有经过科班训练，没有深入的宗教理论和修证实践作基础，研究有关佛教与文学关系诸课题也就难以达到更高水平。只是因为有兴趣，也感到有需要，又因为对这一领域的研究相对薄弱，因此做出微薄努力，乐意发表一得之愚，以为或可引起更多人注意，起到抛砖引玉的作用。谈到道教研究，自觉功夫更是浅薄。但道教研究，包括道教与文学关系课题的研究，从事工作的人更少。所以仍抱着同样态度，把自己读书心得公诸于众，谨请方家指正。

笔者曾一再指出过，长久以来，佛教对于中国文学发展的影响是被低估了。道教的情况更是如此。而一般说来，我国宗教发展又表现出颇为特殊的形态，对于文学的发展也发挥着独特作用，显示出独特的意义，因而深入探讨和认识中国文学与宗教关系诸问题也就显得更为重要。

众所周知，我国先民的宗教思想和宗教信仰没有顺利地发展、形成为正规的"历史宗教",在先秦时期已被特有的人文、理性的思想学术传统消融了。直到政治、经济、文化高度发达的汉代,才首先有外来佛教输入,然后在神仙家、道家、阴阳家和各种民间信仰、方术的基础上,形成分散的教派——道教,再逐渐整合为"民族宗教"道教。宗教的产生和存在,本是适应人类的精神需要,解决"终极关怀"的诸问题。这就决定了它们的超凡、神圣的性质,从而宗教神权对于世俗政权就应当保持一定的独立性。但是生存在中国专制体制之下的佛、道二教,以及后来陆续形成和传入的各种民间宗教、外来宗教则必须屈从于、服务于世俗皇权。这就决定了中国宗教普遍的、严重的媚俗、御用性质。也正是在这样的基础上,中国历史上的两大宗教佛教和道教又必然在适应固有文化传统的条件下趋向合流,它们更必然与占统治地位的儒家思想体系相调和,三教并存与统合,从而成为中国古代文化的基础。这就是中国古代文学与佛、道二教发生纠葛的环境和条件。

这样的环境与条件,对于宗教与文学的发展所起的作用和意义是多方面的。就文学角度说,中国宗教缺乏神圣性,更多世俗性,反而给作者提供了更广阔的创造空间,使得文学有可能更自由地利用宗教素材,表现宗教内容。结果尽管历代作家中真正的宗教信徒只占少数,但不同程度上亲近宗教、关心宗教的却占大多数。甚至那些反对宗教的人也阅读圣典,结交僧、道,写作关系宗教的作品。这样,虽然一般来说中国人对于宗教的态度普遍地比较淡漠和游移,但宗教对中国文学的渗透和影响却相当深入。翻阅历代作品集,会发现宗教题材作品占有很高比例,宗教语汇、掌故、意象等等比比皆是。结果实情是,与信仰的淡漠相对比,宗教与文学的关联倒是十分密切的。这也是研究中国文学必须重视其与宗教相关的重要原因。

另一方面,在中国古代专制制度下,宗教神权对于现实体制及其统治思想根本没有相抗衡的能力,而文学与艺术则成为佛、道二教得以较自由、较灵活表现的领域。结果，就宗教自身发展讲，文学艺术就成为宗教实践的重要方面，其中往往相当真实地反映了宗教的发展实态。例如在敦煌变文和壁画里表现的佛教内容，就其具体和生动来说，是众多文献资料所不可比拟的；又如道教的神仙传和游仙诗，更十分真切地反映了人们的神仙信仰的状况。而就文学创作角度讲，正是众多文学作品更真切、生动地反映了人们的宗教意识、宗教伦理、宗教情怀等，这一方面补充了中国古代宗教观念淡漠的缺陷，另一方面极大地丰富和充实了文学创作的思想内涵和艺术表现。作为人类精神遗产的宝贵的宗教精神，在中国，在很大程度上是借助于文学艺术创作得以体现、发挥和延续的。

正因此，宗教与文学关系的研究在今天具有突出的学术的和现实的意义。笔者所进行的研究，只在佛、道二教影响于文人及其创作这一个侧面。从更广阔的视野看，宗教现象本是历史的构成部分，研究宗教与文学关系诸课题，必然有助于认识历史，总结历史规律，特别是涉及宗教和意识形态诸领域发展的规律。笔者的工作，归根结底也是想在这方面有所贡献。中国历史上的宗教现象有待深入和开拓的内容很多，期望有更多的人从事这方面的工作。

孙昌武

2004 年 4 月于南开园